STUDIEN ZU LITERATUR
UND ERKENNTNIS

Herausgegeben von
JOACHIM KÜPPER
GYBURG RADKE-UHLMANN
ARBOGAST SCHMITT
GREGOR VOGT-SPIRA

Band 1

ARBOGAST SCHMITT

Denken und Sein bei Platon und Descartes

Kritische Anmerkungen
zur ›Überwindung‹
der antiken Seinsphilosophie
durch die moderne Philosophie
des Subjekts

Universitätsverlag
WINTER
Heidelberg

Bibliografische Information der Deutschen Nationalbibliothek
Die Deutsche Nationalbibliothek verzeichnet diese Publikation
in der Deutschen Nationalbibliografie;
detaillierte bibliografische Daten sind im Internet
über *http://dnb.d-nb.de* abrufbar.

UMSCHLAGBILD
René Magritte: *La réproduction interdite*
© VG Bild-Kunst, Bonn 2011

ISBN 978-3-8253-5824-2

Dieses Werk einschließlich aller seiner Teile ist urheberrechtlich geschützt. Jede
Verwertung außerhalb der engen Grenzen des Urheberrechtsgesetzes ist ohne
Zustimmung des Verlages unzulässig und strafbar. Das gilt insbesondere für
Vervielfältigungen, Übersetzungen, Mikroverfilmungen und die Einspeicherung
und Verarbeitung in elektronischen Systemen.

© 2011 Universitätsverlag Winter GmbH Heidelberg
Imprimé en Allemagne · Printed in Germany
Gedruckt auf umweltfreundlichem, chlorfrei gebleichtem
und alterungsbeständigem Papier

Den Verlag erreichen Sie im Internet unter:
www.winter-verlag-hd.de

Inhaltsverzeichnis

Vorwort IX

I. Kann man Platon und Descartes vergleichen? 1
    1. Descartes als ‚Vater der Moderne': die Wende des Denkens auf sich selbst 1
    2. Das Konzept einer ‚communis mathematica scientia' bei Platon und Descartes 5
    3. ‚konfus' und ‚distinkt' bei Platon und Descartes 7
    4. Die Ermittlung des einfachen Seins einer Sache (natura simplex) bei Aristoteles: eine Grundskizze 12
    5. Die Bedeutung der Methoden der Analysis und Synthesis für die Ermittlung des ‚einfachen Seins' einer Sache 17
    6. Die Bedeutung der Methoden der antiken ‚Universalmathematik' für Descartes 19
    7. Der synthetische Charakter empirischer Gegenstände – bei Platon und Descartes 23
    8. Die Substanz eines Gegenstands: der Träger (subiectum) seiner Eigenschaften (Descartes) oder eine Eigenschaft seines Trägers (Platon)? 24

II. Descartes und der Weg vom Denken zum Sein (cogito ergo sum) 31
    1. Die erste Meditation 31
        a) Das Verschwinden des Zweifels durch den Rückgang von den zusammengesetzten, konfusen auf die ‚einfachen Dinge' 31
        b) Der Weg vom zusammengesetzten zum einfachen Sein bei Platon und Descartes 33
        c) Das einfache Sein einer Sache bei Descartes 45
        d) Beispiele und Beschreibung unsicherer Erkenntnisse bei Descartes ... 47
        e) Beispiele und Beschreibung sicherer Erkenntnisse bei Descartes 50

2. Die zweite Meditation 51
   a) Beweisgründe für die Sicherheit der Erkenntnis mentaler
      Gegenstände: das Wachsbeispiel aus der zweiten Meditation 51
   b) Die Verdächtigung und Rehabilitierung der Sinne durch Descartes ... 52
   c) ‚Materie' bei Platon – ‚Substanz' bei Descartes 60
   d) Das Wachs: Beispiel für die Materie bei Platon, für die Sache
      selbst (Idee) bei Descartes 62
      α) Die Materie: das im Wandel Identische 63
      β) Die Substanz als Qualität an der Materie 65
   e) Das ‚Ich' an der Systemstelle des antik-mittelalterlichen
      Gottesbegriffs 66
3. ‚Sein' als Erkenntniskriterium des Denkens und als Produkt der
   Aktgewissheit des Subjekts 70
   a) Implizite Anwendung von Seinskriterien durch Descartes 70
   b) Explizite Anwendung von Evidenzkriterien durch Descartes 74
   c) Die Aufwertung des Denkens zum Subjekt
      (zu einer realen Grundlage) durch Descartes 77
   d) Ist sich das Denken seiner selbst unmittelbar oder nur
      durch einen Schluss gewiss? 80
   e) Zur Vermischung von Beweisprämissen und dem mit Hilfe
      der Prämissen Bewiesenen bei Descartes 81
   f) Descartes und die ‚ursprüngliche Einheit
      der Apperzeption' bei Kant 85
   g) Folgelasten der cartesianischen ‚Subjektivierung' des Denkens 87

III. Platon: Sein als Erkenntniskriterium 91

1. Vorbemerkung 91
2. Die Zahl als Erkenntniskriterium 92
3. Der Zweifel als Stimulus der Selbstreflexion des Denkens:
   Entdeckung der Grundkriterien des Erkennens 93
   a) Zur Unterscheidung des Bezugs auf äußere Gegenstände oder
      auf den inneren Gehalt von Wahrnehmung und Meinung 101
   b) Die Meinung (dóxa) und ihre Gegenstände 104
   c) Das Axiom „nur (Etwas-)Seiendes" ist erkennbar als
      Begründung der Annahme von Ideen 109
   d) Die dem Zweifel überhobene Grundlage des Erkennens: die
      ‚Hypothesis des Eidos' 110
   e) Die Grundlegung der Methoden der Analysis und Synthesis
      in der Hypothesis des Eidos 116

		f)	Analysis und Begriffsbildung bei Platon und Descartes 116
	4.		Das Sein als ein implikationenreicher Begriff 120
		a)	bei Parmenides 120
		b)	bei Platon.. 121
	5.		Die Zahl als reines Paradigma der Erkenntnis von Einheit und Sein...... 127
	6.		Die artes liberales als Wissenschaftstheorie – theoretisch und praktisch 129
	7.		Wie erkennt man Einzeldinge? – Grundsätzliches..................................... 131
	8.		Wie erkennt man Einzeldinge? – platonisch-aristotelisch und cartesianisch 132
		a)	Problemstellung.. 132
		b)	Der Hylemorphismus in der Stoa und bei Aristoteles 134
		c)	Vermögen und Akt als Bedingung der Erkenntnis des ‚Was etwas ist' bei Platon und Aristoteles............................... 138
			Exkurs: Zur Differenz zwischen dem, was etwas wirklich und in der Wirklichkeit ist. 142
		d)	Die Konfusion von innerer und äußerer Form und die Einebnung von Vernunft und Vorstellung bei Descartes 145
		e)	Die ‚species intermediae' – Theorie: epikureisch und platonisch....... 149
IV.			Zum Verhältnis von Sein und Denken bei Platon 153
			Exkurs: Zur Vorgeschichte des ‚Cogito-Arguments' 155
V.			Rekapitulation und Ausblick... 159
	1.		Sein als Erkenntniskriterium des Denkens bei Platon................................ 159
	2.		(Etwas-)Sein als Voraussetzung der korrekten Anwendung des principium contradictionis 160
	3.		Von der Voraussetzung des Seins als Erkenntniskriterium zur Erschließung der Inhalte des Seins.. 162
	4.		Denken als Begründung des Seins bei Descartes.. 163

5. Die Wende des Denkens von den Erkenntnisakten selbst zu den durch sie repräsentierten Gegenständen bei Descartes 164

6. Die Privatisierung der Bewusstseinsinhalte durch Descartes 167

7. Primäre, präsentische Erkenntnisakte bei Platon, nachträgliche, repräsentative Denkakte bei Descartes 168

Literaturverzeichnis 171

Vorwort

Die Untersuchung, die ich hier vorlege, gehört zu Vorarbeiten, über die ich zusammenfassend in *Die Moderne und Platon*[1] berichtet habe. Da die Auseinandersetzung mit Descartes dort (S. 189-200) verhältnismäßig knapp zusammengefasst werden musste, schien es sinnvoll, die Differenz zwischen dem Rationalitätskonzept, mit dem Descartes im Sinn einer breiten philosophiegeschichtlichen Tradition die naive Selbstvergessenheit des antiken Denkens endgültig überwunden hatte, und dem platonischen Rationalitätsverständnis noch einmal in ausführlicherer Darstellung zu veröffentlichen. Der größeren Genauigkeit zuliebe habe ich die Wiederholung einiger Grundthesen und ihrer Begründung in Kauf genommen und habe auch in dieser Untersuchung bestimmte Grundpositionen mehrfach aufgegriffen und von unterschiedlichen Aspekten her zu beleuchten versucht. Es handelt sich dabei um diejenigen Positionen, die in der bisherigen Forschung wie in der allgemeinen philosophischen Diskussion am wenigsten Beachtung gefunden haben, die aber für viele und oft sehr verschiedene Vorurteile über die antike Philosophie und besonders über den Platonismus verantwortlich zu sein scheinen.

Das methodische Vorgehen dieser Arbeit ist einerseits historisch und philologisch. Es geht um die möglichst zutreffende Ermittlung des in den Texten der Vergangenheit selbst Gemeinten. Dazu ist auch die Rekonstruktion historischer Bedingungen oder historischer Traditionslinien, von denen diese Texte beeinflusst waren, Voraussetzung. Es ist aber andererseits nicht historisch. Das sogenannte historische Denken behandelt Vergangenes oft aus einer überlegenen, manchmal sogar anmaßenden Perspektive. Diese Perspektive ist eine Konsequenz aus der ‚methodischen' Überzeugung, Vergangenes könne nur aus seinen eigenen Bedingungen verstanden werden. In dieser Überzeugung ist implizit das Vorurteil enthalten, dass die vergangene Lehrmeinung nicht mehr für die eigene Gegenwart relevant sein, dass es keine

---

[1] S. Verf., Die Moderne und Platon. Zwei Grundformen europäischer Rationalität, Stuttgart/Weimar ²2008; s. auch die knappe Zusammenfassung bei: Verf., Zur Erkenntnistheorie bei Platon und Descartes, Antike und Abendland 35, 1989, 54-82; s. auch die Behandlung der gleichen Thematik in: Verf., Autocoscienza moderna e interpretazione dell' antichità. La loro reciproca interdipendenza illustrata sull' esempio della fondazine critica della conoscenza in Platone e Cartesio, Neapel 1993. Da sich die Fragestellung dieser Untersuchung eher selten mit den in der neueren Descartesforschung behandelten Themen berührt, habe ich darauf verzichtet, die eigene Position immer wieder neu gegen andere Auffassungen abzugrenzen. Bei der Auswahl aus der Forschungsliteratur habe ich versucht, die klassischen Problemdarstellungen zu finden und habe deshalb öfter ältere Forschungsbeiträge neueren vorgezogen.

authentische Sachdiskussion mit ihr mehr geben kann. Eine solche sachliche Diskussion wird hier aber gesucht. Auch dort, wo eine Lehrmeinung weder als Vorform noch gar als kompatibel mit ‚heute möglichen' Überzeugungen aufgefasst werden kann, ist es nicht ausgeschlossen, dass ‚das Andere einer modernen Vernunft' der Aufmerksamkeit wert ist, ja dass es Verbindlichkeit sogar gegenüber dem in der Geschichte erreichten gegenwärtigen Standpunkt haben kann.

Viele Ergebnisse des durchgeführten Vergleichs des Rationalitätsbegriffs und seiner erkenntnistheoretischen Begründung bei Platon und Descartes zeigen, dass Descartes vieles vereinfacht und sich auf das einer leichteren Evidenz Zugängliche konzentriert hat. Die Überzeugungskraft, die der neue Begriff von Denken dadurch gewonnen hat, ist nicht immer auch Zeichen einer differenzierteren und stringenteren Begründung.

Dieser These, die ich in der hier vorgelegten Untersuchung zu belegen und zu rechtfertigen suche, stehen unabhängig von ihrer argumentativen Begründung, die man nachprüfen kann, auch grundsätzliche Bedenken entgegen: sie scheint ein rückwärtsgewandtes Denken zu bezeugen und die Notwendigkeit des Fortschritts nicht zur Kenntnis nehmen zu wollen, in dem die Moderne – bei aller Einsicht in die Probleme eines solchen Fortschritts – über die Anfänge der in der Antike gelegten Grundlagen hinausgehen musste.

Was die Rückwärtsgewandtheit angeht, so kann es in keinem Fall um den Wunsch einer Wiederherstellung historischer Bedingungen aus dem Athen des 5. und 4. Jahrhunderts gehen. Das ist unmöglich und es wäre auch nicht wünschenswert. Gegenstand dieser Untersuchung ist nur der Begriff von Denken selbst, den Platon und in seiner Nachfolge Aristoteles[2] ausgebildet und entwickelt haben. Da Denken grundsätzlich die Voraussetzung dafür ist, wie man sich die Welt erschließt und das Erschlossene wissenschaftlich ordnet, ist es die Voraussetzung für die

---

2   Zwischen Platon und Aristoteles gibt es Unterschiede und manchmal auch markante Unterschiede in den Lehrpositionen. Mit dem pauschalen Vorurteil, das Platon als Denker der Transzendenz Aristoteles als Empiriker entgegensetzt, haben diese Unterschiede kaum etwas gemein. Ein wichtiger Grund für die (Fehl-)Konstruktion dieses Gegensatzes ist, dass in der Forschungsliteratur heute anders als in der antiken Aristoteleskommentierung nicht beachtet wird, dass die Kategorienschrift eine einführende Analyse des an der Anschauung orientierten Denkens gibt, sie bietet nicht die wissenschaftliche Analyse der Einzeldinge, die Aristoteles in der Metaphysik durchführt. S. v.a. R. Thiel, Aristoteles' Kategorienschrift in ihrer antiken Kommentierung, Tübingen 2004, v.a. 30-66; zur Deutung des Verhältnisses von Platon und Aristoteles in der Antike s. G.E. Karamanolis, Plato and Aristotle in Agreement? Platonists on Aristotle from Antiochus to Porphyry, Oxford 2006; s. auch Verf., Das Universalienproblem bei Aristoteles und seinen spätantiken Kommentatoren, in: R.G. Khoury (Hg.), Averroes (1126-1198) oder der Triumph des Rationalismus, Heidelberg 2002, 59-86. Im Folgenden beziehe ich mich auf die Gemeinsamkeit des Begriffs von Denken, das Platon wie Aristoteles von seinen Unterscheidungsakten her beurteilen, und grenze unter diesem Aspekt Platon und Aristoteles gegen den cartesianischen, am Bewusstsein, d.h. den klaren und deutlichen Vorstellungen orientierten Denkbegriff ab.

Deutung jeder Art von historischen Bedingungen, die man vorfindet. Bei Platon und Aristoteles kommt die gut belegte Tatsache dazu, dass sich die Elastizität ihres Rationalitätsverständnisses vielfältig in der Geschichte bewährt hat. Es konnte nicht nur viele Jahrhunderte später in der griechisch-römischen Spätantike neu zum Maßstab genommen werden, es bildete auch zwischen den zeitlich, räumlich und religiös so verschiedenen Kulturen wie der islamischen Kultur des Orients und der christlichen des lateinischen Westens eine Brücke der Gemeinsamkeit und der Verständigung. Auf diesen, der Vermittlung an ganz unterschiedliche Herausforderungen offenen Charakter des platonischen Denkens ist die hier durchgeführte Untersuchung konzentriert.

Was die vielleicht zu geringe Anerkennung der Notwendigkeit des Fortschritts, den die moderne Subjektivitätsphilosophie mit sich gebracht habe, angeht, so ist es auf der einen Seite überhaupt keine Intention dieses Buches, darüber eine allgemeine Aussage zu machen. Es braucht aber vielleicht heute keine Begründung mehr, dass jeder Fortschritt in bestimmter Richtung leicht die Vernachlässigung anderer möglicher Wege zur Folge hat. Auch in der Mathematik haben z.B. die enormen praktischen Erfolge, die die neue, v.a. von Stevin, Vieta und Descartes entwickelte Algebra mit sich brachten, über mehrere Jahrhunderte die Aufmerksamkeit davon abgelenkt, dass diese Mathematik keine theoretische Begründung hatte, die erst im 19. Jahrhundert, insbesondere mit der Entwicklung der Mengenlehre, ausdrücklich gesucht wurde.

Dass die Identifizierung des Denkens mit dem Bewusstsein durch Descartes eine große Zahl von Problemen und Aporien hervorgebracht hat, ist in vielen Diskursen, z.T. seit dem 17. Jahrhundert, diskutiert. Zu dieser Diskussion möchte ich einen weiteren Beitrag leisten mit dem Nachweis, dass die Grenzen, innerhalb derer die Probleme des cartesianischen Bewusstseinsbegriffs behandelt werden, erst richtig erkennbar werden, wenn man über die Erklärung aus zeitgenössischen und spätmittelalterlichen Bedingungen hinaus einmal einen größeren Schritt zurücktritt und sich auf eine der ersten Formen der Selbstreflexion des Denkens in der europäischen Philosophie bei Platon zurückwendet. Dass ein solcher Vergleich nicht nur wünschenswert, sondern auch möglich ist, versuche ich im ersten Teil dieser Arbeit ausführlicher zu begründen.

Man könnte den Vergleich einer der Gründerfiguren der neuzeitlich-modernen Philosophie mit einem Denker der Antike für anmaßend halten, wenn dabei die traditionelle Wertung umgekehrt wird. Bei aller Kritik an vielen seiner einzelnen Auffassungen wird Descartes gerade von den besten Vertretern der neuzeitlichen Philosophie zugestanden, eine epochale Wende der Philosophiegeschichte eingeleitet oder zumindest erfolgreich durchgesetzt zu haben. Und wenn man ein Lexikon der Philosophie aufschlägt, erhält man auch heute die Auskunft:

„Die eigentliche Geschichte des Reflexionsbegriffs beginnt erst in der Neuzeit im Zuge der zweifelnden Selbstvergewisserung des Subjekts als einer von der Außenwelt klar unterschiedenen Substanz, wie sie R. Descartes einleitet."[3]

Als Historiker steht man freilich vor dem Problem, dass Autoritätsargumente dieser Art in eine ‚Isosthenie', wie die Skeptiker das genannt haben, in eine ‚Gleichmächtigkeit' führen. Denn während heute jeder Teilnehmer eines philosophischen Proseminars, ohne in einen Autoritätskonflikt zu kommen, die Meinung vertreten kann, der ‚Glaube' an eine ‚Sache selbst' (*eídos*, idea) wie bei Platon oder an eine Sachimmanenz des *eídos* wie bei Aristoteles sei auf überholte, weil verfehlte Begründungen gestützt, galten eben diese Thesen mit ihren Begründungen über einen Zeitraum von fast 2000 Jahren bei den meisten Philosophen des Orients wie des Okzidents als durch gute Gründe ebenso wie durch die Autorität dieser großen Philosophen beglaubigt.

Es muss daher die Legitimität anerkannt oder neu anerkannt werden, dass auch vermeintlich überholte Positionen der Vergangenheit an der Qualität ihrer Argumente und nicht von ihrem historischen Standort her beurteilt werden müssen. In diesem Sinn möchte die folgende Untersuchung die bei Platon wie bei Descartes aus dem Zweifel entwickelte Selbstreflexion des Denkens zueinander in Beziehung setzen und versuchen, die vorgebrachten Argumente zu verstehen und zu einer Bewertung zu kommen.

---

[3] S. L. Zahn, Artikel ‚Reflexion' in: Historisches Wörterbuch der Philosophie, hg. v. J. Ritter und K. Gründer, Bd. 8, Basel 1992, Sp. 396.

I. Kann man Platon und Descartes vergleichen?

1. Descartes als ‚Vater der Moderne': die Wende des Denkens auf sich selbst

Wenn man von der Stufe der Reflexion, die die ‚Moderne' in Literatur, Kunst, Philosophie und Wissenschaft erreicht hat oder erreicht zu haben meint, zurück blickt auf die Anfänge in der Antike, ist dieser Blick meist nostalgisch. Es ist der Blick auf eine verlorene Kindheit, auf eine naive, unproblematisierte Einheit des Einzelnen mit der Natur und der Gemeinschaft, aber es ist zugleich der Blick auf ein Stadium, das überwunden werden musste, damit eine freie Selbstbestimmung des Individuums möglich werden konnte.

Trotz der Tatsache, dass viele Forschungsergebnisse dieses Bild teilweise, oft sogar radikal in Frage gestellt haben, ist es immer noch weit verbreitet und findet auch in der Philosophiegeschichtsschreibung Zustimmung. Auch die großen Philosophen der Antike wie Platon und Aristoteles haben zwar, so lautet etwa die klassische Position, die von Kant bis Hegel die meiste Anerkennung hatte, mit den Methoden rationalen Denkens die Welt zu begreifen und zu ordnen versucht, das Instrument selbst aber, den Verstand, mit dem wir diese Ordnung erfassen oder vielleicht sogar selbst herstellen, habe man keiner oder nur einer ungenügenden Analyse gewürdigt. Der Mangel an kritischer Selbstreflexion sei der Grund, weshalb eine freie, selbstbestimmte Subjektivität noch nicht oder nur in – wenn auch für Europa wichtigen – Ansätzen entdeckt gewesen sei.

Die Wende dieses nach außen, auf die Dinge gerichteten Denkens nach innen, auf sich selbst, hat im Sinn einer breiten philosophiegeschichtlichen Tradition Descartes vollzogen. „René Descartes ist in der Tat der wahrhafte Anfänger der modernen Philosophie, insofern sie das Denken zum Prinzip macht", schreibt Hegel und lässt mit ihm eine neue Epoche der Philosophie beginnen:

> „Mit Descartes beginnt die neue Epoche der Philosophie, wodurch der Bildung das Prinzip ihres höheren Geistes in Gedanken zu fassen, in der Form der Allgemeinheit, vergönnt war ... Er hat von vorn angefangen, vom Denken als solchem; und dies ist ein absoluter Anfang. Und dass nur vom Denken angefangen werden müsse, drückt er so aus, dass man an allem zweifeln müsse."[4]

---

[4] S. G.W.F. Hegel, Vorlesungen über die Geschichte der Philosophie III, in: Werke 20. Hgg. E. Moldenhauer und K.M. Michel, Frankfurt 1971, 123-127; zu Descartes' Beurteilung als Vater der Moderne s. H.-P. Schütt, Descartes und die moderne Philosophie. Notizen zu einer epochalen Vaterschaft, in: G. Figal und R.P. Sieferle (Hgg.), Selbstver-

Diese durch den sogenannten universalen Zweifel Descartes' möglich gewordene Entdeckung, dass das Denken bei allem Erkennen den Anfang allein aus sich selbst zu nehmen habe, gilt, wie etwa Gerhard Krüger in einem grundlegenden Aufsatz über die Herkunft des philosophischen Selbstbewusstseins formuliert hat, auch heute noch als das für jeden modernen philosophischen Standpunkt als solchen verbindliche Fundament, das man bei aller Anerkennung auch der geschichtlichen Relativität des cartesianischen Ansatzes nicht mehr aufgeben könne, ohne den Anspruch, ein kritisch ausgewiesenes Denken zu sein, mit aufzugeben.[5] „Kritisch denken" meint hier, das Denken von seinen Gegenständen unterscheiden zu können und zu wissen, dass das Denken – und damit das Subjekt – nur vor seinen Inhalten frei, ganz im Besitze seiner selbst ist, in seinen Inhalten jedoch eingeschränkt sowie an außerhalb seiner selbst Liegendes gebunden wird.

Im Sinne dieser Überzeugung hat die antike Philosophie, haben selbst Platon und Aristoteles bei allem Nachdenken über das, was Denken, Geist, Seele sind, das Denken selbst immer noch wie irgendeinen anderen denkbaren Inhalt betrachtet, auf den sich das Denken richten und den es sich zum Gegenstand der Untersuchung machen könne, ohne dass es zu einer Reflexion darauf gekommen wäre, dass das Denken selbst eine Voraussetzung alles Gedachten ist, die als solche nicht vorhanden ist wie alle anderen Inhalte des Denkens, da sie ja die Bedingung der Möglichkeit dafür ist, dass das Denken überhaupt Inhalte hat. Von diesem radikalen Begründungs- oder Fundierungsanspruch her erscheint die antike und mittelalterliche Philosophie trotz aller Reflexion über Subjektivität als eine noch vorkritische, weil ihre eigentliche subjektive Voraussetzung nicht mit bedenkende Philosophie.[6]

Mir scheint die aus diesem Selbstverständnis der neuzeitlichen Bewusstseinsphilosophie kommende Unterscheidung der Philosophie in eine kritische und eine vorkritische Phase den tatsächlichen Wandel, den Descartes' Fundierung der Er-

---

ständnisse der Moderne, Stuttgart 1991, 11-41; s. ders., Die Adoption des ‚Vaters der modernen Philosophie'. Studien zu einem Gemeinplatz der Ideengeschichte, Frankfurt a.M. 1998; s. auch W.F. Niebel, A. Horn, H. Schnädelbach (Hgg.), Descartes im Diskurs der Neuzeit, Frankfurt a.M. 2000. Dass die Philosophiegeschichtsschreibung mit dem Urteil, Descartes bedeute eine neue Epoche der Philosophie, die Epoche der Moderne, dem Selbstverständnis, das Descartes von sich selbst hatte, weitgehend folgt, zeigt J. Cottingham, A New Start? Cartesian Metaphysics and the Emergence of Modern Philosophy, in: T. Sorell (Hg.), The Rise of Modern Philosophy, Oxford 1993, 145-166.

5   S. G. Krüger, Die Herkunft des philosophischen Selbstbewusstseins, in: ders., Freiheit und Weltverwaltung, Freiburg/München 1958, 22 (= Logos 22, 1933, 37). Da es sich hier um eine Grundüberzeugung neuzeitlichen Selbstverständnisses handelt, wäre es vergeblich, sie im Einzelnen belegen zu wollen. Der Hinweis auf Krüger soll daher nur exemplarisch sein.

6   S. v.a. K. Oehler, Die Lehre vom noetischen und dianoetischen Denken bei Platon und Aristoteles. Ein Beitrag zur Erforschung des Bewusstseinsproblems in der Antike, München ²1985, v.a. 249ff., s. ders., Subjektivität und Selbstbewusstsein in der Antike, Würzburg 1997, z.B. 12; 20; 28; 29; 33.

kenntnis in der unmittelbaren Selbstgewissheit des Denkens bedeutet, historisch nicht korrekt zu beschreiben. Die Grundthese der folgenden Überlegungen wird sein, dass der Unterschied nicht der ist, dass die Neuzeit seit Descartes nach der letzten Voraussetzung des Erkennens selbst fragt, während die Antike diese radikale Frage noch gar nicht gestellt habe, sondern dass die Antike auf eine gleich radikale Frage aus sachlichen Gründen eine andere Antwort gegeben hat.

Um Descartes' Ansatz darzustellen, will ich zunächst ein vorläufiges Verständnis einer Stelle aus Platons *Politeia* (522c-526c) entwerfen, um vor diesem Hintergrund das Neue an Descartes' Theorie deutlicher hervortreten zu lassen. Zunächst jedoch möchte ich wenigstens knapp begründen, weshalb es möglich und sinnvoll ist, Platons und Descartes' Äußerungen zu den Prinzipien der Erkenntnis zu vergleichen.

Die Rechtfertigung eines solchen Vergleichs liegt nicht in einer direkten Abhängigkeit Descartes' von Platon. Was es bei Descartes noch an Platonischem gibt, ist fast ausnahmslos auf indirektem Weg und meist sogar auf vielfach vermittelte und umgeformte Weise zu ihm gelangt.

Der im Folgenden angestrebte Vergleich wird aber auch nicht aus der Überzeugung heraus gesucht, zwischen Descartes und Platon bestehe eine wesentliche Affinität in der philosophischen Grundposition, durch die beider Systeme in lediglich verschiedenem Wortlaut ein und dieselbe Lehre zum Ausdruck brächten, die sie radikal etwa von aristotelischer oder thomistischer Lehre abgrenze.[7]

Eher wird es um das Problem gehen, wie ein immer noch weitgehender Gleichlaut der Worte, das heißt die Verwendung gleicher oder eng verwandter philosophischer Begriffe, ja sogar eine ähnliche Formulierung methodischer Prinzipien, zu einer inhaltlich erheblich verschiedenen, fast konträren Auffassung über die Voraussetzungen des Erkennens führen konnte.

Die Verwandtschaft in der Sprache ist aber ein Zeichen für das Fortbestehen eines wirkungsgeschichtlichen Zusammenhangs, der merkwürdigerweise trotz keineswegs seltener Hinweise auf die angebliche Ähnlichkeit des platonischen und des

---

[7] Besonders klar sind die philologischen und sachlichen Ausgangspunkte dieser These formuliert bei A. v. Ivanka, Cartesianismus, Aristotelismus et Platonismus, in: Acta sec. congressus Thomistici internationalis, Turin/Rom 1937, 497-501. S. auch ders., Die Stellung des Cartesianismus in der Geschichte der Philosophie, Cartesio 1937, 473-485. Zur Bestimmung des Verhältnisses von Descartes zu Platon immer noch wichtig sind die Untersuchungen von L. Brunschvig, Platon et Descartes, Tijdschrift voor wijsbegierde 1929, 113-126; R. Schaerer, La dialectique platonicienne dans ses rapports avec le syllogisme et la méthode cartésienne, Review of Theology and philosophy 36, 1948, 24-40; V. Goldschmidt, Le paradigme platonicien et le Regulae des Descartes, Revue philosophique de la France et de l'étranger 141, 1951, 199-210; J. Trouillard, Sagesse platonique et sagesse cartésienne, in: La Science et la Sagesse, Actes du 5e Congrès des SPLF, Paris 1950, 227-229; P. Rotta, Le Platonisme de Descartes, Cartesio nel terzo centenario del ‚Discorso del metodo', Mailand 1937, 729-733.

cartesianischen Idealismus[8] in der Forschung kaum je konsequent auch nur in seinen wesentlichen Momenten nachgezeichnet wurde.

Eine solche Nachzeichnung ist aber philologisch-historisch wie sachlich möglich und ist, wie ich glaube, zugleich geeignet, durch den Blick über die unmittelbaren Abhängigkeiten Descartes' von der Spätscholastik und der Renaissancephilosophie[9] hinaus zurück bis auf Platon das, was den Geist der ‚neuen Wissenschaft' bei Descartes ausmacht, schärfer hervortreten zu lassen als durch den Vergleich mit Vorgängern, von denen sich Descartes oft mehr durch die essayistisch einprägsame Form der Darstellung als durch das sachlich Gemeinte unterscheidet.[10]

[8] S. außer den in Anm. 7 genannten Arbeiten v.a. P. Natorps Platon und Descartes-Bücher: Descartes' Erkenntnistheorie, Eine Studie zur Vorgeschichte des Kritizismus, Hildesheim 1978 (= Marburg 1882) und: Platons Ideenlehre, Leipzig 1903.

[9] Zu Descartes' Verhältnis zur Scholastik s. den Überblick bei. R. Ariew, Descartes and Scholasticism: The Intellectual Background to Descartes' Thought, in: J. Cottingham (Hg.), The Cambridge Companion to Descartes, Cambridge/New York 1992, 58-90; wichtig ist auch G. Abel, Stoizismus und frühe Neuzeit, der die Bedeutung der Stoarezeption in der Renaissance im Allgemeinen dokumentiert und dadurch viele der Abweichungen, die es bei Descartes gegenüber der neuplatonisch-aristotelischen Scholastik des Mittelalters gibt, erst aus ihrer Herkunft erklärbar macht. S. auch die folgende Anmerkung. Zur Wirkungsgeschichte der Stoa in Neuzeit und Moderne s. jetzt B. Neymeyr, J. Schmidt, B. Zimmermann (Hgg.), Stoizismus in der europäischen Philosophie, Literatur, Kunst und Politik, 2 Bde., Berlin/New York, 2008.

[10] Zur Abhängigkeit Descartes' von Spätscholastik und Renaissancephilosophie s. v. a. W. Risse, Zur Vorgeschichte der cartesischen Methodenlehre, Archiv für Geschichte der Philosophie 45, 1963, 70-84, der mit besonderer Schärfe darauf hinweist, dass Descartes in nahezu keinem seiner Lehrpunkte wirklich original ist, seine eigene Leistung eher in der geschickten Vereinfachung und Verbreitung hochdifferenzierter akademischer Diskussionen besteht. Ähnlich scharf in Bezug auf das Urteil über Descartes' Verhältnis zu seinen unmittelbaren Lehrern und Freunden: W. Kamlah, Der Anfang der Vernunft bei Descartes – autobiographisch und historisch, Archiv für Geschichte der Philosophie 43, 1961, 70-84; kaum angemessen ist die Darstellung des Verhältnisses Descartes' zur Spätscholastik bei L. Gilen, Über die Beziehung Descartes' zur zeitgenössischen Scholastik, Scholastik 32, 1957, 41-66. Die Tatsache, dass sich Descartes scholastischer Terminologie zu bedienen weiß, belegt nicht per se, dass er das in diesen Begriffen ursprünglich Gemeinte adäquat wiedergibt. Wegen der Nichtbeachtung des Unterschieds von Buchstabe und gemeintem Sinn überschätzt auch J.L. Beck, The Metaphysics of Descartes, Oxford 1965, in seinem in vieler Hinsicht aufschlussreichen Buch Descartes' Gemeinsamkeiten mit der antik-mittelalterlichen Metaphysik. Grundlegend zur Bestimmung des Verhältnisses Descartes' zur mittelalterlichen Philosophie noch immer: E. Gilson, Études sur le rôle de la pensée médiévale dans la formation du système cartésien, Vrin 1951 und A. Koyré, Descartes und die Scholastik, Darmstadt 1971 (= Bonn 1893). Das Verhältnis Descartes' zur Renaissance-Philosophie und der damit gegebenen Abhängigkeit von stoischen Philosophemen (vermittelt v.a. über Justus Lipsius, Manuductio ad Stoicam philosophiam; s. dazu J.L. Saunders, The Philosophy of Renaissance Stoicism, New York 1955) ist immer noch nicht genügend untersucht. S. außer Risse (1963), ders., Die Logik

Ausgangspunkt und Grundlage für einen Vergleich Platons mit Descartes ist das Verhältnis, das beide zwischen der Philosophie und einer als universaler Grundlage allen Wissens (mathesis universalis, *koiné mathematiké epistéme*) verstandenen Mathematik herstellen.

2. Das Konzept einer ‚communis mathematica scientia' bei Platon und Descartes

Im 7. Buch der *Politeia* führt Platon eine Argumentation durch, in der er die Bedeutung der Zahl für den Übergang von einem konfusen und unsicheren sinnlichen Meinen zu einer distinkten und sicheren Erkenntnis (*nóesis*, intellectio) des Seins aufzuweisen sucht.[11]

Das Wissen um das, was die Natur der Zahl ausmacht, nennt Sokrates dort ein *koinón máthema* (lateinisch also: mathesis universalis oder communis scientia), von dem notwendigerweise jede *téchne* und *epistéme*, also jede Art von methodisch sich sicherndem Erkennen, Gebrauch mache.[12]

Der theoretischen Einsicht in die Natur der Zahl wird damit nicht nur ein vorbildlicher Charakter für jede Art von Erkenntnis zugesprochen – in dem Sinn etwa, dass nur, was genau so exakt wie die Erkenntnis der Zahl ist, Anspruch auf den Titel ‚Wissen' haben kann[13], – behauptet ist vielmehr, dass jedes Wissen sich (implizit oder explizit) auf den Begriff der Zahl stütze und von ihm Gebrauch mache, so dass die Erkenntnis der Zahl die schlechthin allgemeine und erste Bedingung des Erkennens überhaupt sei, das, was jeder notwendig als Erstes begreifen muss,[14] wenn er sein Erkennen auf sichere Kriterien gründen will.

Die Tatsache, dass diese Behauptung Platons von der Forschung kaum je beachtet, geschweige denn für eine der Prüfung würdige, möglicherweise sinnvolle Behauptung gehalten wurde, ist selbst ein Rezeptionsphänomen. Selbst in neueren Standardwerken[15] kann man immer noch nachlesen, Ausgangspunkt für die Frucht-

---

der Neuzeit, Bd. 1, Stuttgart-Bad Cannstatt 1964; N.W. Gilbert, Renaissance Concepts of Method, New York/London 1960; M. Meier, Descartes und die Renaissance, Münster 1914 .

[11] Platon, Res publica 7, 518a1-526c8.
[12] Ebd. 522c1-3, 8-9.
[13] S. dazu die umfassende und grundlegende Studie von G. Radke, Die Theorie der Zahl im Platonismus. Ein systematisches Lehrbuch, Tübingen/Basel 2003, in der die erkenntnistheoretische Relevanz der Mathematik bei Platon und in der platonischen Tradition der antiken Mathematik dokumentiert und erklärt ist. Für eine knappe Hinführung s. Verf. (²2008), 225-240.
[14] Platon, Res publica 7, 522c: ὃ καὶ παντὶ ἐν πρώτοις ἀνάγκη μανθάνειν.
[15] S. z.B. L. Oeing-Hanhoff, Artikel ‚Analyse/Synthese', in: J. Ritter, K. Gründer (Hgg.): Historisches Wörterbuch der Philosophie, Bd. 1, Basel 1971, Sp. 234f.; H.J. Engfer, W.K. Essler, Artikel ‚Analyse', in: H. Krings: Handbuch Philosophischer Grundbegriffe Bd. 1, München 1973, Sp. 65f.

barmachung mathematischer Methoden für das Problem der Erkenntnissicherung in der Philosophie sei die Pappus-Rezeption zu Beginn der Neuzeit, etwa bei Descartes. Die bei Pappus zur Lösung geometrischer Probleme beschriebenen Methoden der Analysis und Synthesis habe Descartes für die philosophische Methodendiskussion aktualisiert.[16] Die Ausweitung dieser mathematischen Methoden im Sinne einer Mathesis universalis auf „alles, was mit Ordnung und Maß zu tun hat"[17] ist aber keineswegs eine ursprüngliche Leistung Descartes', sondern stellt nur in erheblicher Umformung einen von Platon begründeten und bis ins Mittelalter gekannten Zusammenhang wieder her. Descartes' Übertragung geschieht im Vergleich zur Antike von einem radikal veränderten Zahlbegriff her, für den Zahlen nur noch Glieder einer homogenen Reihe von Quantitäten sind. Von diesem Zahlbegriff aus muss eine Mathematisierung der Philosophie entweder dazu führen, nur das quantitativ Mess- und Berechenbare für erkennbar zu halten, oder die Mathematizität der Philosophie in einer bloßen Methodengleichheit zu suchen. Für die antike Mathematik dagegen sind Zahlen diskrete Einheiten, von denen jede eine eigene, von allen anderen unterschiedene Art der Einheit darstellt.

Nur die Begriffsbedingungen und Gesetzmäßigkeiten dieser Zahlen sind im Sinne Platons erkenntnistheoretisch relevant und haben Gültigkeit nicht nur für die Dimension der Arithmetik, Geometrie etc., sondern für die begrifflich präzise Erfassung von allem, was in irgendeiner Form als Einheit erkannt werden kann. Wenigstens die erkenntnistheoretischen Grundannahmen, die Platon zu diesem Zahlbegriff geführt haben, möchte der dritte Teil dieser Untersuchung am Platonischen Text nachzuweisen und zu erklären versuchen.

Der Umkehrprozess, der von diesem antiken zum neuzeitlichen Zahlbegriff führt und der sich am deutlichsten in der Ersetzung der Einheit durch die Zahl Null als Prinzip der Zahl manifestiert, ist sachangemessen und philologisch gründlich belegt bei Jacob Klein ‚Die griechische Logistik und die Entstehung der Algebra',[18] dessen viel bewunderte Arbeit, die er noch kurz vor seiner erzwungenen Emigration publizieren konnte, leider bis heute nicht die ihr gebührende Aufnahme gefunden hat. Problematisch bleibt allerdings bis heute die Interpretation des antiken Zahlbegriffs selbst, die deshalb in Teil III dieser Arbeit genauer durchgeführt werden soll. Zu Recht verweist Klein darauf, dass Zahl bei Platon immer Zahl von etwas ist (s.

---

[16] S. Pappi Alexandrini collectionis quae supersunt ed. F. Hultsch, Amsterdam 1965 = Berlin 1877, Vol. II, 634,1-636,17

[17] S. Descartes, App. ad reg. IV, AT 378 – Ich zitiere Descartes jeweils nach der Paginierung der Ausgabe von Ch. Adam und P. Tannery, Œuvres des Descartes, 12 Bde., Paris, die in den meisten neueren Ausgaben ergänzend angegeben ist, und kennzeichne dies mit der Sigle AT. Zur Auflösung der Abkürzungen der Werktitel Descartes' s. Literaturverzeichnis.

[18] J. Klein, Die griechische Logistik und die Entstehung der Algebra, Quellen und Studien zur Geschichte der Mathematik, Astronomie und Physik, Abtg. B, Berlin 1936, I 18-105, II 122-235; auch in englischer Übersetzung: Greek Mathematical Thought and the Origin of Algebra, Cambridge (u.a.) 1968.

v.a. Platon, *Theaetet* 189c), wofür er sich auch darauf berufen kann, dass die Zahl zu den *prós ti ónta* gerechnet wird.[19] Der ontologische Charakter der Zahl im antiken Sinne im Unterschied zu einem neuzeitlichen Zahlbegriff, für den Zahl nur eine ‚intentio secunda', nur Symbol einer bloßen Verstandeshandlung ist, beruht aber nicht darauf, dass jede Zahl immer Zahl von irgendwelchen Dingen ist (von denen der Begriff der Zahl selbst bei Platon sehr wohl ablösbar ist[20]), – sondern darauf, dass das allein im Denken begreifbare Sein der Zahl als ein distinkt unterscheidbares Sein erschließbar ist, von dem deshalb und nur deshalb sicher ist, dass es kein bloßes ens rationis, bloßes Produkt eines trennenden oder verbindenden Denkens, sondern ein *ón*, eine *ousía*, wenn natürlich auch keine sinnlich empfindbare Realität ist.

Diese These und die sie begründende Argumentation sind der wirkungsgeschichtliche Ausgangspunkt für die Ausbildung der theoretischen Arithmetik als *koiné mathematiké epistéme* (communis mathematica scientia bzw. als mathesis universalis) in der Antike. In fast allen griechischen Einführungen in die Arithmetik – etwa bei Nikomachos von Gerasa,[21] Theon von Smyrna[22] oder Jamblich[23] wird diese ganze Stelle der *Politeia* fast wörtlich paraphrasiert, wenn es um die Begründung geht, warum die Mathematik Universalwissenschaft ist. In der Form, die diese mathesis universalis in der Diophant-Rezeption der Neuzeit vor allem bei Stevin und Vieta angenommen hat, ist sie auch noch für Descartes das eminente Paradigma, an dem er seine Erkenntnisfundierung orientiert.[24]

3. ‚konfus' und ‚distinkt' bei Platon und Descartes

Noch eine zweite wirkungsgeschichtliche Linie führt vom siebten Buch der Platonischen *Politeia* zu Descartes:
Sie geht aus von Platons Unterscheidung der Konfusion des sinnlichen Meinens von der Distinktheit der Ratio (*diánoia*) und des Intellekts (*nóesis*),[25] an der Platon

---

[19] S. z.B. Alexander v. Aphrodisias, in Aristotelis Metaphysica commentaria 86,5, CAG I (ed. M. Hayduck).
[20] S. dagegen J. Klein (1936).
[21] S. Nicomachi Geraseni introductionis arithmeticae libri II, rec. Ric. Hoche, Leipzig 1866, v.a. I,3,5-I,4,5 (wichtig v.a. I,3,5 mit der Erläuterung, warum es *ein mátema* ist, auf das sich alles weitere Wissen, ein methodisch richtiges Vorgehen vorausgesetzt, gründet).
[22] S. Theon v. Smyrna, Eorum quae in mathematicis ad Platonis lectionem utilia sunt, ed. J. Dupuis, Brüssel 1966 (= Paris 1892), Introd., 4-8, v.a. 8, 1-15.
[23] Iamblichus, De communi mathematica scientia, ed. N. Festa, neu bearbeitet v. U. Klein, Stuttgart 1975, c. V-VI, v.a. 23,4-26,21.
[24] S. J. Klein, (1936), 166-194.
[25] S. Platon, Res publica VII, 524c3-c13. Dem lateinischen ‚confusum' entspricht bei Platon *synkechuménon*. Die Vergleichbarkeit des bei Descartes und Platon in diesem Begriff Ge-

demonstriert, wie das Denken aus sich selbst den Anfang zur Erschließung jenes *koinón máthema* jener ‚gemeinsamen Wissensgrundlage', findet, auf das seine Sicherheit gegründet ist.

Aristoteles greift auf diese Unterscheidung im ersten Kapitel seiner *Physik* zurück, um auch seinerseits daran den Weg von einem sinnlich konfusen Wissen zum bestimmt unterschiedenen Wissen des Allgemeinen darzulegen.[26]

Insbesondere über die Interpretation dieser Stelle durch die antiken Aristoteles-Kommentatoren[27] und deren mittelalterliche Übersetzungen ins Lateinische[28] wurde diese Lehrmeinung in der Scholastik rezipiert[29] und gelangte von dort auch in die Kommentare des Suarez, der Schule von Coimbra, Toledo u.a.,[30] die Descartes als Schüler in La Flèche kennengelernt hat, und auch in die Quelle, in der das Verständnis, das Descartes von der Scholastik hat, weitgehend vorformuliert ist, in das Kompendium scholastischer Logik, Ethik, Physik und Metaphysik, die *Summa philosophica quadripartita* des Eustachius a Sancto Paulo.[31]

    meinten basiert aber nicht nur darauf, dass die lateinische Übersetzung mit dem griechischen *synkechuménon* Wortwurzel und Wortbildung gemeinsam hat: das lateinische ‚confusum' wird auch in einer von Platon bis Descartes (und darüber hinaus) reichenden Tradition zur begrifflichen Beschreibung eines vergleichbaren Sachverhalts benutzt. S. die folgenden Anm. Analoges gilt für den Begriff ‚distinctum' bei Descartes der bei Platon *kechorisménon* (Res publica 524c4) oder *dihorisménon* (Res publica 524c7) heißt.

[26] S. Aristoteles, Physik I, 1, 184a18-184b15; s. dazu Verf. (^{2}2008), S. 315-324.

[27] S. v.a. Simplikios, in Aristotelis Physicorum libros quattuor priores commentaria 16,9; 17,15 (CAG IX, ed. H. Diels); Philoponos, in Aristotelis Physicorum libros tres priores commentaria 20,3; 11,2ff. (CAG XVI, ed. G. Vitelli); s. den ähnlichen Gebrauch von *synkechuménon* z.B. auch bei Philoponos, in Aristotelis Analytica posteriora commentaria 378,17, 379,33 (CAG XIII, ed. M. Wallies); Alexander v. Aphr., in Metaph. 211,22 (CAG I, ed. M. Hayduck); Syrianus, in Metaphysica commentaria 104,12 (CAG VI.1, ed. W. Kroll); Asklepios, in Aristotelis Metaphysicorum libros A-Z commentaria 381,20 (CAG VI.2, ed. M. Hayduck).

[28] S. außer den lateinischen Übersetzungen der antiken Physikkommentare z.B. auch Themistius, Commentaire sur le traité de l'âme d'Aristote, traduction de Guillaume de Moerbecke ed. par G. Verbecke, Louvain, Paris 1957 (Corpus Latinum commentariorum in Aristotelem Graecorum I), 246, 40-45.

[29] S. z.B. Thomas v. Aquin, Summa theologica 1, quaestio 85a3; in octo libros physicorum Aristotelis expositio L.I, 1,7,8,9; s. ähnlich auch noch bei Nicolaus Cusanus, Compendium, Cap. V, 11 (Opera omnia. Iussu et auctoritate Academiae Litterarum Heidelbergensis, vol. XI,3, ed. B. Decker, C. Bormann, Hamburg 1964, 9); ders., Idiota de mente, IV, 79 (Op. omn., vol. V, ed. R. Steiger, Hamburg TE 1983, 120); ders., De coniecturis, VIII, 32, X, 44 (Op. omn., vol. III, ed. J. Koch/C. Bormann, 1972, 32 u. 48); ders., De ludo globi, II, Fo. 167a (Op. omn., vol. 1, Frankfurt a.M. 1962, Unveränderter Nachdruck von Paris 1514).

[30] S. zu phys. I,1: Commentarii Collegii Conimbricensis in octo libros physicorum Aristotelis, Hildesheim 1984 (= Coimbra 1592) und Francisco de Toledo, Commentaria una cum quaestionibus in octo libros de physica auscultatione, Venedig 1573.

[31] S. Eustachius a Sancto Paulo, Summa philosophica quadripartita, Paris 1609, v.a. I, 24.

Der Gedanke, den Platon hier formuliert und der zum Gemeingut der bis zu Descartes reichenden philosophischen Tradition geworden ist, enthält zwei besonders wichtige Aspekte:

1. Es ist ein Anspruch des Erkennens, einen Gegenstand nicht konfus, sondern distinkt zu erfassen, d.h. ihn rein für sich, als etwas für sich Unterscheidbares und dadurch von anderem Unterschiedenes, zu erfassen.

2. Dieses distinkte Erfassen ist nicht Leistung der Sinneswahrnehmung, sondern eines anderen erkennenden Vermögens (bei Platon: *diánoia* und *noús*, Ratio und Intellekt[32]).

Diesen Gedanken und die dazugehörigen Begriffe findet Descartes in der ihm vorausliegenden Tradition vor und formt sie im Sinne seines Ansatzes um. Hier liegt jedoch für unser Verständnis von Descartes' Philosophie eine Schwierigkeit, die in seinem Selbstverständnis und seiner Arbeitsweise begründet ist: Obwohl er – anders als Platon – seine Thesen als radikalen Neueinsatz gegen eine bereits durchgebildete Schulwissenschaft empfindet, verzichtet er darauf, sich ausdrücklich mit der ihm vorliegenden Tradition auseinanderzusetzen, von deren Begriffen und Methoden er aber reichen Gebrauch macht. Über sein Verhältnis zu früheren Positionen und den ursprünglichen Sinn der von ihm übernommenen Begriffe und Methoden findet man daher kaum Rechenschaft bei Descartes. Er übernimmt und entwickelt ältere Problemstellungen weithin implizit, nicht explizit.

Gemeinsam mit Platon ist Descartes aber, dass er sich unmittelbar am Sachproblem des Erkennens selbst orientiert, und zwar an einem durchaus der von Platon im 7. Buch der *Politeia* entwickelten Fragestellung vergleichbaren Problem, das er von Grund auf neu zu lösen unternimmt:

Es geht um die Frage, wo das Denken angesichts der grundsätzlich aporetischen Situation,[33] in der es sich allen Wahrnehmungen und allen überkommenen Meinun-

---

[32] Die Übersetzung von ‚ratio' (*diánoia*) und ‚intellectus' (*noús*) durch Verstand und Vernunft ist durch die Umbesetzung dieser Begriffe in der Neuzeit schwierig, weil ambivalent. In der mittelalterlichen Scholastik ist der Intellekt durch ‚Verstand' wiedergegeben, während ‚Vernunft' für das diskursive Denken der ratio steht. Bei Kant etwa hat sich die umgekehrte Bedeutung, die die Vernunft dem Verstand überordnet, schon völlig durchgesetzt, so dass von diesem neueren Begriffsverständnis her ‚intellectus' mit Vernunft und ‚ratio' mit Verstand übersetzt werden müsste. S. dazu das Historische Wörterbuch der Philosophie s.v. ‚Verstand' und ‚Vernunft'.

[33] ‚dubium' (Zweifel) und ‚dubitare' sind die traditionellen Übersetzungen des griechischen *aporía* bzw. *aporeín*. S. z.B. die Metaphysikübersetzung des Jacobus zu 982b17, 985a19, 993a25, 995a30, b4, 996a5 und öfter (Aristoteles latinus 24, I-Ia, Metaphysica, Translatio Iacobi, ed. G. Vuillemin-Diem, Leiden 1970).

gen (*nómima*)³⁴ gegenüber befindet, überhaupt ein wirkliches Moment der Sicherheit finden kann.

Platon hatte gezeigt, dass der Weg zu dieser Sicherheit damit beginnen muss, dass man die Konfusion der Meinungen, die wir auf sinnliche Wahrnehmungen stützen, bemerkt. Nur wer ‚weiß, dass er nicht weiß', d.h. zweifelt, sucht nach Erkenntnis und beruhigt sich nicht bei einem nur vermeintlichen Wissen. Ausgangspunkt der Erkenntnissuche muss also die Erkenntnis sein, dass kein sinnlich Gegebenes eine Sache in ihrer Distinktheit, als etwas genau und durchgängig für sich Unterscheidbares erkennbar macht, sondern immer „mehr und weniger" (sc. als das bestimmte Sein einer Sache), das heißt ein Konfusum, darbietet.³⁵

Erst nach der Herauslösung (Analysis, resolutio) des reinen Seins der Sache selbst aus dem undifferenzierten und mit anderen zusammengesetzten (*sýntheton* – compositum) Sein der Gegenstände des sinnlichen Meinens wird im Sinne Platons sichere Erkenntnis möglich, weil erst auf diese Weise das Denken das einfache Sein der Sache selbst, das der Wahrnehmung überhaupt niemals gegeben ist, zugänglich wird.³⁶

---

34   S. Platon, Res publica. V, 479d3-5, wo Platon das konfus widersprüchliche, immer wieder andere Sein der *pollá kalá* etc. als τῶν πολλῶν πολλὰ νόμιμα καλοῦ τε πέρι καὶ τῶν ἄλλων bezeichnet.
35   S. Platon, Res publica VII, 523e2-b2. S. genauer Teil III.
36   Bei der Frage, was der genaue Beitrag Platons zur Ausbildung der Methoden der Analysis und Synthesis ist, wird meist übersehen, dass es hier nicht um die Ausbildung bestimmter Verfahrensweisen zur effektiven Lösung bestimmter geometrischer Probleme geht, sondern um die Begründung der Sicherheit dieser Verfahrensweisen selbst, d.h. um ihre erkenntnistheoretische Absicherung. Wenn etwa T. Heath, A History of Greek Mathematics, vol. I, Oxford 1921, 291 Analysis „according to the ancient view" für nichts anderes ausgibt als die schrittweise Rückführung unbekannter auf bereits bekannte Theoreme oder Probleme, beschreibt er in Wahrheit nur den auf das bloße Evidenzproblem transitiver Relationen reduzierten Gebrauch, wie er seit Descartes üblich geworden ist. Bei Platon dagegen ist, wie ich in Teil III dieser Untersuchung zu zeigen versuchen möchte, der analytische Rückgang nicht sicher wegen der Evidenz der logischen Schritte, mit denen er auf ein irgendwie Bekanntes führt, sondern wegen der sicheren Erkennbarkeit des im analytischen Rückgang überhaupt erst Aufgedeckten. Der analytische Rückgang führt zu den notwendigen und zureichenden Bedingungen des Seins einer Sache, also zu dem, was das Sein einer Sache von ihr selbst her ausmacht, indem er sich am Kriterium der Erkennbarkeit orientiert, und das heißt auf methodisch sichere Weise. Wichtig zum Verfahren der Analysis bei Platon immer noch: F.M. Cornford, Mathematics and Dialectic in the ‚Republic' VI-VII, in: R.E. Allen (ed.), Studies in Plato's Metaphysics, New York 1965, 61-95; N. Gulley, Greek Geometrical Analysis, Phronesis 3, 1958, 1-14. J. Klein (1936) 158f. Zur Theorie der Methoden der Analysis und Synthesis im Platonismus s. v.a. G. Radke (2003), 387-416; s. auch M. Schmitz, Euklids Geometrie und ihre mathematiktheoretische Grundlegung in der neuplatonischen Philosophie des Proklos, Würzburg 1997, 277-307; s. jetzt auch ders., Analysis – Eine Heuristik wissenschaftlicher Erkenntnis, Freiburg/München 2010.

In didaktisch hinführender Hinsicht kann man den Grund, weshalb ein empirisch zugänglicher Gegenstand niemals eine ‚einfache Sache' (*monoeidés ón*), eine ‚einfache Natur' (res simplex), wie Descartes in Übernahme spätscholastischer Terminologie sagen wird, sein kann, exemplarisch am Kreis und seinen empirischen Realisierungen veranschaulichen. Das Beispiel war bei Platon wie Aristoteles gleich beliebt.

Wenn man sich auf den (in der Spätscholastik wieder vertretenen) Standpunkt stellt, dass es keine Katzheit neben den einzelnen Katzen, keine Menschheit neben den einzelnen Menschen und also auch keine Kreisheit neben den einzelnen Kreisen gibt, muss man, um zu einem Begriff von Kreis zu gelangen, diesen Begriff durch Abstraktion von möglichst vielen empirischen Kreisen bilden. Unter der Voraussetzung, dass man diese Begriffsbildung tatsächlich ohne ein Vorwissen davon, dass es so etwas wie einen Kreis gibt und was ein Kreis ist, durchzuführen versucht, würde man bei der Orientierung an konkreten einzelnen Kreisen immer mit Gegenständen konfrontiert, die in ungeschiedener Einheit Elemente enthalten, die man in den Begriff des Kreises aufnehmen kann, und solche, die nicht in den Begriff des Kreises gehören.

Ein Kreis im Sand z.B. zeigt Eigenschaften, die man als Merkmale des Kreises in den Begriff aufnehmen kann, etwa dass er rund ist, eine gleichförmig gebogene Linie hat, dass diese Linie geschlossen ist, usw., er zeigt aber daneben Eigenschaften, etwa eine braune Farbe, viele kleine Kugeln usw., die zum Begriff des Sandes, aber nicht zu dem des Kreises gehören.

Diese Unterscheidung ist beim Kreis im Sand leicht, deshalb begünstigt sie das Missverständnis, man könne aus vielen gleichförmig runden Figuren, die man sieht und miteinander vergleicht, den Begriff des Kreises einfach durch Abstraktion von allem, was nicht zu dieser Art von Figur gehört, bilden. Aber selbst bei dieser Art der Abstraktionstheorie, die, wie ich zeigen möchte, weder platonisch noch aristotelisch ist, setzt man voraus, dass der konkrete Kreis ein ‚Kompositum', etwas aus Mehrerem Zusammengesetztes ist. Er ist nicht nur Kreis, sondern mindestens Kreis und Sand, oder Kreis und Kreide oder Kreis und Erz, usw.

Die Eigentümlichkeiten dieser beiden ‚Sachen' sind im konkreten Kreis aber nicht gegeneinander abgegrenzt, sondern präsentieren sich in einer ungeschiedenen Einheit, sie sind miteinander vermischt, bilden ein ‚Konfusum'. Man muss daher, wenn man etwa viele verschiedene Kreise im Sand vor sich hat, eine doppelte Abstraktion leisten und einen Teil der Eigenschaften dem Sand, einen andern dem Kreis zuordnen, erst dann hat man das, was jeweils in einen Begriff gehört, ermittelt.

Das Ergebnis einer solchen Ermittlung, die Platon Analysis nennt, ist eine ‚einfache Sache' (*monoeidés ón*, res simplex), nicht weil sie gleichsam ein monolithischer Block mit nur einer durchgängigen Eigenschaft ist, sondern weil alle Merkmale, die in ihrem Begriff versammelt sind, genau und nur die Merkmale einer Sache ausmachen. Ein Kreis ist rund, einförmig, geschlossen, alle Punkte der Peripherie haben zum Mittelpunkt denselben Abstand, er hat also viele Eigenschaften. Alle diese Eigenschaften aber konstituieren miteinander die eine Sache ‚Kreis'.

4. Die Ermittlung des einfachen Seins einer Sache (natura simplex) bei Aristoteles: eine Grundskizze

Da Descartes zur Begründung, worauf die Sicherheit des Denkens beruht, nachdrücklich und wiederholt darauf verweist, dass diese Sicherheit nur durch einen analytischen Rückgang vom Konfusen zum Distinkten, vom zusammengesetzten auf das einfache Sein einer Sache erreicht werden kann, sollen wenigstens die Grundlinien dieses Rückgangs, wie er von Platon konzipiert und von Aristoteles in seinen *Analytiken* weiter ausgeführt worden war, knapp vorgestellt werden, und zwar mit Blick auf diejenigen Begriffe und Methoden, die Descartes selbst noch anwendet. Ich halte mich bei dieser Skizze weitgehend an Aristoteles' Erklärung in der sogenannten *Zweiten Analytik* (1. Buch, Kap. 4 und 5), wie das erste und einfache Sein des Dreiecks erkannt werden kann, da das, was Descartes in La Flèche lernen konnte, weitgehend aus aristotelischer Tradition stammt und weil der Innenwinkelsummensatz des Dreiecks auch für ihn das am häufigsten benutzte Beispiel für einen wissenschaftlichen Beweis bildet. [37]

Wenn erfasst werden soll, was das Dreieck zum Dreieck macht, so kann an den dem Denken durch Wahrnehmungen oder Vorstellungen gegebenen dreieckigen Gegenständen nur das in Betracht kommen, was an ihnen tatsächlich zum Dreiecksein und nicht zu allem möglichen Anderen, Sand, Erz, Kreide usw., gehört. Bei allen sinnlichen, körperlich gegebenen Dreiecken muss daher auf jeden Fall von deren Körperlichkeit abstrahiert werden, da es für das Dreiecksein des Dreiecks gleichgültig ist, ob das Dreieck aus Erz oder Sand gebildet ist. Was das Dreiecksein von etwas ausmacht, das kann auch gedacht werden, *ohne* dass das stoffliche Moment, aus dem ein Dreieck gebildet ist, mitgedacht wird, während umgekehrt nichts als ein sinnlich gegebenes Dreieck erkannt werden kann, ohne dass begriffen wäre, wodurch ein Dreieck überhaupt zum Dreieck wird. Der Begriff des Seins des Drei-

---

[37] S. v.a. Aristoteles, Analytica posteriora I, 4, v.a. 73b25-74-a3; I, 5, v.a. 74a12-74b4; u. I, 24, v.a. 85b4-22; 85b39-86a3. Dass bereits die Voraussetzung des *eídos* als *aitía* in der Hypothesis-Methode des Phaidon die Erschließung der notwendigen und zureichenden Bedingungen einer Sache in einem der Erschließung des Allgemeinen als eines ersten und einfachen Seins in den Analytiken des Aristoteles grundsätzlich vergleichbaren Sinn anstrebt, habe ich in „Die Bedeutung der Sophistischen Logik" v.a. 207-240 ausführlicher und in Abgrenzung gegen die aussagenlogische Deutung dieser Methode in der früheren Forschung zu zeigen versucht. S. ähnlich auch K.M. Sayre, Plato's Analytic Method, Chicago/London 1969, 3-40, der allerdings die Hypothesismethode noch zu eng an einem hypothetischen Verfahren, das sich auf das Verhältnis von Aussagen zueinander stützt, orientiert.

ecks selbst wird in diesem Sinne bei der Erkenntnis jeder Art von Dreieck *vorausgesetzt*.[38]

Aber auch wenn ein Dreieck allein in der Vorstellung völlig exakt „gedacht" wird, kann man sich immer noch nicht an diesen exakt vorgestellten Dreiecken orientieren, wenn ein geometrisch stringenter Beweis für das geführt werden soll, was das Dreieck zum Dreieck macht. Denn jedes vorgestellte Dreieck ist notwendig entweder ein gleichseitiges oder gleichschenkliges oder ungleichseitiges Dreieck usw. An keinem dieser Dreiecke kann man daher das Sein des Dreiecks selbst in Erfahrung zu bringen versuchen, ohne Gefahr zu laufen, zu viel oder zu wenig in die Begriffsbestimmung des Dreieckseins aufzunehmen: zu viel, weil es ja geschehen könnte, dass man Eigentümlichkeiten, die nur dem gleichseitigen oder rechtwinkligen Dreieck zukommen und keineswegs jeder Art von Dreieck, miteinbeziehe, zu wenig, weil die Eigentümlichkeiten des gleichseitigen oder rechtwinkligen Dreiecks nur jeweils einzelne, bestimmte Möglichkeiten des Dreieckseins repräsentieren, nicht aber das, was in allen Dreiecken der Fall ist, wenn etwas Dreieck ist.

In seiner Wissenschaftstheorie[39] erklärt Aristoteles an der hypothetischen Annahme, dass es z.B. nur gleichschenklige Dreiecke gebe, den Fehler in der Bestimmung des ersten, allgemeinen Seins des Dreiecks, in den man dann leicht verfallen würde: man würde dann nämlich glauben, dass die Dreiecksätze grundsätzlich dem gleichschenkligen Dreieck zukommen und hätte damit das, was das Dreieck gerade zum Dreieck macht, nicht von der Gleichschenkligkeit unterschieden. Man hätte eine ‚konfuse' Definition, eine Definition, in der Momente des Seins der Sache selbst mit je bestimmten Eigentümlichkeiten einer Verwirklichungsform der Sache vermischt sind. Wie der Sandkreis Eigentümlichkeiten zeigt, die nicht zu ihm als Kreis, sondern als Sand gehören, so ist es auch noch bei exakt vorgestellten Drei-

---

[38] Man setzt also bei jedem Erkennen „synthetischer Dinge" das einfache Sein, von dem her sie sind, was sie sind, voraus, wie auch die Sprache ein sinnlich gegebenes Dreieck, also ein dreieckiges Ding, bereits „Dreieck" nennt. Dieser Nachweis enthält die eigentliche Ermöglichung und Berechtigung analytischen Vorgehens, d.h. der von der Sinneswahrnehmung ausgehenden methodisch geleiteten Herauslösung des Allgemeinen aus dem sinnlich Gegebenen. S. dazu J. Klein (1936), 159, Anm. 90, wo Klein in Bezug auf Menon 79d klar zeigt, wie auf dem „sokratischen Weg der *anámnesis* immer schon von dem Wort, das das Unbekannte und Gesuchte bezeichnet, in der Weise Gebrauch (gemacht wird), als ob das Bezeichnete ein bereits Bekanntes und Zugestandenes sei" und wie darin „die analytische Kraft des sokratischen Gesprächs wurzelt". S. genauer Teil III. Die *anámnesis* der Idee ist deshalb nicht Identifikation eines sinnlich Gegebenen mit einem a priori Gewussten, wie Descartes' Lehre von den ideae innatae (s. z.B. Descartes, Med., quint. resp. AT 356f., 381f.) nahelegt (eine Umdeutung, die sich für das Platonverständnis bis in die Gegenwart ungünstig ausgewirkt hat). Besonders extrem z.B. G. Prauss, Platon und der logische Eleatismus, Berlin 1966, der aus diesem Missverständnis ableitet, Platon habe die Einheit eines Einzeldings überhaupt noch nicht erklären können.

[39] S. Aristoteles, Analytica posteriora I, 4, 5, 73b30-74a1; 74a15-18; I, 5, 85b5-14, S. dazu Verf. (²2008), 407-420; s. auch Ch. Pietsch, Prinzipienfindung bei Aristoteles. Methoden und erkenntnistheoretische Grundlagen, Suttgart 1992, 45-77; R. Thiel (2004), 30-66.

ecken. Die Vorstellung vergegenwärtigt immer ein bestimmtes Dreieck, z.B. ein gleichschenkliges Dreieck. Dieses Dreieck hat zwar die Innenwinkelsumme von 180 Grad, und diese Eigenschaft gehört auch in den Begriff Dreieck im Allgemeinen, denn sie gehört zu allen Dreiecken. Im gleichschenkligen Dreieck teilt aber z.b. die Höhe die Basis und das ganze Dreieck in zwei gleiche Dreiecke. Diese Eigentümlichkeit darf jedoch nicht in den Begriff ‚Dreieck' aufgenommen werden, denn es gibt viele Dreiecke, bei denen die Höhe nicht die Basis teilt, sie kommt also dem Dreieck nicht als einer ‚einfachen Sache' zu, sondern sofern sie mit etwas Anderem, hier der Gleichschenkligkeit vermischt ist.

Auch ein exakt vorgestelltes Dreieck ist in diesem Sinne nicht die Sache „Dreieck", sondern eine bestimmte Verwirklichung dieser Sache in etwas Anderem, nämlich der „geistigen Materie" (*hýle noeté*) der Phantasie.

Daher betont Aristoteles,[40] dass es von konkreten Einzeldingen, z.B. von sinnlich wahrnehmbaren oder von *gedachten* Kreisen – unter „gedacht" aber verstehe er den mathematischen, also den in der *hýle noeté* der Phantasia exakt vorgestellten Kreis – keine Begriffsbestimmung gebe. Das Prädikat ‚Kreis' nämlich und die Erkenntnis dessen, was den Kreis zum Kreis macht, bezögen sich auf den im Logos erfassten „allgemeinen Kreis".[41]

Angesichts dieser begrifflich präzisen Unterscheidungen des allgemeinen, ersten, nur intelligiblen Seins vom je einzelnen, ‚späteren', wahrnehmbaren Sein ist die Versicherung Descartes', man könne die „Ideen geometrischer Figuren niemals aus den Sinnen" entnommen haben, wie sich die Leute gewöhnlich einredeten, weil es keine Linie gebe, die wirklich gerade sei, man brauche sie ja nur mit der Lupe zu prüfen, um zu sehen, dass sie ganz unregelmäßig und überall wellenförmig gekrümmt sei,[42] erkenntnistheoretisch naiv, weil nur auf die Probleme des Augenscheins gerichtet. Dass zur Erkenntnis des bestimmten, distinkten Seins einer Sache ein Dimensionswechsel nötig ist, weil auch die exakteste gedankliche Vorstellung einer bestimmten Figur bereits ‚konfus' ist, von dieser Begründung der ‚alten' Metaphysik ist Descartes, so oft er auch auf diese Lehrmeinung verweist, nichts mehr bekannt.

Das einfache und erste Sein des Dreiecks selbst wird also erst zugänglich, wenn man auf das in allen konkreten Dreiecken – ob sie in einer Materie oder im Medium der Vorstellung ‚realisiert' sind – gleich vorausgesetzte eine und selbe Sein zurückgeht, etwa darauf, dass es die Winkelsumme von zwei Rechten ist, die in jeder beliebigen Figur ausmacht, dass diese Figur gerade ein Dreieck und nichts anderes ist.

Zu beachten ist allerdings, dass der definitorische Satz (der ratio), der ein Dreieck als diejenige geradlinige Figur erklärt, in der die Winkelsumme gleich zwei Rech-

---

[40] Aristoteles, Metaphysica VII, 10, 1036a2-9.
[41] S. dazu Alexander v. Aphrodisias, in metaph. VII, 10, 509, 19-35 (CAG I, ed. M. Hayduck) und die wichtige Erklärung bei G. Radke (2003), 66-82, s. auch H. Happ, Hyle, Studien zum aristotelischen Materie-Begriff, Berlin 1971, v.a. 610.
[42] Descartes, Med. quint. resp., AT 381.

ten ist, nicht etwa das Sein selbst des Dreiecks aussagt, sondern nur auf das noetische Sein des Dreiecks hinweist, das als die Summe der Möglichkeiten, wie geradlinige Figuren ein Dreieck bilden können, gedacht werden muss. Es wäre falsch, zu meinen, ein rationales Begreifen der Definition des Dreiecks sei identisch mit einem Begreifen des Seins des Dreiecks, das nur dem Intellekt zugänglich ist. Denn wer das Sein einer Sache erfasst, hat damit alle Aspekte dieser Sache, sofern sie zu ihr gehören, vor sich, was für den, der lediglich die Definition verstanden hat, nicht gilt. Denn man kann ja z.B. sehr wohl eine Definition der Gerechtigkeit verstehen (etwa: Gerechtigkeit bedeutet, jedem das Seine zuzuteilen), ohne zu begreifen, dass Gerechtigkeit ein Erkennen der verschiedenen Vermögen des Menschen voraussetzt und den politischen Willen, diesen Vermögen eine optimale Möglichkeit der Verwirklichung zu bieten. Die Definition ist die rationale Eingrenzung der Sache. Die Definition des Menschen z.B. als ‚vernünftiges Lebewesen' ermöglicht es, aus der Vielheit der Möglichkeiten konkreten (also mit Tierischem und Pflanzlichem vermischten) Menschseins genau die und nur die Aspekte zu ‚sammeln' (*synagogé*), die zum Menschsein als solchem gehören, um so dazu zu gelangen, die Fülle der Möglichkeiten des Menschseins in einer Zusammenschau zu vereinigen. Der Blick auf die Idee ‚Mensch' ist daher weder der Blick auf ein Abstraktum noch überhaupt auf einen einzelnen ‚Gegenstand', sondern der Blick auf die wirklich seiende Fülle der Möglichkeiten des Menschseins als solchem.

Dieses ‚Sein' selbst des Menschen oder des Dreiecks ist daher selbst gar kein bestimmter Gegenstand, keine bestimmte Figur mehr, es ‚existiert' in diesem Sinn nicht, es ist kein möglicher Gegenstand von Anschauung oder Vorstellung, sondern kann nur mit dem Verstand begriffen werden.

Dass das ‚Sein' einer Sache, also die Idee, nach Aristoteles wie nach Platon nicht (sc. als ein idealer Gegenstand) ‚existiert', muss in bewusster Opposition gegen viele, auch neuere Platon-Interpretationen gesagt werden. Ich versuche in Teil III dieser Arbeit noch genauer darauf einzugehen, wie nach Platon und Aristoteles das Allgemeine ein wirkliches und ursächliches Sein vor den Einzeldingen hat, ohne neben diesen zu ‚existieren'. Hier sei lediglich soviel thesenhaft angemerkt:

Wenn man den Begriff ‚existieren' im modernen Sinne verwendet, dann meint man, dass etwas ein vom Denken unabhängiger Gegenstand ist, den es in der äußeren, empirisch erfahrbaren Realität gibt oder in einer als transzendent vorgestellten idealen Realität.

Dass ein solcher Gegenstand ‚existiert' und nicht bloß vorgestellt wird, wird also entweder durch eine Art Empfindung nachgewiesen oder durch eine ‚intellektuelle Anschauung', durch Intuition oder Vision und dergleichen. Platon soll in Analogie zum sinnlichen Sehen ein geistiges Sehen idealer Gegenstände für möglich gehalten haben. Wie der Urmeter in Paris das exakte, dauerhafte Maß für alle nach ihm gemessenen Meter sei, so verkörpere die Idee des Meters das exakte Muster, an dem alle ‚irdischen' Meter nur mehr oder weniger teilhaben.[43]

Während alle sinnlich schönen Dinge in dieser Welt nur mehr oder weniger und in vergänglicher Weise schön, ja sogar hässlich, alle gerechten Handlungen zugleich ungerecht seien, sei die Idee der Schönheit absolut und unvergänglich schön, sei das Gerechte selbst uneingeschränkt gerecht, das Große selbst absolut groß.

Wie das Beispiel von den ideal vorgestellten Dreiecken schon gezeigt hat, ist aber das, was als genau eine Sache erkannt und deshalb Inhalt eines Begriffs werden kann, niemals gegenständlicher Art. Auch ein intellektuell angeschautes Dreieck ist ein bestimmtes Dreieck mit allen Einschränkungen, die sich daraus ergeben. Ein Dreieck, dass alle Möglichkeiten (und nur sie) des Dreiecksein umfasst, müsste zugleich gleichseitig, rechtwinklig, ungleichseitig usw. sein. Die Unmöglichkeit einer solchen ‚Idee' hat John Locke (mit Blick auf Descartes) zu Recht kritisiert. Es gibt keine Vorstellung, die ein solches ‚ideales' Dreieck repräsentieren könnte[44]. Die ‚einfache Sache' Dreieck kann deshalb nur als die begriffliche Erfassung eben der erkennbaren Möglichkeiten verstanden werden, die die Bedingungen der Bildung jedes möglichen Dreiecks sind. In ähnlichem Sinn kann die Idee der Größe nicht ein absolut großer Gegenstand, die Idee der Gleichheit nicht ein ideal gebildetes Gleichheitsverhältnis zwischen Gegenständen sein. Wenn die Idee der Größe die Idee eines absolut großen Gegenstands wäre, gäbe es die Relation von Größerem und Kleineren nicht, sondern nur Kleines. Wäre die Idee der Schönheit ein absolut schöner Gegenstand, z.B. die Göttin Aphrodite, wären alle anderen schönen Gegenstände, auch die schönsten Frauen hässlich, wie Platon betont und deshalb darauf besteht, dass auch ein schön gedrehter irdener Topf das Prädikat schön verdient[45]. Denn Schönsein im Sinn der ‚einfachen Sache' Schönheit ist nicht eine ideal schöne Gestalt, sondern das, was alles Schöne zu etwas Schönem macht, auch einen Topf für Getreidebrei, z.B. dadurch, dass er der begrifflichen Forderung, dass alle Teile untereinander und zum Ganzen zur Verwirklichung eines ‚Werks' (*érgon*) zusammenstimmen, genügt.

Auch der Urmeter in Paris ist kein mögliches Beispiel für eine platonische Idee. Wer den Urmeter sieht, sieht einen Metallblock. Um zu erkennen, dass es sich hier um eine möglichst exakte Ausführung des Maßes ‚ein Meter' handelt, muss man wissen, was Quantität ist, was quantitative Einheiten sind, was ‚Maß' ist, usw. Der Begriff ‚Meter' ist aus seinen Verständnisbedingungen gebildet, er ist nicht selbst ein idealer Meter.

Die Überzeugung, dass es eine einfache Sache ‚wirklich' gibt, ist nicht darauf gegründet, dass sie außerhalb und unabhängig von Denken irgendwie existiert. Sie

---

[43] Die klassische Formulierung dieser Deutung der Idee bei Platon gibt R.S. Bluck (1957) 115-127.
[44] S. J. Lockes Kritik an angeborenen spekulativen Ideen, für die dieses Argument eine wichtige Rolle spielt. S. J. Locke, Versuch über den menschlichen Verstand, Buch I,1, Hamburg 1981, I, 29-51 und v.a. Buch IV, 7,2, Hamburg 1981, II, 262-264.
[45] S. Platon, Hippias maior, 288c- 291a.

wird ja im Denken durch die methodische Anwendung rationaler Kriterien ‚generiert' (Platon spricht in diesem Zusammenhang von *génesis*) und sie existiert auch nur als etwas Denkbares. Die Sicherheit, dass sie nicht nur eine subjektive Vorstellung oder Meinung ist, ergibt sich aus der Anwendung reflexiv gewonnener Unterscheidungskriterien. Dies soll im Teil III ausführlicher dargelegt werden. Hier muss der Hinweis genügen, dass Platon strikt und konsequent zwischen bloßen Vorstellungs- und Meinungsgegenständen unterscheidet, von denen man nicht sicher weiß, was ihnen unabhängig von ihrem mentalen Status entspricht, und Gegenständen der Ratio und des Intellekts, die in korrekter Bezeichnung gar keine Gegenstände mehr sind. Von ihnen ist das Denken aber sicher, dass sie wirklich genau das sind, als was sie gedacht werden. Sie sind ja etwas ‚nur' Denkbares. In diesem Sinn kann man auch von den ‚einfachen Sachen' oder ‚einfachen Naturen' sagen, dass sie existieren. Gemeint ist dann, dass sie nicht nur ein subjektives Produkt von uns sind, sondern von jedem gleich gedacht werden müssen, der sich ihrer in gleich rationaler Methode vergewissert.

Dass etwas nicht bloß vorgestellt wird, sondern wirklich „ist", erkennt man also daran, dass es tatsächlich möglich ist, es zu denken, wobei man im Sinne dieser Position zwischen ‚vorstellen', ‚meinen' und ‚denken' strikt unterscheiden muss.

Dieses (nur denkbare, bestimmt unterscheidbare) ‚Sein' wird überhaupt nur dem, der es in methodisch richtiger Weise erschließt, zugänglich. Aristoteles behauptet sogar, und Descartes folgt ihm in dieser Überzeugung, dass das einfache Sein einer Sache, wenn es überhaupt erfasst wird, notwendig als es selbst erfasst wird, weshalb es in Bezug auf dieses Sein nur entweder Wissen oder Nichtwissen, nicht aber Irrtum geben könne.[46] Garant dafür, dass es ein solches Sein, z.B. die Möglichkeit des Dreieckseins, ‚wirklich' gibt, ist also die an den Kriterien des Unterscheidens gewonnene Einsicht in das, was immer und was auch nur die Bedingungen des Dreieckseins ausmacht. In diesem Sinn ‚existiert' das rational erschlossene und im Intellekt als Einheit begriffene Sein, nicht aber im Sinn des Vorhandenseins in einem denkunabhängigen Äußeren.

5. Die Bedeutung der Methoden der Analysis und Synthesis für die Ermittlung des ‚einfachen Seins' einer Sache

Wichtig für den Vergleich mit Descartes ist an dem analytischen Rückgang vor allem das methodische Vorgehen, wie dieses erste und einfache Sein ermittelt wird. Wie die knappe Beschreibung dieses Vorgehens bei Aristoteles gezeigt hat, gehört zu diesem Vorgehen die gedankliche Prüfung, ob etwas auch noch gedacht werden kann, wenn eine seiner Bedingungen aufgehoben ist (*anhaireín*), d.h. ob etwas auch *ohne* Hilfe des Folgenden als es selbst erkennbar bleibt, und ob etwas bei der Er-

---

[46] S. Aristoteles, Analytica posteriora I, 24, 85b27-86a3; Metaphysica 10, 1051b18-33; de anim. 3,6, 430a26-b31.

kenntnis des von ihm Abhängenden, „Späteren" *vorausgesetzt* wird, während es selbst nicht das von ihm Abhängende zur Voraussetzung hat, sondern von sich selbst her ist, was es ist (Hypothesis), und deshalb bei der Erkenntnis alles Späteren immer schon *mitgedacht* (*proepinoeísthai*) wird, so wie etwa eine geometrische, d.h. wissenschaftliche Konstruktion der Pyramide nicht ohne die Kenntnis der konstruktiven Bedingungen des Dreiecks möglich ist.[47]

In diesem Sinn ist das einfache, nicht zusammengesetzte Sein einer Sache selbst (etwa das Dreieck selbst) der Erkenntnis nach früher, weil es aus sich selbst heraus bestimmt werden kann (per se notior), und also evidenter und sicherer erkennbar als das zusammengesetzte Sein, das ‚später' ist, da man zuerst wissen muss, dass etwas ein Dreieck ist und was es zum Dreieck macht, bevor man bestimmen kann, was ein Dreieck zu einem gleichschenkligen Dreieck macht.[48]

Auf dieser Unterscheidung zwischen dem der Erkennbarkeit nach Früheren und Späteren basieren die Methoden der Analysis (resolutio) und Synthesis (compositio).[49]

Der Weg der Analysis löst aus dem Späteren das Frühere, aus dem Konfusen das Distinkte heraus und folgt dem „ordo" des ‚Aufhebens' (*anhaireín*) bzw. des ‚Vorhergedachtwerdenkönnens' (*proepinoeísthai*);[50] die Methode der Synthesis setzt

---

[47] Wie dieses gedankliche Prüfen am Kriterium des *anhaireín* das Vorgehen der Platonischen Dialoge in vielfältiger Weise bestimmt, verfolgt überzeugend H. Gundert (1971), passim. Zur Bezeugung dieser Methoden für Platon in indirekter Überlieferung s. v.a. Sextus Empiricus, Adversus mathematicos X, 248-283, v.a. 249, 258-262 (= K. Gaiser, Platons ungeschriebene Lehre, Stuttgart ²1968 (künftig zitiert als PUL), Test. 32); Aristoteles, Nikomachische Ethik I, 4, 1095a30-b3 (= PUL, Test. 10); Theophrast, Metaphysik 6a15-b17 (= PUL, Test. 30); grundlegend zur Interpretation dieser Methoden bei Platon ist Gaiser, PUL, v.a. 73-81. Dass das fortschreitende ‚Aufheben' des nicht zu einer Sache Gehörenden bei Platon kein Abstraktionsvorgang in einem nachcartesianischen Sinn ist, sondern zugleich eine Zusammenschau dessen, was das einheitliche Wesen eines bestimmten Seins ausmacht, begründet in einer Interpretation der relevanten Textstellen K. Gaiser (1986), 89-124.

[48] Bei Platon ist dieser Sachverhalt immer wieder durch den Nachweis begründet, dass nur das Sein selbst, das, was etwas Bestimmtes in und von sich selbst her ist, erkennbar ist. S. z.B. Platon, Res publica V, 477a3: τὸ μὲν παντελῶς ὂν παντελῶς γνωστόν oder ebd. 478b3: τὸ ὂν γνωστόν. Zu Aristoteles s. z.B. Aristoteles, Analytica posteriora I, 24, 86a6: ἦ ἄρα καθόλου μᾶλλον ἐπιστητά ἢ ᾗ κατὰ μέρος. S. auch Analytica posteriora I, 2, 72a25-b4, s. genauer Teil III.

[49] S. G. Radke (2003), v.a. 446-475.

[50] Dass das *proepinoeísthai* das gleiche methodische Vorgehen wie das *anhaireín* meint, s. v.a. Sextus Empiricus Adv. math. X, 258-261 (= PUL, Test. 32). Im Begriff des *proepinoeísthai* ist aber deutlicher bezeichnet, dass das Kriterium für die Feststellung des ontologisch Früheren oder Späteren ein Kriterium ist, das auf der Denkbarkeit der Sache beruht. Dieser Aspekt wird bis in die neueste Forschung fast immer übersehen, dass die Tatsache, dass die antike Erkenntnistheorie nicht nur zwischen dem der Erkenntnis, sondern auch dem der Sache nach Früheren und Späteren unterscheidet, nicht bedeutet, dass auch das

die bereits vollzogene Analysis voraus, erklärt das Spätere aus den in der Analysis rein für sich erfassten Bedingungen und ermöglicht so z.B., eine Pyramide nicht nur etwa einem Äußeren mimetisch nachzubilden, sondern sie aus ihren geometrischen Bedingungen heraus stringent zu konstruieren[51] und so den Bereich bloßer Empirie grundsätzlich zu überschreiten.

Das in der Analysis Gefundene erweist sich so als das von sich selbst her bekannte Prinzip, aus dem das Spätere in seinem genauen Sein abgeleitet und begriffen, nicht nur konfus wahrgenommen wird. Dies alles soll in Teil III noch deutlicher erklärt werden.

6. Die Bedeutung der Methoden der antiken ‚Universalmathematik' für Descartes

Platons und Descartes' Äußerungen zu den Fragen, worauf die Sicherheit des Erkennens beruhe und was die darauf fußende richtige philosophische Methode sei, haben äußerliche Ähnlichkeiten. Diese liegen besonders darin, dass beide eine „universale Mathematik" für eine grundlegende Voraussetzung philosophischer Erkenntnis halten und eine „distinkte" Erfassung der Erkenntnisgegenstände erstreben, die sie der sinnlichen Wahrnehmung absprechen. Descartes steht hier in einer wirkungsgeschichtlichen Abhängigkeit von Platon, die ihm wahrscheinlich nicht bewusst ist, die er aber auf jeden Fall nicht thematisiert. Bei Platon – soviel wurde bereits angedeutet – wird diese ‚distinkte' Erfassung dadurch gesucht, dass das Denken durch einen methodisch kontrollierten Rückgang auf das, was es selbst notwendig von einer Sache voraussetzt, das nur der Ratio oder dem Intellekt zugängliche ‚Sein' dieser Sache erschließt.

Obwohl Descartes jenem „einfachen und naiven Altertum" nur eine vage Idee von einer anderen als der gewöhnlichen Mathematik, einer Mathematik von universaler Bedeutung zuerkennt,[52] macht er doch bei seinem Versuch, eine solche mathe-

---

Kriterium der Unterscheidung einfach an einem als gegeben angenommenen Äußeren abgelesen ist. S. genauer Teil III. S. dazu auch Aristoteles, Analytica posteriora I, 2, 71b33-72a5 u. I, 5, 74a32-b4. Zur Vergleichbarkeit der aristotelischen Methode der *anhaíresis* mit der Methode des ‚Aufhebens' bei Platon und in der Akademie s. auch H. Happ (1971), 615ff. u. 630ff., dort auch wichtige und aufschließende Bemerkungen über die genaue Bedeutung der Methoden der Rückführung auf ein einfaches, erstes, von sich selbst her bekanntes Sein.

[51] S. Scholion zu Euklid XIII, 1-5 (Heiberg/Menge IV, 361f.); s. dazu J. Klein (1936), 159f.
[52] S. v.a. Descartes, App. ad reg. IV, AT 376-378. Die inhaltlichen Aussagen, die Descartes hier macht, beweisen allerdings mit völliger Deutlichkeit, dass ihm von dem genauen Gedanken der von Platon inaugurierten antiken „mathesis universalis" so gut wie nichts mehr bekannt war. Die Stoßrichtung seiner Kritik bewahrt aber immer noch etwas von der ursprünglich platonischen Kritik an den Mathematikern und Geometern, dass sie sich nicht um die wissenschaftliche Begründung ihrer Hypothesen bemühten (s. Platon, Res publica, 510c-e). S. dazu auch Descartes, Med. sec. resp., AT 156, wo Descartes den „al-

sis universalis zu begründen (die man wegen ihrer Einfachheit und Leichtigkeit wohl vernachlässigt habe), die ohne Rücksicht auf bestimmte Gegenstände alles umfasst, was auf Ordnung und Maß Bezug hat[53] und von der alle anderen Wissenschaften (Algebra, Geometrie, Astronomie, Musik, Optik, Mechanik) abhängen, von den eben erläuterten Grundprinzipien der platonisch-antiken mathesis universalis ausgiebigen Gebrauch.

Dies gilt bereits für den grundsätzlichen Rekurs auf die Methode der Analysis zur Ermittlung des schlechthin distinkten, über jeden Zweifel erhabenen Seins des Denkens in den *Meditationen*: „Ich meinerseits", so sagt er in der zweiten Responsio,

---

ten Geometern" vorhält, dass sie sich nur der Synthesis bedient hätten. Trotz der Tatsache, dass Descartes' Urteil über die mathesis universalis der Antike – historisch gesehen – einfach inadäquat ist, findet seine in Abgrenzung gegen diese „ungenügende" Mathematik der Alten gebildete Selbsteinschätzung auch in der neueren Forschung noch weitgehende Zustimmung. Am nachdrücklichsten bei P. Natorp (1978), 21ff. Die einzige mir bekannte Untersuchung, in der Descartes' „Neuansatz", der in der Tradition der Umformung der antiken mathesis universalis in der Pappus und Diophant-Rezeption der frühen Neuzeit steht, auf seine spezifischen geistesgeschichtlichen Bedingungen hin überprüft wird, ist J. Klein (1936), v.a. 158-186, 207-224. Obwohl sich F. Bader, Die Ursprünge der Transzendentalphilosophie bei Descartes, Bonn 1979, in seiner ausführlichen Behandlung der Bedeutung der mathematischen Analysis für die methodische Erkenntnissicherung bei Descartes (s. 110-194) ausdrücklich auf J. Klein beruft (110, 118 u. öfter) und auch eine Reihe antiker, mittelalterlicher und frühneuzeitlicher Quellen diskutiert, bleibt er in der Gesamtkonzeption gänzlich in den Bahnen Natorps und Cassirers. S. E. Cassirer, Das Erkenntnisproblem in der Philosophie und Wissenschaft der neueren Zeit, Bd. 1, Berlin 1922, 449ff. Auch W. Röds, Descartes' erste Philosophie, Kant-Studien, Ergänzungsheft 103, Bonn 1971, 25-29, „Historische Hinweise zu den Begriffen ‚Resolution' und ‚Komposition'" sind angesichts der Differenziertheit der Problemdiskussion in der antiken ‚mathesis universalis' völlig ungenügend und außerdem fast nirgends auf eine Auslegung der Texte selbst gestützt. Zur Bestimmung des Verhältnisses von Erkenntnistheorie und mathematischer Methode bei Descartes s. außerdem J. Cohn, Die Dialektik der Gewissheit in Descartes' Entwurf der Sapientia universalis, Diss. Hamburg 1933. J. Vuillemin, Mathématique et métaphysique chez Descartes, Paris 1960. Heinz Heimsoeth, Die Methode der Erkenntnis bei Descartes und Leibniz, I. Hälfte, Gießen 1912.; H.W. Arndt, Methodo scientifica petractatum. Mos geometricus und Kalkülbegriff in der philosophischen Theoriebildung des 17. und 18. Jahrhunderts, Berlin/New York 1971. L.J. Beck, The Method of Descartes, Oxford 1952.

53 S. Descartes, App. ad reg. IV, AT 377-378: „illa omnia tantum, in quibus aliquis ordo vel mensura examinatur, ad Mathesim referri…" Den Zusammenhang, der im Sinne einer platonischen Tradition zwischen ordo, mensura und pondus besteht, erläutert und begründet dem originären Gedanken sachadäquat W. Beierwaltes in einer Interpretation von Augustinus' Auslegung des Satzes „omnia in mensura et in numero et in pondere disposuisti" (πάντα μέτρῳ καὶ ἀριθμῷ καὶ σταθμῷ διέταξας) in W. Beierwaltes, Augustins Intepretation von Sapientia 11,21 in: Revue d' Études Augustiniennes et Patristiques 15, 1969, 51ff.

„bin in den Meditationen ausschließlich den Weg der Analysis gegangen, weil er mir zur Belehrung der wahrste und beste erschien".[54]

Voraussetzung für dieses Vorgehen ist auch bei Descartes eine Einteilung „aller Dinge" in einfache und zusammengesetzte bzw. in absolute und respektive (bei Platon *kath' hautó* und *prós ti ónta*). „Absolut" ist alles, was von sich selbst her ein Eines ist, was einfach, unabhängig, Prinzip, universal, gleich, ähnlich, gerade ist; „respektiv", was abhängig, Wirkung, zusammengesetzt, partikular, vieles, ungleich usw. ist.[55] Das absolute Sein bezeichnet die „reine und einfache Natur" selbst des Gegenstands, der erkannt werden soll, das respektive Sein hängt zwar vom absoluten ab und wird aus ihm erklärt, enthält aber darüber hinaus noch Abweichendes, was nicht zur Sache gehört.[56]

Dem bloßen Wortlaut nach folgt Descartes hier fast ganz der antiken Tradition, deren Prinzipien ich im Vorausgehenden zu skizzieren versucht habe, der er sogar so weit folgt, dass auch er alle Sicherheit der Erkenntnis von der Einfachheit des Seins des erkannten Gegenstands abhängig sieht (Descartes, Reg. XII, 16; AT 420f). Diese naturae simplices sind auch bei Descartes so wenig wie in der antiken Metaphysik Gegenstände oder gar ‚Dinge',[57] sondern es ist das nur dem Intellekt zugängliche und nur von ihm erschließbare Sein der Sache selbst (bei Descartes z.B. die Ausdehnung als „natura simplex" des Körpers). Der Unterschied von ‚alter' und ‚neuer' Wissenschaft ist also auch hier nicht, dass Descartes auf die logisch-transzendentale Ebene reduziert, was in der Antike noch ontologisch konzipiert war, sondern – das soll das Folgende noch deutlicher machen – dass er zum Kriterium der Sicherheit der Erkenntnis allein die Evidenz im Bewusstsein macht[58] und dabei die Kriterien der Erkennbarkeit, auf die er selbst dem Wortlaut seiner Argumente nach ständig rekurriert, nicht mehr mitreflektiert. Ein wichtiger Anlass dafür

---

[54] S. Descartes, Med. sec. resp., AT 156.
[55] S. dazu v.a. Descartes, Reg. VI, v.a. § 2-6; AT 381-384; u. Reg. XII, § 12ff; AT 417ff. Die sorgfältigste Behandlung des Problems der res simplices bei Descartes gibt m.M.n. Detlef Mahnke, Der Aufbau des philosophischen Wissens nach René Descartes, München/Salzburg 1967, 51-81 u. passim. Völlig unzureichend ist leider auch bei Mahnke die philologisch-historische wie sachliche Klärung des Verhältnisses von Descartes' Lehre von den naturae simplices zu der erkenntnistheoretischen Bedeutung, die die naturae simplices für die antik-mittelalterliche Metaphysik haben. Hier bleibt Mahnke ganz bei dem von Descartes mit inaugurierten Vorurteil, die alte Metaphysik habe noch gar nicht gesehen, dass das Problem der „ordre des matières" zuerst ein Problem der „ordre des raisons" sei und entfernt sich damit kaum von der vor allem von M. Gueroult, Descartes selon l'ordre des raisons, 2 Bde., Paris 1953, grundgelegten Position gegenwärtiger Descartes-Forschung.
[56] S. Descartes, Reg. VI, § 3 und 4; AT 381f.
[57] So zu Recht Mahnke (1967), 66ff.
[58] S. dazu z.B. die immer noch wichtigen Nachweise bei R. Hamelin, Le système de Descartes, Paris 1911, v.a. 80ff., der zeigt, wie bei Descartes die Einfachheit des Seins lediglich die Einfachheit der Evidenz, also gewissermaßen ein „atome d'évidence" meint.

liegt auf der Hand: Was man in methodischer Anwendung von Erkenntniskriterien genau unterschieden hat, ist mit klarer Deutlichkeit bewusst. Diese Bewusstheit ist aber eine Folge des Unterscheidens, nicht sein Kriterium. Dass der Begriff des „einfachen Seins" tatsächlich ein Erkenntniskriterium ist, soll in Teil III ausführlicher begründet werden.

Durch die Einhaltung des rechten ordo des Denkens, der nach Descartes darin besteht, dass „die zuerst vorgebrachten Gegenstände ohne die Hilfe der folgenden erkannt werden müssen",[59] glaubt auch Descartes alle Erkenntnis des Späteren auf die genaue und sorgfältige Erfassung des Früheren, Einfacheren, von sich selbst her Evidenteren und Sichereren gründen und alles Spätere daraus ableiten zu können.[60]

Die verbreitete Lehrmeinung, Descartes' epochemachende Wende bestehe in einer Wende des Denkens auf sich selbst, und diese Wende sei möglich geworden, weil sich Descartes nicht mehr nach einer ‚Ordnung der Dinge' (ordre de matières) gerichtet habe, sondern nach einer ‚Ordnung des Denkens' (ordre de raisons)[61] kann, wie bereits dieser kurze Blick auf die Grundzüge der ‚alten' Analysis-Konzepte zeigt, nicht Bestand haben. Descartes hat gerade die Überzeugung, dass es beim Erkennen auf die ‚richtige Ordnung des Denkwegs' ankomme, von der alten Analysis-Tradition übernommen. Die Differenzen zwischen beiden Konzepten sollen im Folgenden und vor allem im Teil III noch genauer herausgearbeitet werden. Nicht fraglich aber ist, dass auch in der ‚alten' Analysis die Sicherheit der Erkenntnisgegenstände von der Art, wie sie methodisch erschlossen werden (und darüber hinaus auch: von welchem Erkenntnisvermögen sie erschlossen werden – die Hauptunterschiede kommen aus Wahrnehmung, Meinung und rationalem Denken), abhängig gedacht wird.

Auf einen zentralen Unterschied kann der bisherige Überblick schon aufmerksam machen: Bei Platon steht das ‚einfache Sein der Sache' am Ende des Denkwegs. Dieses einfache Sein ist in sich differenziert und enthält genau die Bestimmungsmomente, die eine Sache zu eben dieser einen Sache, etwa zum Dreieck oder zum Menschen, machen. Es ist in sich daher hoch komplex und vom ‚zusammengesetzten' Sein nicht durch das Verhältnis ‚einfach – komplex' unterschieden, sondern dadurch, dass seine Bestimmungsmomente nicht zu verschiedenen Sachen gehören.

Bei Descartes ist das einfache Sein das im konkreten Gang der Erkenntnisgewinnung am Anfang stehende Sein, das man schon für sich selbst klar und deutlich erkennen kann. Von ihm aus werden in weiteren Schritten die zunehmend komplexer werdenden Zusammensetzungen erkannt:

---

[59] S. z.B. Descartes, Med. sec. resp., AT 154f., quint. resp. AT 384: „(recte probatur) unam rem alia esse notiorem ex eo quod ... appareat esse cognitu prior, evidentior et certior". S. dazu Eustachius, Sum. phil. I, 227-228.
[60] S. Descartes, Disc. II, § 9; AT 18.
[61] S. Gueroult (1953).

„Die Ordnung besteht darin, dass die Dinge, mit denen man sich als ersten beschäftigt, ohne Hilfe der folgenden erkannt werden müssen und dass alles Folgende dann so anzuordnen ist, dass es allein durch das Vorhergehende bewiesen wird." (Descartes Med. sec. resp., AT 155; Übers. Verf.)

Der Unterschied zwischen Descartes und Platon liegt daher nicht zwischen einer Ordnung der Dinge und einer Ordnung des Denkens, sondern in einer unterschiedlichen Auffassung über die Ordnung des Denkens selbst. Auf die Art dieses Unterschieds soll im Folgenden genauer geachtet werden.

7. Der synthetische Charakter empirischer Gegenstände – bei Platon und Descartes

Nach Platon wird unser Denken, das mit den Sinneserfahrungen beginnt, gezwungen, sich auf sich selbst zurückzuwenden und nach seinen Urteilskriterien zu fragen, weil es durch die Sinneserfahrungen in eine Aporie, in eine Zweifelssituation gerät. Die Sinne zeigen dem, der etwas Bestimmtes, z.B. ein kreisförmiges Gebilde aus Erz oder im Sand, erkennen will, dieses Bestimmte als etwas Konfuses. Konfus ist dabei zwar nicht der Gegenstand, etwa der Sandkreis, selbst, wohl aber enthält er in der Einheit, in der sich die Wahrnehmung auf ihn beziehen kann, Eigentümlichkeiten mehrerer Sacheinheiten. Zum konfusen Erkenntnisgegenstand wird er für den, der diese empirisch gegebene Einheit für die Repräsentation einer identischen Sache hält. Denn dadurch wird er in seinen Begriff ‚Kreis' Kreis- und Nicht-Kreis-Eigenschaften zugleich aufnehmen.

Mit der Erkenntnis der (inneren) Widersprüchlichkeit in der auf die bloße Wahrnehmung gestützten Begriffsbildung beginnt die Suche nach dem ‚einfachen Sein', in dem alle Elemente auf ein und dasselbe bezogen und dadurch nicht widersprüchlich sind.

Im Sprachgebrauch der Alltagssprache benennt man die Gegenstände, die man vor sich hat, erstaunlicherweise mit dem Begriff einer solchen ‚einfachen Sache'. Der ‚gesunde Menschenverstand' ist zwar in der Regel genauso wie der Vertreter einer empiristischen Theorie überzeugt, dass der den Sinnen gegebene Gegenstand auch eben die (‚wohlbestimmte') Sache ist, an der er sich beim Erkennen orientieren muss. Im üblichen Sprachgebrauch aber benennt man normalerweise nicht den Gesamtgegenstand, sondern wir blicken auf eine bestimmt geformte Kreide an der Tafel und sagen: ‚Das ist ein Kreis', d.h. wir benennen nicht das sinnlich materiell Gegebene, sondern nur einen Ausschnitt aus dem gegebenen Ganzen, in diesem Fall die Form, in die die Kreide gebracht ist. Dieser Ausschnitt aber wird in der Sprache zum eigentlichen Subjekt, dem alle Eigenschaften als Prädikate zugesprochen werden: ‚Dieser Kreis hat eine gleichförmig gebogene, geschlossene Linie, ist weiß, aus Kreide, usw.' Im Sinn einer konsequent empiristischen Theorie müsste die Formulierung lauten: ‚Diese Kreide hat eine Kreisform, ist weiß, usw.'

Diese Umkehr der Denkrichtung fällt meistens nicht auf: Man blickt nach außen, meint eben dieses Äußere zu bezeichnen, wählt aber als Bezeichnung eine im äußeren Gegenstand gar nicht für sich unterschiedene Einheit, die nur der Begriff für sich erfassen kann.

Dass diese Umkehr grundsätzlich bei der Bezeichnung von Sinnesgegenständen feststellbar ist, soll bei der genaueren Darstellung der Platonischen Gegenstandsanalyse im Teil III noch deutlicher werden. Als Hinweis (nicht als Beweis), dass die Alltagssprache auch bei komplexeren Gegenständen, bei denen die miteinander verbundenen Sacheinheiten nicht gleich markant gegeneinander abgrenzbar sind wie bei einem Kreis aus Kreide oder im Sand, analog verfährt, kann man an die Gründe denken, die uns veranlassen, einen wahrnehmbaren Gegenstand z.B. ‚Mensch' zu nennen. Auch bei diesen Gegenständen richtet man sich in der Regel nicht nach dem sinnlich gegebenen Ganzen. Denn auch Menschen, die durch Krankheit oder Unfall fast alles, was zum sinnlichen Ganzen des Gegenstands ‚Mensch' gehört, verloren haben, würdigen wir, auch wenn sie weder Beine noch Hände noch Augen usw. haben, der Bezeichnung ‚Mensch', z.B. wenn wir typisch menschliche Vernunftfähigkeiten an ihnen erkennen.

Auch in diesem Fall richtet sich die Sprache nach einem Ausschnitt aus dem materiell gegebenen Ganzen, nach etwas, was zur Organisation oder zu bestimmten Vermögen dieses Ganzen gehört.

8. Die Substanz eines Gegenstands: der Träger (subiectum) seiner Eigenschaften (Descartes) oder eine Eigenschaft seines Trägers (Platon)?

Für die Bestimmung der Gemeinsamkeiten und Differenzen zwischen Platon und Descartes genügt die Beachtung der bisher erarbeiteten Grundzüge. Entscheidend ist, dass für Platon das, woran man einen Gegenstand als bestimmten Gegenstand erkennt, in traditioneller Terminologie also seine ‚Substanz', eine Qualität an einer Materie ist. Die ‚Substanz' des Kreises an der Tafel ist nicht das materielle Ding, das beharrt, während seine Eigenschaften wechseln, sondern eine Auswahl aus diesen Eigenschaften, genau denjenigen, die zur Kreisform dieser Kreide gehören.

Der locus classicus, an der Platon diese Auslegung der wahrnehmbaren Einzeldinge begründet, ist die Einführung des Materiekonzepts im *Timaios* (48-52).[62] Ein Einzelding beschreibt er dort als ein ‚durchgängig Sobeschaffenes'[63] (sc. der Materie, der *hypodochê*). ‚Materie' meint hier nicht etwas Ausgedehntes, Undurchdringliches,

---

[62] S. zum Folgenden Verf., Die Bedeutung der sophistischen Logik für die mittlere Dialektik Platons, Würzburg 1973, 107-122; ders. (²2008), 477-497.

[63] Der Zusatz ‚durchgängig' (*diá pántos* – durch das Ganze) ist darin begründet, dass auch die akzidentellen Eigenschaften Qualitäten an einer Materie sind. Die weiße Farbe der Kreide ist auch eine Qualität an der Kreide und dadurch auch eine Qualität an diesem bestimmten Kreis, aber sie gehört nicht durchgängig zu den Eigenschaften.

Festes, gemeint sind die einfachsten Bildelemente wahrnehmbarer Körper. Platon erschließt bestimmte einfache geometrische Figuren (‚Elementardreiecke'), aus deren Formung durch rational unterscheidbare Möglichkeiten der Gestaltbildung komplexere Körper entstehen, z.B. ein regelmäßiger Würfel als Grundbaustein des Elements ‚Erde'.

‚Materie' sind bei Platon aber nicht nur diese allereinfachsten Bildelemente, ‚Materie' ist alles, was als Element für die Organisierung einer komplexeren Form dient, z.B. die Kreide als das, was man zur Form eines Kreises bilden kann. Die Kreide ihrerseits hat eine ‚Materie', etwa Gips, Kalziumkarbonat und Kaolin, durch deren Mischung in einer bestimmten Organisation Kreide entsteht. Auch die Kreide ist also ihrer Substanz nach eine Qualität an diesen oder ähnlichen Materien. Genauso sind etwa Kohlenstoffatome ‚Materie', d.h. die einfachen Bildelemente für alle möglichen Körper, z.B. für Graphit, wenn sie in ebenen regelmäßigen Sechsecken angeordnet sind, oder für Diamanten, wenn diese Anordnung (in einer bestimmten kovalenten Bindung) eine Würfelform hat. Graphitsein oder Diamantsein sind genau bestimmte Qualitäten an Kohlenstoffatomen. Das, was das Graphit- oder Diamantsein ausmacht, ist keine ‚Substanz' im Sinn eines Trägers von Eigenschaften. Der ‚Träger' der Eigenschaften, das ‚Zugrundeliegende' (*hypokeímenon*, *subjectum*), ist vielmehr die Materie, in diesem Fall sind es die Kohlenstoffatome, die erst durch eine bestimmte Anordnung und Bewegung zu Graphit oder Diamant werden.

Die Substanz ist bei ‚zusammengesetzten Dingen' also immer eine Eigenschaft an etwas Anderem. Die Eigenschaften, die man dem Kreis als Kreis, also wesentlich, zuspricht, gehören nicht zur Kreide als dem ‚Träger', dem ‚Subjectum' der Eigenschaften ‚rund', ‚gleichförmig gebogen', ‚geschlossen' usw., die Kreide hat diese Eigenschaften vielmehr von den Formmöglichkeiten, die im Begriff des Kreises, d.h. einer ebenen Figur, bei der alle Punkte der Peripherie vom Mittelpunkt denselben Abstand haben, enthalten sind.

Trotz der Tatsache, dass Descartes in einem verbalen Gleichlaut der Begriffe und Methoden ähnlich wie Platon zu verfahren scheint, teilt er Platons Analyse des ‚Synthetons', des zusammengesetzten Seins der Sinnesgegenstände nicht. Der Renaissance-Aristotelismus, wie ihn Descartes in La Flèche kennenlernen konnte, beurteilte das Verhältnis von Substanz und Akzidenz vielmehr so, wie es Aristoteles in seinen Einführungsschriften, den *Kategorien* und der Schrift *Über den Satz* erklärt hatte.

In der Auslegung dieser Schriften weisen die antiken Kommentatoren darauf hin, dass Aristoteles in ihnen eine Analyse dessen, was ‚früher für uns' ist, gebe. ‚Früher für uns' nennt Aristoteles das an der Wahrnehmung orientierte Alltagsdenken und die ihm folgende Alltagssprache. Für ein solches Denken erscheint das Wesen eines Dinges, seine ‚Substanz', das zu sein, was im Wechsel der Eigenschaften und Zustände beharrt und diesen konstant ‚zugrunde liegt'.

Mit der Analyse dieses Denkens beginnt, so liest man bei den alten Kommentatoren, das Philosophiestudium. Denn nur wer das Denken, mit dem das Erkennen beginnt, d.h. das an der Wahrnehmung orientierte Denken und die ihm gemäße Sprache, kennt, kann sich kritisch mit ihr auseinandersetzen⁶⁴.

Diese kritische Auseinandersetzung aber führt, wie Aristoteles konsequent in Fortführung der platonischen Analyse des synthetischen Charakters der Einzeldinge erläutert, zu einer ‚Auflösung' (‚Analyse') des Einzeldings in seine unterschiedlichen Sachkomponenten. Das, was in allem Wechsel beharrt, erweist sich dabei nicht als eine erkennbare substantielle ‚Wesenheit', sondern als etwas, was im Verhältnis zu allen konkreten Eigenschaften unbestimmt und unbestimmbar ist. Es ist ja das, was bei allen Veränderungen gleich bleibt, was also keine der Eigenschaften hat, die sich am Gegenstand ändern oder ändern können. Dieses Gleichbleibende in aller Veränderung ist es, was Aristoteles Materie nennt. So bilden etwa die Buchstaben das für alle Wörter einer Sprache gleiche Material. Sie haben auch in sich selbst eine Bestimmtheit, z.B. hat das ‚O' die Form eines Kreises und ist daran erkennbar. Man kann an den Buchstaben aber nicht erkennen, welche Wörter aus ihnen gebildet werden können. Von sich her haben sie keine der Eigenschaften, die die verschiedenen Wörter, die aus ihnen gebildet werden, haben. Im Blick auf die möglichen Wörter einer Sprache sind die Buchstaben etwas Unbestimmtes und dadurch auch Vieldeutiges. So kann man aus den Buchstaben E,R,D,E ebenso ‚Erde' wie ‚Rede' bilden, Wörter mit höchst unterschiedlichen Bedeutungen. Das, was ausmacht, dass diese Materie eine konkrete Bestimmtheit hat, ist auch nach Aristoteles ein ‚*eidos*', eine Sachmöglichkeit, die in dieser Materie als deren Formprinzip verwirklicht ist.

Descartes scheint, wenn er die Substanz immer wieder mit den einzelnen Verfahrensweisen der analytischen Methode erschließt, etwa dass Substanz das ist, was *ohne* etwas anderes gedacht werden und ohne anderes existieren kann (etwa Descartes, *Princ.* I, §51, AT 24; §53, AT 25), diese Kritik zu teilen. Das Ergebnis, zu dem er kommt, ist allerdings eine Umkehrung der platonisch-aristotelischen Auffassung. Für ihn ist die Substanz gerade der Träger, den man nur aus seinen Attributen erschließen könne (ebd. I, §52, AT 24f.). Die Substanz selbst affiziere uns nicht. Auf Grund des Axioms, dass das Nichts keine Attribute, Beschaffenheiten und Eigenschaften habe, könnten wir aber aus jedem wahrgenommenen Attribut darauf schließen, dass es eine Substanz geben müsse, der man dieses Attribut zusprechen könne (ebd. I, §52, AT 24f.).⁶⁵ Obwohl also bereits Descartes mit vielen späteren Kritikern des vorgeblich aristotelischen Substanzbegriffs davon ausgeht, dass die Substanz als Träger aller ihrer Eigenschaften unbestimmbar ist, ist er, wie bereits die eben zitierten Äußerungen belegen, überzeugt, in diesem substantiellen Eigenschaftenträger das zu finden, was die Identität eines Gegenstands gewährleistet.

---

64 S. dazu die sorgfältigen Nachweise bei R. Thiel (2004), v.a. S. 58-66.
65 Zur Kritik an diesem vermeintlich aus der aristotelischen Scholastik übernommenen Substanzbegriff s. schon Thomas Hobbes, Leviathan XXXIV oder John Locke, Versuch über den menschlichen Verstand II, 23, §2 (Hamburg 1981, I, 366f.) oder David Hume, A Treatise of Human Nature, I,1, sect.6.

Aus dieser Auslegung ergibt sich ein gegenüber dem bei Platon und Aristoteles entwickelten Substanzbegriff radikal verändertes Verständnis des Verhältnisses von Materie und Form. Denn wenn die Substanz das sein soll, was in einem konkreten Gegenstand in allen seinen Veränderungen erhalten bleibt und dadurch gewährleistet, dass dieser Gegenstand etwas Identisches, d.h. eine identische Sache – Katze, Mensch, Kreis – ist, dann verliert die Unterscheidung von Form (als dem substantiellen Sein) und Materie ihren Sinn. Die Identität eines Gegenstands wird dann nicht mehr durch eine bestimmte Auswahl an Eigenschaften erklärt, seine Identität ist vielmehr das, was dem ganzen Gegenstand konstant zugrunde liegt (und ihn in allen seinen Äußerungsformen durchdringt). Wenn Descartes in Nachfolge der alten Methodenkonzepte formuliert, die Substanz eines Gegenstands könne auch ohne seine Attribute, Beschaffenheiten, Eigenschaften gedacht werden und werde in ihnen allen (als ein und dieselbe Identität stiftende Substanz) vorausgesetzt, hat die Anwendung dieser Methoden einen völlig neuen Sinn. Da die Sachidentität dem ganzen Gegenstand, den ‚existierenden' Katzen, Pferden, Menschen, Kreisen, zugeschrieben wird, gilt sie als etwas, das auch im ganzen Gegenstand präsent ist. Ihre Erkenntnis wird demgemäß entweder durch eine irgendwie das Ganze erfassende Anschauung, Intuition, Empfindung, Beobachtung (und ähnlichen unmittelbaren Erfahrungsweisen) gesucht oder durch eine Erschließung der in allen Veränderungen beharrenden Grundlage des Ganzen.

Descartes hat sich bekanntlich für die letztere Variante entschieden und gilt deshalb als Mitbegründer und Hauptvertreter des Rationalismus. Dieser Aspekt soll in Folgenden noch genauer beachtet und präzisiert werden. Gemeinsam ist aber beiden Positionen, dass sie das mögliche Wissen über einen Gegenstand aus der Konstruktion einer möglichen Ordnung unter den beobachtbaren Eigenschaften zu gewinnen suchen. Der (später) so genannte ‚Hylemorphismus' der aristotelisch-scholastischen Philosophie scheint unter dieser Voraussetzung aus allgemeinen Wesenheiten (‚Formen') die Bestimmung empirischer Gegenstände ableiten zu wollen, und wird deshalb einer scharfen Kritik unterworfen.

Die Voraussetzung dieser Kritik ist die Überzeugung, dass das ‚existierende' Ding das Maß vorgibt, an dem sich die Begriffsbildung zu orientieren habe. Es ist diejenige Einheit, auf die alles, was an ihm in Erfahrung gebracht und was als Aussage von ihm gesagt werden kann, bezogen werden muss. Die wirklichen Katzen, die wirklichen Pferde, die wirklichen Menschen müssen die Grundlage bilden, von der her unser Wissen von ihnen aufgebaut wird. Selbst wenn es so etwas wie eine ‚Form' der Katze im Allgemeinen gibt, wir müssen diese Form aus der Beobachtung vieler einzelner Katzen mit ihren ‚formalen' Besonderheiten (‚Akzidenzien') gewonnen und aus ihnen durch Abstraktion gebildet haben. Also erkennen wir die Form aus den Einzeldingen und beurteilen die Einzeldinge nicht im Licht abstrakter Formen oder Begriffe.[66]

---

[66] S. z.B. D. Perler, Repräsentation bei Descartes, Frankfurt a.M. 1996, 4f.

Wie das Beispiel vom Sand- oder Kreidekreis deutlich macht, ist diese Kritik nicht so plausibel, wie sie erscheint. Auch ein Mensch ist, wie wir heute noch viel genauer wissen, nicht nur Mensch, sondern in der Einheit einer Gegenständlichkeit zugleich Mensch, Tier und Pflanze und am Ende eine Atomwolke. Platon hat zur Veranschaulichung, dass der Mensch auch in seinem psychischen Verhalten nicht nur menschliche Akte tätigt, das Bild geprägt, der ‚existierende' Mensch sei zusammengesetzt aus Mensch, Löwe und einem konfusen Schlangenwesen, diese drei Teile aber seien von außen zu einer menschlichen Gestalt zusammengebildet, so dass der, der das Innere (*tó éntos*) nicht sehen kann, die Erscheinung eines einzigen Wesens vor sich zuhaben meint (*Politeia* 587b-588e).

Wer ermitteln will, was an diesem Gegenstand ‚Mensch' ist, kann also nicht den den Sinnen ‚gegebenen' Gegenstand ‚Mensch' zum Ausgangspunkt seiner abstraktiven Begriffsbildung machen, sondern braucht zur Ermittlung der Elemente, die vom empirisch gegebenen Ganzen abstrahiert und in den Begriff ‚Mensch' aufgenommen werden können, Unterscheidungskriterien. Die von Descartes immer wieder zur Begründung, wie überflüssig der Formbegriff der Scholastik sei, vorgebrachte Kritik, es genüge doch die Ausdehnung, Anordnung, Bewegung der Materieteile zu ermitteln, um einen Gegenstand in seiner ‚berechenbaren' Substanz zu erkennen, trifft diesen ‚überholten' Formbegriff bereits deshalb nicht, weil man nicht alle Materieteile in den Begriff einer Sache aufnehmen kann.

Über die Frage, wie diese Kriterien im Sinn Platons gefunden werden können, versuche ich im Teil III einiges Grundsätzliche zu sagen. Klar ist, dass dies bei jedem Gegenstand andere Kriterien sein müssen. Es ist etwas Anderes, ob man an etwas verifizieren möchte, ob es ein Kreis oder eine Spirale ist, oder ob es ein Mensch, ein Weberschiffchen oder eine Rebschere ist. Die zentrale Antwort, die Platon und Aristoteles auf diese Frage geben, ist, dass man jeden Gegenstand als einen bestimmten Gegenstand nicht an seinen wahrnehmbaren Eigenschaften erkennt, sondern daran, welche bestimmten Möglichkeiten er verwirklicht und wie sich diese Verwirklichung in den wahrnehmbaren Formen ausdrückt[67]. Diese ‚Verwirklichung von etwas Möglichen' kann man in einem komplexen Verfahren herleiten, es gibt aber auch einen einfachen, von allen häufig geübten Zugang zu seiner Erkenntnis. „Alles wird an dem, was es kann und leistet, erkannt", formuliert Aristoteles[68] und weist damit auf die Kriterien hin, die die meisten im täglichen Leben anwenden, um sich eine (vorläufige) Meinung darüber zu bilden, was für ein Gegenstand eine bestimmte, sinnlich gegebene Erscheinung ist. Etwas ist eine Schere, wenn es schneidet, ein Stuhl, wenn man darauf sitzen kann, ein Rad, wenn es rollt, ein Auge, wenn es sieht, usw. Wir erkennen an solchen Kriterien, mit welchen Gegenständen wir es zu tun haben, auch wenn sich ihre sinnliche Erscheinungsform

---

[67] S. dazu ausführlicher Teil III.
[68] S. Aristoteles, Politik I,1, 1253a23.

nicht immer gleich darstellt. Auch ein Facettenauge ist ein Auge, weil wir feststellen können, dass es hell und dunkel und/oder Farben unterscheiden kann, usw.[69]

Diese Art der Meinungs- oder Begriffsbildung orientiert sich nicht unmittelbar an dem sinnlichen Erscheinungsganzen eines Gegenstands, sondern an etwas, was man nur begreifen, nicht wahrnehmen kann. Dieses (mehr oder weniger kritisch geleitete) Begreifen wendet sich aber nicht von den konkreten Dingen ab und einem Reich des Denkbaren zu, sondern richtet sich auf etwas anderes an ihnen als die bloße Wahrnehmung. Es versucht, das Wahrnehmbare von dem her zu verstehen, „was es kann und leistet". Man konzentriert sich zuerst darauf, zu erfassen, dass etwas schneidet, dann gewinnt man daraus die Kriterien, was von den wahrnehmbaren Eigenschaften des ganzen Gegenstands zum Schneiden gehört: die Härte und Spitzigkeit der Materie, die Beweglichkeit um einen Winkel, usw.

Anders ist es, wenn man die der Beobachtung ‚gegebenen' Dinge unvermittelt zum Maß dafür macht, welchen Begriff man von ihnen bilden kann. In diesem Fall muss die Information, welchen Gegenstand man vor sich hat, aus der ‚immediate acquaintance', aus der ‚unmittelbaren Bekanntschaft' kommen, die möglichst unverfälscht aufgenommen und rekonstruiert werden muss. Die Feststellung der Unterschiede unter den Sinnesgegenständen ist dann nicht Sache des Denkens, sondern der Anschauung oder anderer unmittelbarer Erfahrungsformen. Das Denken erhält seine Inhalte unter dieser Voraussetzung (vermeintlich) von der Anschauung. Wenn Descartes diese Anschauung ‚dunkel und konfus', Kant später noch schärfer ‚blind' nennt, dann nicht deshalb, weil sie den Gegenstand gar nicht erfasst hätte, sondern deshalb, weil sie ihn nicht ‚gedacht' hat. Der undifferenziert ganz (‚konfus', ‚dunkel') rezipierte Gegenstand muss erst durch Vergleich mit anderen ähnlichen Gegenständen, durch Verbindung und Trennung, durch Aussonderung des Konstanten, Identischen vom nur Akzidentellen einem Begriff zugeordnet und in ihm deutlich, d.h. in seinen gesonderten Vorstellungsmerkmalen, einheitlich gedacht werden. Die Aufgabe des Denkens bleibt dabei formal. Es sondert die beharrende Substanz von den wechselnden Eigenschaften, usw., es tut dies aber nicht durch die Anwendung eigener Kriterien, die eine Unterscheidung der Merkmale, die das substantielle Sein von etwas ausmachen, ermöglichen, sondern durch rein formale Kriterien, die bei allen Gegenständen gleich sind.

Genauso verfährt auch Descartes, wie zunächst die Interpretation der *ersten Meditation* belegen soll.

---

[69] S. dazu genauer unten Teil III.

II. Descartes und der Weg vom Denken zum Sein (cogito ergo sum)

1. Die erste Meditation[70]

a) Das Verschwinden des Zweifels durch den Rückgang von den zusammengesetzten, konfusen auf die ‚einfachen Dinge'

Bei der Interpretation oft zu wenig beachtet, aber für das Verständnis der Natur des cartesianischen Zweifels höchst aufschlussreich ist die Tatsache, dass von dem Konzept der antiken Analysis, d.h. dem Versuch, von einem komplexen, zusammengesetzten, unsicher erkennbaren Sein auf ein einfaches, klar und distinkt erfassbares Sein zurückzugehen, auch Descartes' *erste Meditation* bestimmt ist, in der er alles das, was in Zweifel gezogen werden kann, vorzuführen verspricht.

Bei der Präsentation der Gegenstände möglichen Zweifels ordnet Descartes nämlich nach dem Prinzip, dass die Bezweifelbarkeit und Unsicherheit der Erkenntnis bei den sinnlich-konkreten, zusammengesetzten Dingen am größten ist und mit zunehmender Einfachheit und Allgemeinheit der Gegenstände stetig sich verringert.

So fallen also unter das, woran man zweifeln kann, zuerst und in eminenter Weise die Gegenstände der Sinne.[71] Nach der Behandlung der Zweifelsgründe bei diesen Gegenständen – es könnte sich um Sinnestäuschung, um Einbildung des Wahnsinns oder von Träumen handeln[72] –, untersucht Descartes, was als sicher bestehen bleiben könnte, wenn man vom ganzen Bereich der Sinneswahrnehmung, da er bezweifelbar ist, abstrahiert.[73] Er argumentiert: Wenn auch die konkreten Einzelheiten, die wir wahrnehmen – dass wir solche Hände, einen solchen Körper haben etc. – nur Produkt der Einbildung sein könnten, so muss doch wenigstens dieses Allgemeine („generalia haec"): Augen, Kopf, Hände, der ganze Körper überhaupt, wirklich existieren und kann nicht nur Einbildung sein.

---

[70] Eine Einführung in die Deutungsprobleme der Meditationen bietet die Aufsatzsammlung von A. Oksenberg Rorty (Hg.), Essays on Descartes' Meditations, Berkeley/Los Angeles/London 1986.
[71] S. Descartes, Med. I, AT 18f.
[72] S. ebd., AT 19.
[73] S. ebd., AT 19f.

Dieses Allgemeine der sinnlichen Gegenstände ist also sicherer erkennbar als ihre jeweiligen Akzidenzien, aber – so fährt Descartes fort[74] – es ist doch nicht völlig sicher, dass nicht auch sie nicht nur Gegenstände der Einbildung sind. Aus dem gleichen Grund aber, aus dem diese generalia sicherer erkennbar sind als das sinnlich Einzelne, Partikulare, müsse man notwendig zugestehen, dass bestimmte andere noch einfachere und allgemeinere Dinge wahrhaft vorhanden sind, aus denen wie durch Farben alle jene Vorstellungsbilder, ob diese selbst nun wahr oder falsch sind, gestaltet sind.

Zu diesem noch Einfacheren rechnet Descartes die allgemeine Natur des Körpers, seine Ausdehnung, Gestalt, Quantität, Größe, Zahl, Orts- und Zeitstelle und ähnliches mehr[75]. Sie sind das Einfachste und darum mit größter Sicherheit wirklich Existierende, weil man von ihnen nicht mehr abstrahieren kann, ohne das Sein sinnlicher Körper überhaupt aufzuheben.

Dies sagt Descartes an dieser Stelle nicht ausdrücklich, es ergibt sich aber aus dem ordo, dem ordnungsgemäßen Vorgehen bei der Analysis, an den Descartes sich ja ausdrücklich in den Meditationen gehalten zu haben behauptet und an den er sich bei vielen ähnlichen Argumentationen auch tatsächlich anlehnt. So deckt er etwa in den *Principia philosophiae*[76] die Ausdehnung als das Wesen (die Natur) des Körpers auf mit dem Argument, dass „alles, was sonst dem Körper zugeteilt werden kann, die Ausdehnung *voraussetzt* (praesupponit)". Die Gestalt nämlich oder die Bewegung könne man nur an etwas Ausgedehntem vorstellen, während die Ausdehnung *ohne* Gestalt und Bewegung vorgestellt werden könne.

Auf die gleichen methodischen Prinzipien beruft sich Descartes in einer *Antwort auf die Vierten Einwände*. Am Beispiel von Figur und Kreis will er zeigen, dass Körper und Geist tatsächlich real voneinander verschiedene Substanzen sind: Man könne nämlich erkennen, was Figur ist („intelligimus figuram"), ohne dabei den Begriff des Kreises mitdenken zu müssen, während man überhaupt keinen spezifischen Unterschied des Kreises erkennen könne, ohne dabei den Begriff der Figur mitzudenken. Ebenso könne man den Geist (sc. als ein früheres, einfaches Sein) ohne den Körper denken, da er nirgends aus Geist und Körper zusammengesetzt gedacht werden müsse wie etwa der Kreis aus Kreis und Figur.[77] In allgemeiner Formulierung sagt Descartes[78]: nicht daraus, dass man zwei Dinge häufiger miteinander verbunden sieht (z.B. Körper und Geist als sinnlich gegebene Einheit), darf man schließen, dass sie ein und dasselbe sind, sondern daraus, dass man bisweilen das eine von ihnen ohne das andere bemerkt, folge zweifellos, dass sie verschieden sind. Dieses Kriterium ist für ihn das eigentliche Kriterium dafür, dass man etwas als eine (für sich seiende) Substanz erkennen kann:

---

[74] S. ebd., AT 19f.
[75] S. ebd., AT 20f.
[76] S. Descartes, Princ. I, § 53, AT 25.
[77] S. Descartes, Med. quart. resp., AT 223.
[78] S. Descartes, Med. sext. resp., AT 444f.

„Es ist nämlich eben dies der Begriff der Substanz, dass sie durch sich selbst, d.h. ohne Hilfe irgendeiner anderen Substanz existieren kann; auch hat jeder, der jemals zwei Substanzen durch zwei verschiedene Begriffe aufgefasst hat, geurteilt, dass sie real distinkt sind."[79]

Auf Grund solcher „ordnungsgemäß" angewandter Kriterien also kommt Descartes zu dem allgemeinen Schluss,[80] dass Physik, Astronomie, Medizin und alle anderen Wissenschaften, die sich mit zusammengesetzten Dingen („res compositae") befassen, zweifelhaft sind, während dagegen Arithmetik, Geometrie und andere Wissenschaften dieser Art, die nur von allereinfachsten und allgemeinen Dingen handeln („simplicissimae et generales res") etwas Sicheres und Unbezweifelbares enthalten, das aus vernünftigen Gründen überhaupt nicht mehr in Zweifel gezogen werden kann, sondern nur noch durch Einführung der Hypothese eines böswillig täuschenden Dämons.

b) Der Weg vom zusammengesetzten zum einfachen Sein bei Platon und Descartes

Für die Beurteilung des Argumentationsgangs der *ersten Meditation* erweist es sich als besonders aufschlussreich, wenn man bei der Urteilsfindung sich nicht nur auf den unmittelbaren Kontext konzentriert und diesen gegen die zeitgenössische Skepsis abgrenzt, sondern die grundlegend andere Verfahrensweise der platonischen Analytik zum Vergleich mit heranzieht. Erst durch diesen weiteren Abstand wird der Rahmen umgrenzbar, innerhalb dessen sich Descartes bewegt, den er aber nicht mehr überschreitet.

Descartes' Anwendung traditioneller methodischer Verfahrensweisen erweckt, wenn man nur den Wortlaut der Begriffe und Formeln beachtet, den Eindruck einer fortbestehenden Abhängigkeit von der Spätscholastik. Das Neue scheint dem entsprechend in der Auseinandersetzung mit der Skepsis und ihrer Überwindung durch den universalen Zweifel zu liegen, durch den diese alten Methoden überhaupt erst ein kritisch gesichertes Fundament erhalten haben.

Gegenüber den platonischen Konzepten liegt das Neue aber keineswegs in dem durch den Zweifel gelegten neuen Fundamenten. Im Gegenteil: Den Ausgang vom Zweifel und den Weg, ihn durch den Rückgang auf ein einfaches Sein zu überwinden, hat Descartes noch mit Platon gemeinsam.

Man sollte vielleicht sogar einmal darauf hinweisen, dass die Zweifelsituation, mit der Platon sich auseinandersetzen musste, radikaler war als die ‚Zweifelsgründe', die Descartes anführt. Auch wenn selbst in neuester Literatur behauptet wird, Pla-

---

[79] S. Descartes, Med. quart. resp., AT 226 (Übersetzung A. Buchenau, 205).
[80] S. Descartes, Med. I, AT 20f.

ton habe nie durch eine radikale Skepsis hindurchgehen müssen, so dass er die tatsächliche Subjektivität aller Denkinhalte nie ins Auge gefasst habe,[81] die Sophistik, die der historische Gegner ist, mit dem Platon sich vor allem auseinandersetzt, hatte nicht nur bereits viele der Beispiele vorgebracht, die auch Descartes noch benutzt, es gab noch radikalere Positionen: die Übertrumpfung des Herakliteischen Diktums, man könne nicht zweimal in denselben Fluss steigen, mit der Behauptung, das könne man nicht einmal ein einziges Mal; es gab den Verzicht auf das ‚Ist' im Satz, weil das ‚Ist' ein festes Sein anzuzeigen scheine, ja es gab den Verzicht auf die sprachliche Aussage überhaupt und schließlich sogar auf das Deuten mit dem Finger, weil auch dadurch eine Beständigkeit vorgetäuscht werde, die im Sinn eines wirklich radikalen Zweifels undenkbar sei.[82]

Universale Zweifelsgründe kannte Platon ohne Frage. In seinem Dialog *Theaitet* spielt er fast alle Grundvarianten skeptischer Zweifel an der Möglichkeit von Erkenntnis durch. Der methodische Rückgang auf ein sicheres, allein dem Denken zugängliches Sein ist für Platon wie Descartes ein neuer, eigenständiger Versuch, dem Zweifel zu begegnen.

Die Abhängigkeit Descartes' von dieser Art Zweifelsüberwindung kommt bereits durch eine erstaunlicherweise kaum bemerkte Seltsamkeit seiner Darlegung der „Gründe, deretwegen man an allen Dingen, besonders an den materiellen, zweifeln kann" („causae, propter quas de rebus omnibus, praesertim materialibus, possumus dubitare", *Med. Syn.*, AT 12), zum Ausdruck. Descartes führt nämlich gar keine Zweifelsgründe an. Lediglich zu Beginn der *ersten Meditation* berichtet er von einigen Beispielen aus dem Bereich der Sinnes- und Traumtäuschungen, bei denen der Täuschungscharakter offenkundig ist, z.B. wenn man entkleidet im Bett liege und sich im Traum einbilde, angekleidet am Ofen zu sitzen (*Med. I*, AT 19). Alle weiteren Täuschungen werden nur hypothetisch für möglich erklärt („auch wenn alle Sinneserfahrungen nicht wahr sind, so ...", *Med. I*, AT 19f.), um auf etwas ihnen zugrunde liegendes Sichereres, weniger Bezweifelbares aufmerksam zu machen und darauf hinzuführen: auch wenn die besonderen Eigenschaften unserer Augen, Hände usw. falsch wahrgenommen sind, so bleibt doch bestehen, dass wir zu Recht Augen, Hände, Kopf wahrgenommen zu haben meinen, usw.

---

[81] Die Überzeugung, selbst die großen Philosophen der Antike hätten noch keine radikale Skepsis gekannt, gehört in das Arsenal der Argumente, mit denen die Antike insgesamt als eine an die Anschauung des Kosmos gebundene Seinsphilosophie charakterisiert wird. Besonders eindrucksvoll formuliert diese Auffassung H. Blumenberg, Die Legitimität der Neuzeit, Frankfurt a.M. 1966 (und öfter), 211: „Das Licht, in dem Landschaft und Dinge standen, die das Leben der Griechen umgab, gewährte allem die Klarheit und schon optisch unfragwürdige Präsenz, die dem Zweifel an der dem Menschen offengehaltenen Zugänglichkeit der Natur erst spät und erst aus der Erfahrung des Denkens mit sich selbst Raum gab."

[82] S. den Bericht bei Aristoteles, Metaphysica, IV,5, 1010a7-15 und insgesamt die Kapitel 5 und 6.

Für diese größere Sicherheit führt er ausdrücklich Gründe an: Wir sind uns dieser Erkenntnisse gewisser, weil sie weniger zusammengesetzte und einfachere Gegenstände („magis simplicia et unversalia", *Med. I*, AT 20) zum Inhalt haben.

Der tatsächliche Gegenstand der *ersten Meditation* sind also nicht Gründe, die uns zum Zweifeln Anlass geben. Gegenstand sind vielmehr die Gründe, die uns angesichts offenkundiger und jedem bekannter Täuschungen aus diesen Täuschungen heraus auf etwas sicher Erkennbares hinführen.

Mit dieser Beweisabsicht folgt Descartes noch immer dem Beweisziel, das schon Platon bei seiner Analyse der Gründe, weshalb wir uns bei unseren Sinneserkenntnissen und Meinungen täuschen können (meist ohne es zu bemerken) verfolgt hatte. Descartes tut es aber auf eine ganz andere Weise.

Dass es möglich ist, dass wir ausgekleidet im Bett liegen, träumend aber angekleidet am Ofen zu sitzen meinen, ist für Descartes Anlass, einen Ausweg aus der Täuschung zu suchen, die Täuschung selbst ist ihm selbstverständlich. Platon dagegen setzt genau an dieser Stelle an und fragt, was der Grund ist, weshalb wir in einem solchen Fall überzeugt sind, einer Täuschung zu erliegen. Der Grund, den auch Descartes vielfach benennt, aber nicht mehr analysiert, ist, dass wir dann, wenn wir feststellen, dass ein und dasselbe ebenso es selbst wie nicht es selbst zu sein scheint, wissen, dass wir uns getäuscht haben müssen, da das Denken von sich her weiß, dass dies unmöglich ist (*Politeia* 436b9-c1). Ob wir angekleidet oder ausgekleidet sind, träumen oder wachen, ist eine Frage einer mehr oder weniger genau überprüfbaren Erfahrung, dass beides nicht zugleich möglich ist, ist ein Wissen, über das wir schon vor der Erfahrung verfügen und bei jeder Erfahrung bereits als Urteilskriterium mitbringen.[83]

Die Anwendung dieses Urteilskriteriums auf einzelne Erfahrungen führt bei Platon zu einer gegenüber den Anwendungen, die Descartes macht, konträrem Ergebnis: Dort, wo wir meinen, dass etwas widersprüchlich ist, so folgert er, wissen wir, dass wir es nicht mit etwas Identischem, sondern mit Mehrerem zu tun haben. Die Anwendung des Widerspruchsaxioms hat bei Platon also einen ‚analytischen' Effekt: Es löst eine – vermeintliche – Einheit auf und deckt auf, dass (und wo) man es nicht mit etwas Identischem, sondern etwas aus Mehrerem Zusammengesetzten zu tun hat. Der Widerspruch kommt im Sinn dieses Verständnisses nur in unseren Meinungen vor und ist Signum für eine ungenügende Differenzierung. Die seit Descartes verbreitete Rede von einer widersprüchlichen Welt, die sich nicht unter die Eindeutigkeit von Begriffen subsumieren lasse, ist aus platonischer Sicht unsinnig. Die Welt ist komplex, widersprüchlich sind nur subjektive Meinungen.[84] Pla-

---

[83] Genauso urteilt auch Aristoteles, s. Metaphysica IV, 3, 1005b7-18: Dieses Wissen ist das evidenteste, sicherste, über das eine Täuschung nicht möglich ist, und es wird a priori, vor jeder einzelnen Erkenntnis schon ‚mitgebracht'.

[84] Zur Bedeutung dieses Umgangs mit dem Widerspruchsaxiom s. Verf., Sokratisches Fragen im Platonischen Dialog, in: K. Pestalozzi (Hg.). Der fragende Sokrates, Stuttgart/Leipzig 1999, 30-49 (Colloquium Rauricum Bd. 6); ders. (²2008), 215-269.

tons Beispiel, an dem er mit leichter Ironie über die Einfachheit des Beispiels, diesen Sachverhalt demonstriert, ist ein Kreisel, der an einer Stelle steht und sich zugleich dreht. Wer angesichts eines solchen Wahrnehmungsbefunds meint, ein Kreisel lasse sich nicht unter einen Begriff, etwa des Bewegtseins, subsumieren, weil er ein in sich widersprüchliches Sein habe, dem hält Platon entgegen, dass es nicht ein und dasselbe ist, das unter die gegensätzlichen Begriffe fällt. Der vermeintliche Widerspruch im Ding mache vielmehr darauf aufmerksam, dass man am Kreisel Höhe und Umfang unterscheiden müsse. In Bezug auf das ‚Senkrechte in ihm' ruht der Kreisel, in Bezug auf das ‚Kreisförmige' bewegt er sich. Ein Widerspruch entsteht nur für den, der wegen der Einheit und Ganzheit des Dings ‚Kreisel' meint, das Bewegte und Ruhende an ihm müsse unter ein und denselben Begriff fallen.[85]

Bei Descartes ist eben diese von Platon in Zweifel gezogene Identität des Gegenstands der unbefragt selbstverständliche Ausgangspunkt für jede Form der Erkenntnis von ihm. Der Widerspruchssatz hat seine Aufgabe nicht darin, Kriterium dafür zu sein, was an einem Gegenstand zu einer identischen Sache gehört und was nicht, sondern darin, die vielen, immer wieder anderen Erscheinungsformen, in der sich der Gegenstand als ein immer wieder anderer und nicht als derselbe zeigt, zu erklären.

Descartes folgt damit nicht nur dem common sense, sondern einer seit dem Scotismus des späten Mittelalters neuen Auslegung des Widerspruchsaxioms, die sich zu seiner Zeit schon so durchgesetzt hatte, dass er sie gar nicht mehr thematisiert.

Exemplarisch kann man etwa auf den zum Ockhamistenkreis gehörenden Buridan (um 1300-1358) verweisen. (Auch) für Buridan ist das schlechthin erste Prinzip in der Aussage formuliert: „Etwas ist oder ist nicht" („quodlibet est vel non est"), bzw. in der dieser Proposition gleich universalen Aussage: „nichts ist ein Identisches ist und ist es (zugleich) nicht (nihil idem est et non est)."[86] Diese Aussage meint bei Buridan aber nicht mehr dasselbe wie bei Platon. Bei Platon ist der Sinn: „Etwas ist oder ist nicht ein bestimmtes Etwas."[87] Bei Buridan ist der Sinn: „Etwas kommt vor oder nicht vor", d.h. etwas existiert oder existiert nicht. Die zweite Propositio meint demgemäß: „Nichts ist, d.h. existiert, als ein Identisches und nicht ein Identisches". In der Kombination beider Aussagen ergibt sich die

---

85 S. Platon, Politeia 436d3-e7.
86 S. J. Buridan, In Metaphysicen Aristotelis quaestiones, Frankfurt a.M. 1964 (= Paris 1518), Fol. 23 ra: „Sed ego credo quod simpliciter primum principium debet poni ista propositio: quodlibet est vel non est. Vel ista universalis: nihil idem est et non est". S. dazu die wichtige Studie von G. Krieger, Transzendental oder kohärentisch? Buridans Widerlegung des Skeptizismus, in: Acta Mediaevalia 22, 2009, 301-332, v.a. 314-317; s. ausführlicher ders., Subjekt und Metaphysik. Die Metaphysik des Johannes Buridan, Münster 2003.
87 Zu diesem ‚Sinn von Sein' s. Verf. (²2008), 215-240.

Überzeugung, dass alles, was existiert, wenn es existiert, etwas Identisches ist, da es nicht zugleich identisch und nicht identisch sein kann.[88]

Der Unterschied dieser Auslegung gegenüber Descartes liegt darin, dass Buridan dieses Erkenntnisprinzip ausdrücklich auf die Selbsterkenntnis der Vernunft zurückführt. Denn Prinzip von Bestimmtheit und Identität ist für Buridan die Vernunft von sich selbst her. Ihre Funktion sieht er in der „Ermöglichung der Einheit des Urteils."[89] Die Vernunft weiß aus sich selbst: ‚quodlibet est vel non est', denn es ist der Vernunft unmöglich, gleichzeitig gegensätzliche Meinungen zu haben („habere simul in intellectu opiniones contrarias, quod est impossibile"[90]). Dieses Wissen ist für die menschliche Vernunft Bedingung möglicher Erfahrung und hält auch stand – das ist im Blick auf die erste Meditation Descartes' interessant – wenn man hypothetisch eine Täuschung ‚per causam supranaturalem' annehmen würde.

---

[88] In Ergänzung der Ausführungen in dem in der letzten Anmerkung genannten Aufsatz schreibt Krieger (brieflich, Trier 23. Juli 2010): „Ich verstehe Buridan dahingehend, dass er zunächst von der (subjektiv gewissen) Feststellung ausgeht: Es wird vorausgesetzt, dass ein jegliches (oder: etwas) ist. Diese Voraussetzung formuliert er in ‚universeller' Form dann: ‚Es wird vorausgesetzt, dass ein Identisches ist.' Der Übergang von der ersten zur zweiten Formulierung ist begründet durch die Selbsterkenntnis der Vernunft, die sich als Prinzip von Identität oder Bestimmtheit überhaupt erkennt. Auf dieser Grundlage ergibt sich dann die Aufgabe, feststellen zu können, welches konkrete Identische oder Bestimmte vorkommt oder gegeben ist. Dies geschieht ‚methodisch', nach Maßgabe von durch den Erkennenden gesetzten Bedingungen, die die Notwendigkeit und Allgemeinheit der Feststellung von konkreter Identität oder Bestimmtheit gewährleisten. Wie verhält es sich mit der Konvertibilität von ‚ens' und ‚aliquid'? In dieser Frage habe ich mir die L. IV. q. 6: utrum hoc nomen ens significet substantias et accidentia secundum unam rationem sive secundum unum conceptum des Metaphysik-Kommentars genauer angesehen. Das Ergebnis meiner Überlegungen dazu besagt: Buridan begrenzt das Verständnis von ‚ens' und ‚aliquid' auf ‚etwas' im Sinne von: ‚Vorkommnis sein', oder eben jenes ‚jegliche', von dem angenommen wird, dass es vorkommt. Insofern reduziert er den alten Seinsbegriff (ein ‚on' ist immer ein ‚on ti') auf ‚Vorkommnis': Zu sein heißt etwas sein, und etwas sein heißt: als ein Vorkommnis sein, als ein X sein, in Bezug auf das sich die Frage stellt: Wie kann von diesem Vorkommnis oder X mehr gesagt werden?
Buridans Verhältnis zum ‚alten' und ‚neuen' (Scotischen) Seinsbegriff sehe ich vor diesem Hintergrund folgendermaßen: Er ‚reduziert' das Verständnis von ‚seiend' auf eben jenes des Vorkommnisses. Insofern scheint es mir, dass Buridan ‚in Scotisch-erkenntniskritischer Perspektive' die Begründung des Vorrangs des Begriffs des Seienden auf das begrenzt, was (allerdings anders und kritischer als bei Scotus selbst) noch übrigbleibt, wenn man sich (auf den Boden der Scotischen Option) für den Vorrang des vollbestimmten Individuellen entscheidet. Diesem letztgenannten Vorrang trägt er wiederum insoweit Rechnung, als sich diese Annahme auf die (letztlich nur subjektiv gewisse und begründete) Voraussetzung der Bestimmtheit der Vernunft (als des Prinzips von Bestimmtheit überhaupt) begrenzt."
[89] S. Krieger (2009), 308.
[90] Buridan, In Metaphysicen Aristotelis quaestiones, Fol. 23 ra. S. Krieger (2009), 319.

Anwendung findet dieses Prinzip auf (in der Erfahrung) gegebene Gegenstände dadurch, dass die Vernunft voraussetzt, dass etwas ein Identisches ist und erst dann ihre Zustimmung (assensus) gibt, wenn ihr die (gegenständliche) Identität der Erscheinungsvielfalt eines Gegenstands evident und dadurch gewiss ist.

Bereits im 14. Jahrhundert findet man daher eine gegenüber Platon und Aristoteles grundlegend neue Auslegung des Widerspruchsaxioms. Da sich Buridan an der zitierten Stelle auf die Aristotelische *Metaphysik* beruft, ist es aufschlussreich einen Vergleich zu machen. Auch Aristoteles betont bei der Behandlung des Widerspruchsaxioms, dass man nicht zugleich widersprüchliche Meinungen über ein und dasselbe haben könne. Er zieht daraus aber nicht den Schluss, dass nur solche Gegenstände, die diesem Axiom dadurch genügen, dass sie nicht zugleich etwas Bestimmtes und nicht dieses Bestimmte sind, erkannt werden können. Er lehnt diese Auslegung sogar ausdrücklich ab. Man dürfe nicht den Versuch machen, die Richtigkeit des Widerspruchsaxioms dadurch zu begründen, dass man etwas vorzuweisen versucht, was genau und nur ein mit sich identisches Etwas sei. Das sei nicht nur eine petitio principii, sondern auch immer widerlegbar. Denn jeder wirkliche Mensch z.B. sei immer in vieler Hinsicht auch nicht Mensch. Fordern müsse man dagegen, dass der, der das Widerspruchsaxiom bestreite, etwas sage und mit dem Gesagten etwas meine. Auch wenn er den Widerspruchsatz bestreitet und für einen leeren Mythos erklärt, muss er mit ‚Widerspruch' und ‚Mythos' usw. etwas meinen, sonst hat er nichts gesagt. Der Widerspruch ist also, wie Buridan noch richtig zitiert, immer etwas in unseren Meinungen, er ist Zeichen eines falschen Denkens, nicht einer irrationalen Wirklichkeit.[91] Die Forderung, dass die Wirklichkeit selbst durchgängig bestimmt sein müsse und so auch jedes Einzelding, ist eine Position, die in der Antike von der Stoa vertreten wurde. In ihrem Sinn ist die ganze Welt unmittelbarer Ausdruck der göttlichen Vernunft, die in der menschlichen sich manifest wird. Für Aristoteles und Platon sind nur die Vernunft selbst und ihre Inhalte ‚wohlbestimmt'.[92]

Da Descartes alles das für wahr erklärt, was man klar und deutlich erkenne, so dass diesem – kraft der Garantie eines gütigen Gottes – die wirklichen Dinge entsprechen, ist seine Position in substantieller Übereinstimmung mit der Stoa, deren Überzeugung einer durchgängig vernünftigen, und das heißt für Descartes, mathematisch berechenbaren Welt er teilt.

In der *ersten Meditation* beginnt auch er mit einer Art Selbstvergewisserung der Vernunft, indem er von den Gegenständen, bei denen sie am unsichersten ist, zu Gegenständen und Inhalten fortschreitet, die sie mit immer größerer, schließlich größtmöglicher Sicherheit erkennt.

---

[91] Aristoteles, Metaphysica IV,4, 1006a18-25; s. auch zuvor 1005b19-34
[92] Zur Erkenntnistheorie der Stoa s. M. Clausen, Maxima in sensibus veritas? Die platonischen und stoischen Grundlagen der Erkenntniskritik in Ciceros Lucullus, Frankfurt a.M. 2008, 61-114.

Anders als (z.B. noch) Buridan benennt er den Grund der Sicherheit, den die Vernunft in sich selbst findet, nicht ausdrücklich, aber er sucht diese Sicherheit, indem er alles das als Beitrag zur Erkenntnis eines Gegenstands ausschließt, was bald so, bald anders sein kann (das sind die Zweifelsgründe). D.h. er macht, wenn auch unausdrücklich, die Voraussetzung zum Kriterium seiner Prüfung, dass ein Gegenstand nur dann ein Gegenstand sein kann, wenn er etwas Identisches ist. Schrittweise ermittelt er nach dem Ausschluss des immer wieder Anderen die Elemente, die der Gefahr weniger oder gar nicht ausgesetzt sind, auch etwas anderes zu sein als das, was sie gerade zu sein scheinen.

Das zentrale Beispiel der *ersten Meditation* sind Menschen, die uns begegnen. Alles ‚Partikuläre' an ihnen („particularia ista", *Med. I*, AT 19), das Öffnen der Augen, die Bewegungen des Kopfes, das besondere Aussehen der Hände oder des ganzen Körpers, – alles das muss nicht so sein, wie wir es wahrnehmen oder uns einbilden. So wie aber ein Maler, der Sirenen, Satyrn und dergleichen Gebilde bloßer Einbildungskraft malt, alle diese Gestalten aus nicht eingebildeten, sondern „wahren Farben" („veri colores") zusammensetzt, so müssen auch die Hände, Augen, Köpfe der menschlichen Körper überhaupt ‚wahr' sein. Unter der nur noch hypothetischen Voraussetzung, dass auch diese ‚generalia' nur eingebildet sind, bleiben ‚notwendigerweise' noch einfachere und allgemeinere („magis simplicia et universalia") Komponenten, aus denen alle wahren wie falschen Bilder in unserem Denken zusammengesetzt sind (*Med. I*, AT 20). Diese noch einfacheren Komponenten sind: die körperliche Natur im Allgemeinen und ihre Ausdehnung, ihre Formen, ihre Quantität, d.h. ihre Größe und ihre Zahl, ihre Orts- und Zeitstelle und Ähnliches (*Med. I*, AT 20f.).

Bereits diese Argumentation zeigt, dass Descartes das Zusammengesetztsein der Gegenstände der Wahrnehmung als eine Zusammensetzung aus Komponenten, die gleich bleiben, und solchen, die sich ändern können, versteht, und dass er die gleich bleibenden zu dem rechnet, was eine wahre Erkenntnis dieser Gegenstände möglich macht.

Unter diesem Aspekt folgt er dem ältesten Vorgehen der europäischen Philosophie. Aristoteles berichtet von den vorsokratischen Philosophen, sie hätten das ‚Was etwas ist' methodisch dadurch zu ermitteln versucht, dass sie das, was bleibt, von den sich ändernden Eigenschaften unterschieden und das Bleibende als Element und Prinzip des bestimmten Seins der Dinge erklärt hätten (*Metaphysica* I, 3, 983b7-11).

Anders als diese Anfangsgestalten der Philosophie fügt Descartes seine Überlegungen in eine bestehende Schulphilosophie ein. Von ihr übernimmt er, dass dieses Gleichbleibende ein Allgemeines („generalia haec, universalia") und etwas Einfaches oder Einfacheres („magis simplicia") ist. Tatsächlich sucht er die bleibenden Komponenten nicht einfach in elementaren Bestandteilen der Gegenstände. Die vorsokratischen Philosophen hatten an Atome oder andere Elemente wie Feuer, Wasser, Luft und Erde gedacht. Stattdessen denkt Descartes an die „Bilder von den Dingen in unserem Denken" („rerum imagines, quae in cogitatione nostra sunt", *Med. I*, AT

20). Ob er damit einen engeren oder weiteren Bildbegriff verbindet, sei dahingestellt, zu Recht wird man hier eine Formulierung des Unterschieds von Eigenschaften der Dinge und deren Merkmalen im Bewusstsein feststellen. Das ist ein nach vorne, etwa bis zu Frege weisender Aspekt an dieser Argumentation.

Diejenigen Merkmale aber, die Descartes als ‚wahre' Komponenten des zusammengesetzten Wesens ‚Mensch' aussondert, sind keine Bilder konkreter Teile, sondern sind abstrakt. Da er als Beispiele Größe und Zahl, die üblichen Gegenstände der Geometrie und Arithmetik unter den mathematischen Wissenschaften der Antike, mit anführt und danach ausdrücklich darauf verweist, dass eben diese Wissenschaften sich nicht mehr mit zusammengesetzten, sondern mit den allereinfachsten und allgemeinsten ‚Dingen' beschäftigen („simplicissimae et maxime generales res", *Med. I*, AT 20), ist klar, dass er sich bei seiner Auswahl der identisch bleibenden ‚Teile' eines Gegenstands an den alten Artes liberales orientiert hat.

Liest man in einem der alten Lehrbücher, z.B. bei Nikomachos[93] oder Boethius, nach, kann man feststellen, dass z.B. die Größe als Grundbegriff der Geometrie gilt. Jede geometrische Figur ist eine Größe, d.h. etwas kontinuierlich Ausgedehntes, dem deshalb bestimmte, mit diesem Grundbegriff gegebene Eigenschaften zukommen (z.B. kann man jede Größe – dem Begriff nach, nicht ‚real' – unendlich teilen). Als Grundbegriff der Arithmetik gilt die diskrete Vielheit, d.h. die Zahl, deren Einheiten je für sich unterschieden und nicht in kontinuierlicher, nach einzelnen Einheiten nicht unterschiedener Einheit gedacht werden.

Vielheit und Größe sind die Grundbegriffe der Arithmetik und Geometrie, weil sie diejenigen Begriffe sind, die man bei jeder Zahl bzw. jeder Figur schon voraussetzt und ohne die sie nicht gedacht werden könnten. Man kann weder den Begriff eines Dreiecks noch eines Kreises bilden, ohne in den Begriff dieser Figuren den Begriff der kontinuierlichen Größe mit aufzunehmen. Aber man kann den Begriff der Größe auch ohne einen Begriff von Dreieck oder Kreis zu haben, bilden. Der Begriff des Kreises ist immer mit dem der Größe zusammengesetzt, der Begriff der Größe aber ist (im Verhältnis zu den einzelnen Figuren) nicht zusammengesetzt, sondern der einfachste und allgemeinste, für alle geometrischen Figuren geltende Begriff.

Man sieht, dass Descartes tatsächlich von diesen Grundbegriffen der Artes in seiner Zweifelsargumentation Gebrauch gemacht hat, und zwar zweifachen: er wählt genau diejenigen allereinfachsten und allgemeinsten ‚Dinge' aus, die auch in den Artes liberales als die einfachsten gelten, und er gewinnt diese einfachsten ‚Dinge' mit Methoden der Artes, d.h. mit der Unterscheidung von zusammengesetztem und einfachem Sein und der Prüfung der Einfachheit mit den Verfahren, ob man etwas auch ohne etwas anderes denken kann, oder ob man es bei der Erkenntnis von etwas schon voraussetzen muss, usw.

Descartes' Argumentation unterscheidet sich aber auch von den alten Verfahren in den Artes, nicht nur, weil er in seine Sammlung ‚einfachster' Begriffe auch bereits

---

[93] S. Nicomachus, intr. arith. (1866).

zusammengesetzte aufnimmt, oder etwa weil er die Astronomie zu den empirischen Wissenschaften rechnet (im Quadrivium der Artes gehört sie zu den mathematischen Wissenschaften), sondern vor allem, weil er die von ihm in der Analysis aufgedeckten ‚einfachsten Dinge' als Teile konkreter Gegenstände versteht, während sie in den Artes etwas begrifflich Allgemeines bezeichnen.

Der Begriff der Größe ist ein Grundbegriff für die Geometrie, weil er Kriterien liefert, an denen man erkennen kann, dass man es mit einem geometrischen Gegenstand zu tun hat und welche Grundeigenschaften er deshalb hat. So könnte man z.B. am Zahlenstrahl feststellen, dass er eine geometrische Betrachtung der Zahl darstellt und welche Folgen das hat.

Descartes betrachtet die Größe aber nur unter dem Aspekt, unter dem sie ein Teil eines konkreten Körpers bzw. ein Merkmal unserer Vorstellung von ihm ist. Genauso verfährt er mit allen ‚einfachen Sachen'. Auch Ort und Zeit werden nicht als Begriffe zur Beurteilung von Erfahrungen eingesetzt, sondern sie bezeichnen die jeweils bestimmte Stelle, an der ein Körper lokalisiert ist, bzw. die jeweils bestimmte Zeit, in der er dauert („locus, in quo existant, tempusque, per quod durent", *Med. I*, AT 20).

Aus der Sicht der antiken Mathematik müsste man zu diesem Verfahren sagen: Die bestimmte Größe, Quantität, Gestalt eines Körpers, seine Orts- und Zeitstelle werden mit Hilfe der Grundbegriffe der Mathematik erkannt, sie haben die Sicherheit ihrer Erkenntnis von der Art der Anwendung dieser Begriffe auf je einzelne Gegenstände, sie haben nicht die gleiche Sicherheit wie die Erkenntnis dieser begrifflichen Kriterien selbst.

Wie Descartes selbst im *Discours de la Méthode* feststellt, kann man sich selbst bei den einfachsten geometrischen Gegenständen (simples matières) täuschen (*Discours* IV, AT 32). Diese Bemerkung macht auf einen Unterschied aufmerksam, den er hier vernachlässigt:

Folgt man der Konsequenz der Argumentation der *ersten Meditation*, dann sind die Gegenstände der Mathematik diejenigen Gegenstände, über die man sich am wenigsten täuscht, noch weniger als über die von den sinnlichen Akzidenzien befreiten Grundkomponenten der Körper (Hände, Augen, Kopf ‚im Allgemeinen', usw.). Da es bei den ganz „klaren und deutlichen Wahrheiten" („perspicuae veritates", *Med. I*, AT 20) der Mathematik nach Descartes gar nicht geschehen kann, dass sie falsch sein könnten („nec fieri posse videtur, ut ... in suspicionem falsitatis incurrant", ebd.), darf es bei ‚Gegenständen' („res") wie „zwei und drei miteinander verbunden, ergeben fünf" oder „ein Quadrat hat vier Seiten" (ebd.) eigentlich keine Täuschung mehr geben. Descartes führt denn auch einen „Übel wollenden Geist" („genius malignus", *Med. I*, AT 22) ein, der allein diese Wahrheiten, die bestehen bleiben, ob man wach sei oder schlafe, zu bloßen Einbildungen machen könne.

Die Tatsache, dass sich Descartes mit dieser Überzeugung zu seinem eigenen, nachdrücklich vertretenen Urteil im *Discours de la Méthode* in Widerspruch setzt, zeigt, dass man hier zwei verschiedene ‚Wahrheiten' auseinander halten muss.

Arnauld weist in seinen *Einwendungen gegen die erste Meditation* darauf hin, dass der Eindruck, man könne sich über die einfachsten Gegenstände der Mathematik nicht täuschen, schon durch eine geringfügige Erschwernis der Beispiele widerlegt werde. Viele hätten z.B. schon beim Satz des Pythagoras Verständnisschwierigkeiten und würden deshalb zweifeln, ob er wahr sei (Descartes, *Med. quart. obj.*, AT 201f.). Man hätte im Blick auf das Beispiel Descartes' auch fragen können, ob jemand, der die Gleichheit der Seiten des Quadrats täuschungsfrei erkennt, auch bei der Diagonale das ‚Wahre' ohne alles Schlussfolgern, allein durch die Bekanntschaft mit der Sache selbst täuschungsfrei erkennen würde.

Da die Entdeckung der Inkommensurabilität der Diagonale im Quadrat eine herausragende mathematische Leistung mit vielen systematischen Konsequenzen war, steht außer Frage, dass ihre Erkenntnis nicht in dem Sinn leicht und täuschungsfrei ist, dass man sie ‚ohne die Hilfe von etwas anderem' einfach und deutlich durch die bloße Bekanntschaft mit ihr gewinnen kann. Sie ist Produkt vieler Beweisgänge.

Ihre Einfachheit und Allgemeinheit liegt darin, dass man sie in der Dimension der Geometrie rein für sich selbst, unvermischt mit anderem erkennen kann, ihre Sicherheit darin, dass sie aufgrund rationaler Kriterien methodisch kontrolliert erschlossen ist.

Wie diese Kriterien reflexiv gewonnen werden, soll im Teil III etwas ausführlicher dokumentiert werden. Grundsätzlich entsteht die Sicherheit aus einer Reflexion auf die Leistungen der verschiedenen Erkenntnisvermögen und aus dem Nachweis, dass allein durch Ratio und Intellekt – und damit auch in den Wissenschaften, deren Gegenstände allein durch Verstand und Vernunft generiert werden – das sicher Erkennbare zugänglich wird. Darin, nicht in der – durch keine Zusatzinformationen verwirrten – Klarheit und Deutlichkeit, in der etwas uns gegenwärtig wird, liegt die Sicherheit mathematischer Gegenstände.

Genau in diesem Sinn behauptet Descartes in allen seinen Argumenten verfahren zu sein und er hält sich so, wie er dieses ‚analytische' Verfahren versteht, auch in der *ersten Meditation* an es. Er will, wie er schon in der *Synopsis* ankündigt, „den Geist von den Sinnen abziehen" („mentem a sensibus abducere", *Med. Syn.*, AT 12) und auf seine intellektuelle Natur („natura intellectualis", ebd. AT 12f.) hinführen, und zwar dadurch, dass er zeigt, dass der menschliche Geist nicht ebenso aus zufälligen Bestimmungen zusammengewürfelt („ex ... accidentibus esse conflatum", ebd. AT 13f.) ist wie der menschliche Körper, sondern ‚reine Substanz' („pura substantia", ebd.) ist. Auch dann nämlich, wenn alle seine zufälligen Bestimmungen (sc. und Inhalte) sich ändern, ... werde der menschliche Geist selbst deswegen nicht ein anderer („non idcirco ipsa mens alia evadit", ebd.). Die Hinführung auf diesen Beweis liefert die erste Meditation, indem sie zeigt, dass die Komponenten des (menschlichen) Körpers, die man mit Methoden der Mathematik berechnen kann, anders als das, was Gegenstand der Physik, Medizin usw. ist, immer als dieselben erkannt werden (sogar gleichgültig, ob man träume oder wach sei).

Es dürfte deutlich sein, dass Descartes zwei verschiedene Sicherheitskonzepte gleichsetzt. Im einen Konzept, das Descartes vorfindet und imitiert, steht die Sicherheit des Erkannten am Ende eines methodisch kritisch geführten Erkenntniswegs und ist ohne diese rationale Erschließung gar nicht präsent. In diesem Sinn versteht Descartes insbesondere die Natur des menschlichen Geistes selbst, die erst durch den universalen Zweifel überhaupt entdeckt worden ist. Ähnlich aber ist alles sicher erkannt, was nicht unmittelbar den Sinnen gegenwärtig ist, sondern erst durch mathematische Sicherheit erschlossen wird.

Daneben und zugleich vertritt Descartes aber in vielen seiner Texte die Position, dass sicher erkannt das leicht und am Anfang des Erkenntniswegs Zugängliche ist, das ohne die Hilfe von etwas anderem erkannt werden kann und dadurch Grundlage für weitere Erkenntnisse ist, die in gleich evidenten Schritten von der ersten deutlichen Bekanntschaft zu entfernteren und noch unbekannten Ergebnissen führen. Dass Descartes auch in der *ersten Meditation* an derartig in der ersten Bekanntschaft deutlich und zweifelsfrei Erkennbares denkt, zeigen die Beispiele, mit denen er die Sicherheit der einfachsten und allgemeinsten Gegenstände der Mathematik erklären will. Dass $2 + 3 = 5$ sind und dass ein Quadrat vier Seiten hat, oder wenn man sich etwas noch Leichteres fingieren könne („si quid aliud facilius fingi potest", *Med. I*, AT 21), soll ja auf ‚Dinge', die jedem in jedem Zustand unmittelbar und ohne Täuschungsgefahr erkennbar sind, aufmerksam machen. Die im Deutschen übliche Übersetzung von ‚distinctum' durch ‚deutlich' (ebenso wie die im Englischen, Französischen, Italienischen, Spanischen üblich gewordene Semantik) zeigen den Wandel bei Descartes an. ‚Deutlich' ist seiner Etymologie nach das leicht Deutbare, es fungiert in der Kombination ‚klar und deutlich' fast nur noch als verstärkendes Synonym. Die alte Bedeutung ‚unterschieden' kommt bei Descartes aber noch in wichtigen argumentativen Funktionen vor und macht dadurch seine Position als eine Position des Übergangs interessant. In einer häufig zitierten Definition aus den *Prinzipien der Philosophie* verbindet Descartes beide Deutungen von ‚distinctum': „Deutlich (distincta) nenne ich die Erkenntnis, die bei Voraussetzung des Grades der Klarheit, von allen übrigen so abgesondert und unterschieden ist, dass sie gar keine anderen als klare Merkmale in sich enthält" (*Princ. I*, §45, AT 22). Deutlichkeit meint hier also die durchgängige Klarheit, die aber noch als Ergebnis der präzisen Unterschiedenheit aufgefasst wird.

Zusammenfassend kann man die Gemeinsamkeiten und Differenzen zwischen dem ursprünglich platonischen Konzept und seiner Transformation durch Descartes so beschreiben:

Descartes will wie Platon einen Weg von der Sinneserfahrung zur Verstandes- oder Vernunfterkenntnis zeigen. Er sucht diesen Weg, um Sicherheit des Erkennens zu finden. Um auf die Unsicherheit der Sinneserfahrungen aufmerksam zu machen, beschreibt er ihre Gegenstände als ‚konfus' und ‚zusammengewürfelt'. Sie zeigen ein und dasselbe immer wieder anders. Die Sicherheit der Gegenstände des ‚reinen' Denkens sind dagegen durch Distinktheit charakterisiert. Der Aufweis dieser Distinktheit geschieht dadurch, dass er das im Wechsel der Erscheinungsformen Konstante und Identische ermittelt. Die Methoden dieser Ermittlung bestehen in der Prüfung, ob etwas auch ohne etwas Anderes sein und gedacht werden kann. So kann man denken, dass ein Mensch Augen hat, auch wenn man nicht sicher ist, ob die Augen blau oder grau sind.

Der wichtigste Unterschied gegenüber Platon besteht darin, dass er das Distinkte als das sucht, was in dem der Wahrnehmung vorliegenden Gegenstand unveränderlich gleich bleibt. Deshalb ist das Kriterium, ob etwas in den wirklichen oder denkbaren Veränderungen eines Gegenstands identisch beharrt, das einzige Kriterium, das er bei der Ermittlung des distinkten Seins von etwas anwendet. Die Konzentration auf die Anwendung dieses Kriteriums führt ihn dazu, die Sicherheit des Erkennens nicht (mehr) in den Grundbegriffen der Mathematik und den Kriterien ihrer Anwendung zu suchen, sondern in den Teilen oder Komponenten gegebener Gegenstände, die sich mit Hilfe der Mathematik berechnen lassen. Das quantitativ Berechenbare an einem Gegenstand erscheint so als sein wahres identisches Wesen. Da seit Platon das Wesen von etwas als ein einfaches, nicht zusammengesetztes, unabhängig für sich erkennbares Sein gilt, beschreibt es Descartes zugleich als End- und Ausgangspunkt des Erkenntniswegs. Es ist Endpunkt, weil es erst aus dem Konfusum der Sinneserscheinungen herausgelöst werden muss, es ist Ausgangspunkt, weil es wegen seiner Einfachheit ohne komplexe Schritte erkannt werden kann. Es ist durch sich selbst so deutlich, dass es von jedem zuverlässig erkannt und zur Grundlage weiterer Erkenntnisse gemacht werden kann, – sofern diese Sicherheit nicht durch eine ‚causa supranaturalis' gefährdet wird.

Aus der Sicht der alten Mathematik müsste man Descartes' Verfahren als eine Konfusion von Beweistheorie und Beweispraxis bezeichnen. Er sucht die Sicherheit des Erkennens in sicher beweisbaren oder bewiesenen Gegenständen. Da er dabei die begrifflichen Voraussetzungen, die die Sicherheit des Erkennens ermöglichen, vernachlässigt, wird für ihn die Deutlichkeit, in der etwas genau Unterschiedenes dem Denken präsent ist, zum eigentlichen, ja einzigen Wahrheitskriterium. Eine distinkte, d.h. genau unterschiedene Erkenntnis eines Kreises hat man erst, wenn man alle wesentlichen Bestimmungsmomente unterschieden und in ihrer Funktion für die eine Sache Kreis erkannt hat, hat man dies aber getan, ja selbst dann, wenn man es nur in einigen wichtigen Aspekten getan hat, ist einem deutlich oder bewusst, dass ‚dies hier' ein Kreis ist. Die Deutlichkeit ist eine Folge der richtigen Unterscheidung, sie ist anders als das Unterscheiden selbst keine primäre Erkenntnisleistung.

Die Folgen dieser Konzentration auf die Deutlichkeit, in der uns etwas im Denken präsent ist, sind bei Descartes an vielen Stellen nachweisbar, sie sind letztlich für die Etablierung des Begriffs des Bewusstseins ausschlaggebend. Das soll im Folgenden weiter untersucht werden.

c) Das einfache Sein einer Sache bei Descartes

Eine besonders signifikante Folge aus der Vermischung von Beweistheorie und Beweispraxis bei Descartes ist, dass in seinen Argumentationen nicht mehr ermittelbar ist, wie eigentlich das ‚einfache Sein' oder die ‚einfache Natur' von etwas erkannt wird.

So sagt Descartes etwa in der *Zwölften Regel*, dass er, wenn er von „naturae simplices" spreche, nicht die Dinge meine „prout revera existunt",[94] sondern „res in ordine ad cognitionem nostram".

Die einfachen oder zusammengesetzen „Dinge" sollen also ausdrücklich unsere Begriffe oder Ideen von ihnen sein, wenn auch klar ist, dass für Descartes kein Zweifel daran ist, dass der Ordnung unserer Begriffe, sofern sie klar und distinkt sind, die reale Ordnung der Dinge entspricht.

Fragt man genauer nach den begrifflichen Bedingungen der Erkenntnis dieser ‚einfachen Dinge', wird man vor eine Reihe auch in der Forschung oft und kontrovers diskutierter Probleme gestellt, die im Folgenden etwas gründlicher entwickelt werden sollen.

Wenn das Prädikat der Einfachheit einem ‚Ding' nicht zuerkannt wird, weil es seinem Begriff nach und in diesem Sinn von sich selbst her einfach ist, sondern wegen der Art, in der es dem Denken gegenwärtig ist, dann muss auch das Kriterium, an dem die Einfachheit eines Dinges erkannt wird, ganz aus der Art, wie es uns bewusst ist, abgeleitet sein. Die Einfachheit eines ‚Dings' erkennt man von diesem Gesichtspunkt her, wie Descartes sagt, an der Durchsichtigkeit und Distinktheit der Erkenntnis, mit der es uns bewusst ist:

> „quamobrem hic nos de rebus non agentes, nisi quantum ab intellectu percipiuntur, illas tantum simplices vocamus quarum cognitio tam *perspicua et distincta* est, ut in plures magis distincte *cognitas* mente dividi non possint – Weil wir hier nur von Dingen handeln, sofern sie vom Intellekt erkannt werden, nennen wir nur jene Dinge einfach, deren Erkenntnis so deutlich und distinkt ist, dass sie in mehrere noch deutlicher unterschiedene (‚Dinge') nicht teilbar sind."[95]

Umgekehrt führt Descartes die Dunkelheit und Konfusion, in der ein Gegenstand im Denken vorgestellt wird, als Kriterium dafür an, dass der Gegenstand kein einfaches Sein hat.[96]

---

[94] S. Descartes, Reg. XII, § 13; AT 418f. Das meint der Begriff des einfachen Seins auch in der Antike nicht. Das einfache Sein existiert ja nicht und nirgends als ein konkretes Einzelding, sondern nur im Intellekt, wenn damit auch nicht gemeint ist, der Intellekt bringe dessen Sein durch seinen Akt hervor.

[95] S. Descartes, Reg. XII, § 13; AT 418. Die einfachen Dinge, an die Descartes an dieser Stelle denkt, sind dieselben wie in der ersten Meditation; Figur, Ausdehnung, Bewegung usw.

[96] S. Descartes, Med. sec. resp., AT 145.

Woran aber erkennt man, dass uns etwas mit völliger Klarheit und Distinktheit bewusst ist, so dass wir sicher sein können, keiner Täuschung mehr zu erliegen? Sie besteht, nach Auskunft derselben Regel,[97] eben in der Einfachheit der vorgestellten Sache,

> „denn wenn wir", so sagt Descartes, „von ihr auch nur das geringste im Geiste erfassen, was in der Tat notwendig ist, wenn vorausgesetzt wird, dass wir auch nur irgendetwas über eben diese Sache urteilen, dann muss eben daraus geschlossen werden, dass wir sie ganz erkennen, und dass sie auf andere Weise nicht einfach genannt werden könnte."

In diesem Sinne ist es also die Einfachheit der (vorgestellten) Sache, die die Deutlichkeit und Distinktheit ihrer Erkenntnis garantiert, weil sie es ist, die bedingt, dass wir der Vorstellung von ihr nichts Konfuses und Fremdes beimischen, sondern sie rein und distinkt denken.

So ergibt sich der Zirkel, dass die Einfachheit einer Sache an der Deutlichkeit (perspicuitas) und Distinktheit ihrer Erkenntnis, die Distinktheit einer Erkenntnis aber an der Einfachheit der erkannten Sache beurteilt werden soll.

Bei der Feststellung dieses Zirkels, den bereits Le Blond[98] mit großem Scharfsinn analysiert hat, darf man allerdings nicht übersehen, dass er sich lediglich aus den theoretisch-allgemeinen Äußerungen Descartes' über die Einfachheit oder Distinktheit einer erkannten Sache ergibt. Denn – dies sollten die vorausgehenden Interpretationen wenigstens vorbereitend klären – in der konkreten Argumentation hat Descartes die Einfachheit der „simplicissima et generalia" nicht an der ‚Deutlichkeit', in der sie vorgestellt werden, beurteilt, sondern an den traditionellen Kriterien, dass das Einfache auch *ohne* das Zusammengesetzte erkannt werden kann, dass es bei aller Erkenntnis des Zusammengesetzten *vorausgesetzt* wird, usw., an Kriterien also, die das Denken a priori aus der Analyse seiner eigenen Urteilsprinzipien heraus gewinnt und die erfüllt sein müssen, damit etwas (nicht der leichter zugänglichen Erkenntnis nach, sondern) seinem methodisch erschlossenen Sachbegriff nach als früher gelten kann: Was auf Grund dieser Kriterien ein einfaches oder erstes, nicht weiter teilbares Sein genannt wird,[99] ist dies auch in der antiken Analytik nicht „sofern es wirklich existiert",[100] sondern es ist so, wie es Descartes in der *Zwölften Re-*

---

[97] S. Descartes, Reg. XII, § 16; AT 420f.
[98] S. J.M. le Blond, De naturis simplicibus apud Cartesium, in: Acta secundi congressus thomist. intern., Turin/Rom 1937, 535-542; s. auch A. Kenny, The Cartesian Circle and the Eternal Truths, Journal of Philosophy 67, 1970, 685-700; W. Doney, Eternal Truths and the Cartesian Circle. A Collection of Studies, New York/London 1987; J.-L. Marion, Cartesian Metaphysics and the Role of the Simple Natures, in: J. Cottingham (Hg.), The Cambridge Companion of Descartes, Cambridge/New York 1992, 115-139; L.E. Loeb, The Cartesian circle, in: ebd. 200-235.
[99] S. Descartes, Reg. XII, § 13, AT 418.
[100] S. ebd.

gelΛ[101] von dem beliebigen, gestalteten Körper sagt: Das einfache Sein des Dreiecks existiert im gestalteten Dreieck nicht als ein davon trennbares Moment, sondern es ist als es selbst in ihm nur *dynámei*, der Möglichkeit nach, und wird erst durch den ordnungsgemäßen Gebrauch von ratio und Intellekt als es selbst denkbar.[102]

Der Unterschied, dass das reine, intelligible Sein der Sache selbst bei Platon und bei Aristoteles[103] nicht als ein bloßes Produkt einer Denkhandlung gilt, kann deshalb kaum daher kommen, dass, wie etwa Ivanka sagt, „Platon ... das Prinzip des Apriorischen, des von der Seele ‚allein für sich und aus sich Erkannten' nicht so konsequent durchgeführt hat, wie er es seiner eigenen Voraussetzung nach tun sollte."[104] Denn nicht „die konsequente Durchführung dieses Prinzips ist der Cartesianismus",[105] das Besondere bei Descartes ist vielmehr, dass er die Kriterien der Erkennbarkeit des einfachen Seins, an denen er sich im konkreten Argument ständig orientiert, in der theoretisch expliziten Formulierung seiner Erkenntnisprinzipien ausschließlich auf das Kriterium der Deutlichkeit und Evidenz, in der dem Denken ein Inhalt gegenwärtig ist, d.h. auf ein reines Problem der Gewissheit im Bewusstsein restringiert, und damit den Unterschied zwischen dem dem Erkenntnisweg nach Früheren (den konfusen Sinnesdingen, die sich aber der Erkenntnis zunächst klar und deutlich darbieten) und dem der Sache nach Früheren (dem einfachen Sein, das der Erkenntnis zunächst unbekannt, dunkel ist, nach Anwendung der richtigen Methode aber als das am klarsten und deutlichsten Erkennbare sich ausweist – z.B. das Denken selbst) einebnet.

d) Beispiele und Beschreibung unsicherer Erkenntnisse bei Descartes

Um den für die Descartes-Interpretation so wichtigen Unterschied zwischen ‚distinkt' und ‚deutlich' möglichst genau herausbringen zu können, konzentriere ich mich im Folgenden auf die eine grundlegende Frage, mit welchen Gründen Descartes im Einzelnen belegt, warum alles außer dem Denken selbst einem möglichen Zweifel unterliegt, und auf welche Kriterien er sich stützt, wenn er die absolute Sicherheit der Erkenntnis des Denkens selbst evident machen will.

Im Sinne der von Descartes theoretisch-allgemein formulierten Begründung liegt die Sicherheit der Erkenntnis des Denkens selbst in der unmittelbaren Gewissheit, in der es erfahren wird,[106] während der Zweifel an allem anderen aus dem

---

[101] S. ebd.
[102] S. Aristoteles, Metaphysica IX, 10, 1051a21-23.
[103] S. dazu H. Happ (1971), v.a. 587-591.
[104] S. A. v. Ivanka (1937), 479.
[105] S. ebd.
[106] Dass dies zu beweisen die Grundintention der zweiten Meditation ist, ist jedenfalls eine weit vertretene communis opinio (s. z.B. B. Williams, Descartes. Das Vorhaben der reinen philosophischen Untersuchung, Königstein i.T. 1981, 57ff.) und entspricht wohl auch Descartes' Selbstverständnis, denn er definiert ja Denken ausdrücklich als „alles das,

bewussten Gebrauch, den das Denken von seiner Freiheit machen kann, zu resultieren scheint, aus der Freiheit nämlich, dass das Denken in der methodischen Absicht, das ihm wirklich Sichere und Gewisse zu entdecken, alles auch nur irgendwie Bezweifelbare hypothetisch als wirklich bezweifelbar ansetzt.[107] Äußerungen dieser Art legen die Interpretation nahe, dass für Descartes die Deutlichkeit auch der Grund der Distinktheit einer Erkenntnis ist.

An anderen Stellen besteht Descartes aber durchaus darauf, dass sein Zweifel nicht willkürlich, sondern auf bedeutende und wohlüberdachte Gründe gestützt ist,[108] und er gibt solche Gründe auch an, genauer: er versucht, sie an Beispielen zu lehren, gemäß dem sechsten Postulat seiner „more geometrico" geführten Darlegungen des Hauptinhalts der *Meditationes*, in denen er fordert, sich durch Meditation über die von ihm dargelegten Beispiele daran zu gewöhnen, das klar Erkannte vom Dunklen zu unterscheiden (und er sagt: er glaube alle zur Sache gehörenden Beispiele entwickelt oder wenigstens berührt zu haben).[109] Im Sinne dieses Postulats sollen im Folgenden diese von Descartes angeführten Beispiele durchgegangen werden, um daraus Klarheit darüber zu gewinnen, wie Descartes den Unterschied, den er zwischen dem klar und distinkt Erkannten und dem Dunklen und Konfusen macht, in der je einzelnen, konkreten Argumentation beschreibt.

Warum also ist es nicht nur ein willkürlich beliebiger, sondern sinnvoller und vernünftiger Zweifel, wenn man dem Zeugnis der Sinne, das sich dem gewöhnlichen Denken so klar und distinkt darstellt, nicht traut?

Weil die Sinne z.B. *ein und denselben* Turm aus der Nähe als viereckig, aus der Ferne als rund zeigen,[110] weil sie dem Gelbsüchtigen *denselben* Schnee ebenso klar und distinkt gelb erscheinen lassen, den der Normalsichtige weiß sieht,[111] weil sie dem Wassersüchtigen *dieselbe* Empfindung des Durstes wie dem Gesunden verursachen, obwohl er nur eine trockene Kehle und heißes Blut hat,[112] oder weil sie dem,

---

was so in uns ist, dass wir seiner unmittelbar bewusst sind" (s. Med. sec. resp., AT 160; Princ. I, § 9; AT 7f.) und hält alles Gedachte per se für wahr, solange diese Dimension unmittelbarer Bewusstheit nicht überschritten wird (s. z.B. Princ. I, § 68, AT 33, s. genauer das Folgende).

[107] Diesen Aspekt betont mit besonderem Nachdruck L. Oeing-Hanhoff, Descartes' Lehre von der Freiheit, Philosoph. Jahrbuch 78, 1971, 1-16; s. auch E.M. Curley, Descartes Against the Skeptics, Cambridge (Mass.), 1978.

[108] S. z.B. Descartes, Med. I, AT 21: „... cogor fateri nihil esse ... de quo non liceat dubitare, idque non per inconsiderantiam vel levitatem, sed propter validas et meditatas rationes" (Ich muss gestehen, dass es nichts gibt,... an dem man nicht zweifeln kann, und das nicht aus Unbedachtheit und leichtfertigem Denken, sondern wegen gültigen und durchdachten Gründen.)

[109] S. Med., sec. resp. AT 163.

[110] S. Descartes, Med. VI, AT 76f.

[111] S. Descartes, Med. sec. resp., AT 145.

[112] S. Descartes, Med. VI, AT 84; quart. resp. AT 233f.

dessen Fuß amputiert ist, *dieselbe* Empfindung „Fußschmerz" erzeugen können wie dem, der tatsächlich Schmerzen im Fuß hat.[113]

Analoges wie für das Verhältnis verschiedener sinnlicher Vorstellungen zueinander gilt nach Descartes auch für das Verhalten von wachem Wahrnehmen und Traumvorstellungen. Warum können wir uns darüber täuschen, ob wir etwas tatsächlich wahrnehmen oder nur davon träumen? Weil es z.B. vorkommen kann, dass man entkleidet im Bett liegt, während man träumt, bekleidet am Ofen zu sitzen,[114] wobei, wie Descartes betont, die Traum- und die Wachvorstellung durchaus gleichdistinkt sein können, so dass man über nur einen möglichen Sachverhalt zwei verschiedene, aber gleich distinkte Vorstellungen hat. In diesem Sinn formuliert Descartes im *Discours de la Méthode*: Der „Irrtum unserer Träume" besteht darin, „dass wir uns verschiedene Gegenstände in *derselben* Weise vorstellen, wie es unsere äußeren Sinne tun."[115] Auch die Beispiele, die Descartes vorbringt, um seinen radikalen Zweifel an allen aus der Geschichte überkommenen Lehrmeinungen und gesellschaftlichen Vorurteilen und seinen „Entschluss, sich aller Meinungen zu entledigen"[116] zu erläutern, benennen den Grund der Bezweifelbarkeit auch dieser Gegenstände in gleichem Sinn. So habe er sich etwa überlegt,

> „wie *ein* und *derselbe* Mensch mit denselben geistigen Anlagen ein ganz *anderer* wird, wenn er unter Franzosen oder Deutschen, als wenn er unter Chinesen oder Kannibalen aufwächst", oder „wie *dasselbe* Ding – bis hin zur Mode –, das uns vor zehn Jahren gefiel ... uns jetzt unpassend und lächerlich erscheint".

Weil er dies, die Unterschiedlichkeit der Meinungen über ein und dasselbe, bemerkt habe, habe er erkannt, dass unsere gewöhnlichen Urteile viel mehr durch Gewohnheit und Beispiele als durch sichere Erkenntnis bestimmt sind.[117]

---

[113] S. Descartes, Med. VI, AT 76f; Princ. I, § 67, 68.
[114] S. Descartes, Med. I, AT 19.
[115] S. Descartes, Disc. IV, AT 40; s. auch ebd. IV, AT 33: es sind genau die gleichen Vorstellungen („toutes les mêmes pensées"), die wir im Wachen haben, und die auch im Schlaf kommen können, – also ist, so folgert Descartes, möglicherweise alles, was mir jemals in den Kopf gekommen ist, Trugbild von Träumen.
[116] S. Descartes, Disc. II, AT 16.
[117] Ebd. AT 17f. Fast alle von Descartes angeführten Beispiele stammen aus alter skeptischer Tradition. Man findet sie z.B. in den sogenannten ‚Tropen', den Modi des Zweifels, wie sie Sextus Empiricus überliefert. Sie sind in deutscher Übersetzung zugänglich bei A.A. Long, D.N. Sedley, Die hellenistischen Philosophen. Texte und Kommentare, übers. v. K. Hülser, Stuttgart/Weimar 2000, 566 -576.

e) Beispiele und Beschreibung sicherer Erkenntnisse bei Descartes

In positiver Entsprechung zu dem Aufweis der Unsicherheit aller überkommenen Meinungen beurteilt Descartes die Sicherheit einer Erkenntnis, etwa der Erkenntnis mathematischer Gegenstände, daran, dass es hier, sofern man nicht eine Täuschung durch einen genius malignus unterstellt, nicht vorkommen kann, dass ein und derselbe Sachverhalt bald so, bald anders vorgestellt wird:

> „sive vigilem, sive dormiam, duo et tria simul iuncta sunt quinque ... nec fieri posse videtur, ut tam perspicuae veritates in suspicionem falsitatis incurrant – ob ich wach bin oder schlafe, zwei und drei miteinander verbunden sind fünf ... und es scheint nicht geschehen zu können, dass so deutlich klare Wahrheiten in den Verdacht der Falschheit geraten."[118]

Über die bloße Demonstration der Zweifelsgründe an einzelnen Beispielen hinaus geht Descartes in einer Bemerkung der *zweiten Responsio*, wo er den Versuch macht, den für alle diese Beispiele gleich gültigen Sachverhalt allgemein zu beschreiben.[119]

Die Unsicherheit des Zeugnisses der Sinne gegenüber der Sicherheit des Intellekts besteht nämlich, wie Descartes hier sagt, darin, dass es auf vielfache Weise geschehen kann, dass *ein und dasselbe* Ding unter verschiedenen Formen, an verschiedenen Orten oder auf verschiedene Weise erscheint und darum für zwei genommen wird: „sensuum fides incertior est quam intellectus; et multis modis fieri potest ut *una et eadem res* sub variis formis aut pluribus in locis aut modis appareat atque ita *pro duabus* sumatur".[120] Eine Idee allein im Intellekt, das heißt sicher, erkennen, heißt dagegen: die Idee eines Dings haben und einsehen, dass eben diese Idee nicht dieselbe ist, wie die Idee von etwa anderem: „habere ideam unius rei et intelligere istam ideam *non eandem* esse cum idea alterius".[121]

Diese allgemeine Formulierung Descartes' bestätigt, was auch an den einzelnen Beispielen deutlich sichtbar wurde, und legitimiert damit die interpretierende Deutung, dass es in all den verschiedenen Fällen, in denen Descartes zeigen will, dass etwas in Zweifel gezogen werden könne, tatsächlich ein bestimmter immer gleicher Sachverhalt ist, im Blick auf den er die unsichere Erkennbarkeit dieser Gegenstände feststellt: es ist das Kriterium, dass die Sinne, die Träume, die überkommenen Meinungen ein und dasselbe als verschieden erscheinen lassen, so dass es, wie Descartes in einer immer noch an Platon erinnernden Formulierung sagt,[122] dazu kommen kann, dass man eines für zwei nimmt.

---

[118] S. Descartes, Med. I, AT 20f.
[119] S. Descartes, Med. sec. resp., AT 132f.
[120] S. ebd.
[121] S. ebd.
[122] S. Platon, Res publica 524b5.

Genau dies dagegen ist bei der intellektiven Erkenntnis ausgeschlossen. Darauf beruht ihre Untäuschbarkeit, dass sie, wenn sie die Idee von etwas erfasst, diese Idee so genau erkennt, dass sie diese selbe Idee auf keine Weise und unter keinen Umständen mehr für die Idee von etwas anderem halten kann.

2. Die zweite Meditation

a) Beweisgründe für die Sicherheit der Erkenntnis mentaler Gegenstände: das Wachsbeispiel aus der zweiten Meditation[123]

Das Beweiskriterium, dass als sicher erkannt nur das gelten darf, auf das man im Prozess der Erfahrung in allen Fällen immer wieder als auf ein Selbes zurückkommen kann, hat für Descartes nicht nur für die Begründung des Zweifels Bedeutung, es dient ihm auch als Kriterium für die sichere Erkenntnis des Intellekts und damit auch zum Aufweis der über jede Täuschung hinaus sichersten Erkenntnis des Denkens: der Erkenntnis seiner selbst.

Dies lässt sich mit größtmöglicher philologischer Sicherheit an dem analytischen Rückgang von den „vulgo distinctissimae perceptiones" der Sinne auf das nur geistig erfassbare, distinkte Sein als Substanz sinnlicher Gegenstände hin, und von diesem geistig distinkten Sein auf das noch distinktere, ja das allerdistinkteste Sein des „ich denke" selbst hin nachweisen, den Descartes in der *zweiten Meditation* vorführt.[124]

Descartes beginnt diesen methodisch geführten Rückgang mit einem exemplarischen Nachweis: Das, was man gewöhnlich für das am distinktesten Erkennbare hält, (das ist in antiker Begrifflichkeit das für uns, d.h. dem Erkenntnisweg nach Frühere), wird in Wahrheit (und dies meint: das dem Erkenntnisweg nach Spätere, der Sache nach Frühere) gar nicht in distinkten, sondern nur in konfusen Ideen gedacht.

Er demonstriert dies in der *zweiten Meditation* an der Veränderung, die ein Stück Wachs erleidet, wenn man es auch nur ein wenig dem Feuer näher bringt. Daran werde unmittelbar anschaulich evident, wie all das, was man von diesem Stück Wachs glaubte distinkt und klar wahrgenommen zu haben – seinen Geruch, seinen Geschmack, seine Farbe, seine Gestalt, seine Größe, seinen Klang (wenn man darauf klopft) etc. – im Prozess dieser Veränderung so wenig es selbst bleibt, dass es nachher überhaupt nicht mehr identifizierbar ist: Klang und Geruch sind verschwunden, die Farbe hat sich gewandelt, die Größe hat zugenommen usw., so, dass das Wachs durch seine sinnlich wahrnehmbaren Eigenschaften überhaupt nicht distinkt, d.h. als ein bestimmt unterschiedenes Etwas erfahrbar sei. Wer nicht weiß, was Wachs ist, sondern aufgrund einer Beschreibung der sinnlichen Wachsei-

---

[123] Eine ausführliche Interpretation des Wachsbeispiels gibt D. Perler (1996), 271-284.
[124] S. Descartes, Med. II, AT 29-34.

genschaften im ersten Zustand auf die Suche gehen, aber das Wachs mit seinen Eigenschaften im zweiten Zustand vorfinden würde, wäre nicht in der Lage, mit Hilfe des aus den Sinnen gewonnenen Wissens diesen Gegenstand überhaupt als Wachs zu identifizieren.

Sofern aber trotz der Veränderungen der wahrnehmbaren Qualitäten des Wachses kein Zweifel daran sei, dass in ihnen allen das Wachs ein und dasselbe bleibe,[125] wird nach Descartes klar, dass das, was das identisch selbige Wesen des Wachses ausmacht, etwas nur mit dem *reinen Denken* Erkennbares sei.[126]

Kriterium dafür, dass etwas Gegenstand des reinen Denkens ist, ist also, dass es genau und nur als etwas Bestimmtes, als eine einfache Sache erfahren werden kann. Diese im reinen Denken erfassbare Sache ist auch sicher erkennbar. Von ihr weiß man daher auch, dass sie keine Chimäre ist, sondern sicher existiert. Es gibt diese Sache also wirklich, auch wenn sie ‚vulgo', dem Erkenntnisweg nach, zunächst nicht klar und deutlich ist (obwohl sie sich den Sinnen gerade besonders klar und deutlich zeigt), sondern durch korrekte Anwendung der Analysis als das der Sache nach Frühere und damit auch als das von sich her Klare und Distinktere erschlossen werden muss.

b) Die Verdächtigung und Rehabilitierung der Sinne durch Descartes

Auch bei der Art und Weise, in der Descartes anschaulich und beispielhaft die Notwendigkeit demonstriert, dass man sich von den Sinnen abwenden und dem reinen Denken (intellectus purus) zuwenden müsse, wenn man Sicherheit beim Erkennen finden wolle, ist es für die Urteilsfindung hilfreich, einen Schritt zurückzutreten und eine weitere historische Perspektive zu wählen[127].

Bereits die Tatsache, dass Descartes gerade das Wachs als Beispiel seiner Demonstration wählt, ist, anders als es der Text suggeriert („dieses Wachs, ... gerade aus der Honigscheibe gewonnen", *Med. II*, AT 30) keine Eingebung des Augenblicks. Im Gegenteil, für das Beweisziel, an einem geeigneten Beispiel zu demonstrieren, wie etwas viele Veränderungen durchmachen und dabei ein und dasselbe

---

[125] S. Descartes, Med. II, AT 30: „remanetne adhuc eadem cera? remanere fatendum est ... remanet cera".
[126] S. Descartes, Med. II, AT 31: „... concedam, me ... quid sit cera ... sola mente percipere".
[127] Eine gute Darstellung der Interpretationstendenz in der Forschung, die das Folgende durch eine neue Perspektive korrigieren möchte, gibt A. Hüttemann, Die Meditationen als Abhandlung über die Sinneswahrnehmung, in: A. Kemmerling/H.-P. Schütt, Descartes nachgedacht, Frankfurt a.M. 1996, 24-50; zu dem Konzept, das Descartes von der Sinneswahrnehmung hat, s. auch M.D. Wilson, Descartes on the Origin of Sensation, Philosophical Topics 19, 1991, 293-323; Z. Vendler, Descartes on Sensation, in: G. Moyal (Hg.), René Descartes. Critical Assessments III, London/New York 1991, 249-259.

bleiben kann, wurde es traditionell schon im antiken Platonismus benutzt. Ich werde darauf gleich zurückkommen.

In der Grundstruktur folgt Descartes beim Wachsbeispiel einer typisch skeptischen Argumentation.[128]

Die Stoiker waren ‚noch' überzeugt, die Klarheit und Deutlichkeit als Kriterium für die Wahrheit einer Sinneserfahrung nehmen zu können.[129] Descartes behandelt (nur mit einem gewissen Recht) diese Position als Folge einer Einstellung des Alltagsdenkens („vulgo"). Sie ist vorkritisch und dogmatisch.

Dagegen demonstrieren die Skeptiker[130] in ihren sogenannten ‚Tropen', d.h. in der kritischen Analyse der Modi, der Art und Weise, wie wir etwas wahrnehmen und vorstellen, dass auch die evidenteste Deutlichkeit nicht davor bewahrt, dass dasselbe, das man als etwas Bestimmtes wahrgenommen zu haben meint, auch etwas ganz anderes sein kann. Der Terminus für diese ‚Gleichmächtigkeit' einander widersprechender Erkenntnisse ist ‚Isosthenie'.

Fast alle von Descartes benutzten Beispiele für die Bezweifelbarkeit unserer Erkenntnisse stammen bekanntlich aus diesem Isosthenie-Arsenal.[131] Die Unterschiede, in denen wir ein und dasselbe Wachs wahrnehmen können, belegen auch ihrerseits, dass selbst die deutlichsten Wahrnehmungen nicht garantieren, dass etwas mit völliger Deutlichkeit Erkanntes auch wirklich beweist, dass etwas genau so und nicht anders ist.

Descartes hat sich von den Skeptikern aber nicht nur die Argumentationsfigur vorgeben lassen, er teilt mit ihnen auch das dogmatische Vertrauen in die Sicherheit eben der Erkenntnis, deren Bezweifelbarkeit er beweisen möchte.

Erstaunlicherweise ist diese für so gut wie alle überlieferten skeptischen Zweifelsargumente typische Diskrepanz selten bemerkt worden. Die Skeptiker werden schon seit der Antike dafür kritisiert, dass sie mit der Behauptung ‚Alles ist bezweifelbar' selbst eine unbezweifelbare Wahrheit behaupten. Aber schon die alten Akademiker sind dieser Kritik mit dem Rückzug auf eine schwache Skepsis entgegengetreten (auch ob alles bezweifelbar ist, weiß man nicht genau) und haben dadurch eine Position begründet, die wohl bis in die Gegenwart als die erfolgreichste philosophische Position gelten kann.

---

[128] Zur Rezeption der antiken Skepsis in der Neuzeit s. M. Burnyeat (Hg.), The Sceptical Tradition, Berkeley/Los Angeles/London 1983; R.H. Popkin, The History of Scepticism from Erasmus to Spinoza, Berkeley 1979; s.a. M. Albrecht, ‚Skepsis, Skeptizismus', in: J. Ritter, K. Gründer, Historisches Wörterbuch der Philosophie, Bd. 9., Basel 1995, Sp. 950-974 (mit ausführlicher Literatur).

[129] S. Verf. (²2008), 535ff., s. vor allem M. Clausen (2008), v.a. 61-115. S. auch M. Frede, Stoics and Skeptics on Clear and Distinct Impressions, in: ders., Essays in Ancient Philosophy, Oxford 1987, 151-176.

[130] Eine gute Einführung in die antike Skepsis gibt F. Ricken, Antike Skeptiker, München 1994; zu den Argumentationsstrategien der Skeptiker s. G. Striker, Sceptical Strategies, in: M. Schofield, M. Burnyeat, J. Barnes, Doubt and Dogmatism, Oxford 1980, 54-83.

[131] S. Anm. 117.

Ein viel elementareres Problem hat die Skepsis aber darin, dass sie ihre Gegner von der Berechtigung, ja der Notwendigkeit des Zweifels überzeugen muss. Dafür nämlich braucht sie Gründe, und zwar jeweils auf die verschiedenen Zweifelssituationen zutreffende Gründe. Diese Gründe kann sie nicht auch in Zweifel ziehen, da sie sonst keinen Beweis führen würde. Bemerkenswert ist allerdings, dass die Verlässlichkeit der Zweifelsgründe in so gut wie keinem skeptischen Argument thematisiert wird. Diese Verlässlichkeit wird regelmäßig stillschweigend und selbstverständlich vorausgesetzt – mit der frappierenden Folge, dass die Skeptiker eben das, was sie in Zweifel ziehen, so behandeln, als ob sie es untrüglich kennen würden.

Wenn man behauptet, um die bis zu Rorty immer wieder gebrauchte und kritisierte Spiegelmetapher zum Beispiel zu nehmen, kein Spiegel gebe die Wirklichkeit wieder, wie sie ist, sondern immer nur so, wie sie jeweils dem Betrachter erscheint, dann muss man diese Behauptung begründen. Ein solcher Beweisgrund ist z.B., dass ein und dieselbe Person in einem Spiegel dünn, in einem anderen oder in anderer Perspektive dick erscheint.

Dieser Beweis des bloßen Erscheinungscharakters des Spiegelbilds setzt voraus, dass man sich darüber sicher ist, dass der eine Spiegel diese Person dünn, der andere dick erscheinen lässt. Denn wenn man sich darüber nicht sicher ist oder wenn man es gar nicht bemerkt oder nicht bemerken könnte, könnte man niemanden überzeugen, dass ihn der Spiegel verzerrt darstellt. Er könnte mit Recht darauf bestehen, dass er genauso dünn wie im Spiegel auch in Wirklichkeit aussieht.

Analoges gilt für die meisten der anderen Beispiele, etwa für den noch von Kant zitierten schillernden Taubenhals, von dem man nicht erkennen könne, welche Farbe er wirklich habe, da man immer nur feststellen könne, wie er einem gerade erscheine.[132] Auch in diesem Fall ist offenkundig, dass man die verschiedenen Farben, in denen sich der Hals zeigt, wirklich wahrgenommen haben muss und sich dessen auch sicher sein muss, da man sonst weder bemerken noch beweisen könnte, dass der Hals in verschiedenen Farben erscheint. Ein Farbenblinder oder auch ein Mensch mit normaler Sehfähigkeit in der Nacht kann das Problem entweder gar nicht verstehen oder nicht nachprüfen. Nur der, der zuverlässig darauf aufmerksam gemacht werden kann, dass der Hals jetzt, etwa bei einem bestimmten Neigungswinkel, grün, dann aber rot erscheint, kann mit dem Beweis konfrontiert werden, dass die Wahrnehmung unfähig sei, die Farbe des Taubenhalses festzustellen, *weil* sie ein und denselben Hals bald grün, bald rot sehe.

Die typische Struktur eines skeptischen Zweifelsarguments ist also: Etwas erscheint sowohl so als auch anders, da aber etwas nur sicher erkennbar ist, wenn es nicht zugleich so und anders erscheint, sondern in ein und derselben Beschaffenheit, haben wir keine sichere Erkenntnis.

Bei dieser Art der Argumentation wird vorausgesetzt, dass man feststellen kann, dass etwas so und auch anders sein kann. Dazu kommt als zweite Voraussetzung, die nicht in Zweifel gezogen wird, die axiomatisch zugrunde gelegte Überzeugung,

---

[132] S. M. Clausen (2008), 143-154.

dass ein Gegenstand nur erkennbar wäre, wenn er unverändert ein und dieselben Merkmale zeigen würde. Ohne dass es darüber ausdrücklich formulierte Reflexionen gäbe, ist also zugleich eine bestimmte Auslegung des Widerspruchsaxioms vorausgesetzt, und zwar eben die, die im späten Mittelalter wieder neu entdeckt und hier auch – wie etwa bei Buridan[133] begründet wird. Die Denkforderung, dass etwas nicht zugleich es selbst und nicht es selbst sein kann, wird auf die möglichen Gegenstände der Erkenntnis angewandt. Sie sollen nur erkennbar sein, wenn sie exakte Instanzen des Widerspruchsaxioms (oder genauer: des Axioms von der Unmöglichkeit des Widerspruchs) sein könnten. Das Isosthenie-Argument beruht immer auf der Feststellung, dass das Widerspruchsaxiom nicht anwendbar ist. Das Olivenblatt ist für den Menschen bitter, für die Ziege nicht bitter, also ist die Möglichkeit, es als bitter zu erkennen, ‚gleich stark' wie die Erkenntnis, dass es nicht bitter ist. Da diese Erkenntnisse (vermeintlich) widersprüchlich in Bezug auf dasselbe sind, sind sie keine Erkenntnisse, sondern unterliegen dem Zweifel.

Diese überzogene Forderung an die Erkennbarkeit der Einzeldinge führt zwingend in die Skepsis. Denn es kann keine Einzeldinge geben, die in der geforderten Weise ‚wohlbestimmt' (‚omnimode determinatum') sind und dadurch dieser Forderung genügen. Die Erfüllung einer solchen Forderung zur Voraussetzung einer gültigen Anwendung des Widerspruchssatzes zu machen, lehnt Aristoteles ausdrücklich als unwissenschaftlich ab.[134]

Descartes übernimmt beide Positionen der Skepsis. (1) Er stützt sich auf die Sicherheit der Sinneserkenntnisse, um zugleich deren Verbindlichkeit in Zweifel zu ziehen, und (2) er benutzt als Kriterium des Zweifels, dass die Sinne nicht in der Lage sind, das, was an dem Gegenstand, auf den sie sich beziehen, identisch bleibt, zu erfassen. Auch er fordert also implizit, dass der Gegenstand eine Instanz sein müsse, die exakt unter den Begriff der Widerspruchsfreiheit fällt, wenn er ein möglicher Gegenstand sicherer Erkenntnis sein solle.

Zu (1): Unter Körper verstehe man „vulgo" alles das, was durch den Tastsinn, durch Auge, Ohr, Geschmack oder Geruchsinn ‚perzipiert' werden kann (*Med. II*, AT 26). Dieses populäre Vorurteil widerlegt Descartes exemplarisch durch den Nachweis, dass sich die Perzeptionen der Sinne bei der Annäherung des Wachses an den Ofen geändert haben, und er beschreibt ausführlich und eindringlich die Vielzahl und deutliche Erkennbarkeit der Veränderungen. Nur wenn die Sinne die

---

[133] S.o. S. 36.
[134] Der Bewältigung der Aufgabe, die sich verändernden, werdenden und vergehenden Dinge der physikalischen Welt zu erkennen, hat Aristoteles ein ganzes Buch, seine Physik, gewidmet. Diese ‚Physik' enthält keine Neuentdeckungen von Naturgesetzen. Deshalb hat man diese ‚Physik' seit dem Beginn der Neuzeit immer wieder wegen ihrer ‚Sterilität' kritisiert und für unfruchtbar erklärt. Dass diese ‚Physik' gar keine Gesetze finden wollte, sondern in reflexiv kritischer Weise die Bedingungen der Möglichkeit, empirisch sich ändernde Dinge, methodisch zuverlässig zu erkennen, ermitteln wollte, wird bis heute in der Forschung nicht beachtet.

Unterschiede im Geschmack, Geruch, Aussehen usw. tatsächlich erkannt haben, ist es möglich festzustellen, dass sich diese Wahrnehmungen geändert haben.

Die Behauptung, nichts von dem, was er durch die Sinne am Wachs erkannt habe, habe er ‚distinkt' erkannt (*Med. II*, AT 30), geht daher erheblich über das hinaus, was Descartes tatsächlich bewiesen hat – und wohl auch beweisen wollte. Denn er hat nicht nur im Sinn des gesunden Menschenverstands, sondern im Sinn seiner eigenen Beweisführung deutlich und auch deutlich unterschieden am Wachs zwei verschiedene Eigenschaftszustände festgestellt, und stellt diese Wahrnehmungserkenntnisse auch nicht in Frage.

Auch bei der Kritik an der Leistung der Wahrnehmung, die in ihrer Konfusion für Descartes die ‚mater erroris' ist, gibt es die Differenz zwischen dem ausdrücklich Behaupteten und dem stillschweigend Vorausgesetzten, und auch hier gleich in mehrfacher Weise. Dass die eigentümliche Leistung der verschiedenen Sinnesvermögen untrüglich ist, d.h., dass das Auge die Farben, das Ohr die Töne, der Geschmackssinn den Geschmack, usw. richtig unterscheidet, ist die unvermerkte Basis, von der die Beweiskraft der Widerlegung der Sinneserkenntnisse abhängt. Zugleich setzt Descartes' Beweisführung voraus, dass auch die Veränderlichkeit der wahrnehmbaren Eigenschaften an einem Gegenstand dessen Erkenntnis gar nicht gefährden. Dass das Wachs in allen seinen Veränderungen Wachs bleibt und von uns auch so erfahren wird, das bezweifelt, wie er sagt, niemand: „Bleibt es immer noch dasselbe Wachs?" (*Med. II*, AT 30). Auf diese Frage, die er in Anschluss an die Beschreibung der Veränderungen seiner Erscheinungsformen stellt, ist die Antwort: „Man muss zugestehen, dass es bleibt, niemand bestreitet das, niemand meint etwas anderes" (ebd.).

Die Besonderheit dieser Kritik an der Leistung der Sinneserkenntnis kommt dadurch zum Vorschein, dass Descartes die Sinne am Ende der am Wachs exemplarisch geführten Argumentation ebenso vollständig rehabilitiert, wie er sie am Anfang destruiert hatte. Am Anfang steht die Behauptung: „nichts von dem, was ich durch die Sinne erfasste (nihil eorum, quae sensibus attingebam)" habe eine distinkte Erkenntnis des (empirischen) Gegenstands ermöglicht (*Med. II*, AT 23f.), am Ende lautet die Aussage, das „allein mit dem Geist (non nisi mente)" (*Med. II*, AT 31f.) erfasste Wachs sei „doch wohl dasselbe, das ich sehe, das ich berühre, das ich vorstelle, dasselbe schließlich, wovon ich von Anfang an gemeint habe, dass es (Wachs) sei" (*Med. II*, AT 31f.).

Eine erste Erklärung des Grundes des ambivalenten Urteils über die Wahrnehmung durch Descartes ist leicht zu finden. Er fragt offenbar nicht nach der spezifischen Leistung der einzelnen Wahrnehmungen, sondern nach ihrem Beitrag zur Gegenstandserkenntnis. Nicht, ob das Sehvermögen die Farben, das Hörvermögen die Töne, der Geschmackssinn die Geschmäcke richtig unterscheiden, ist Gegenstand der Prüfung, sondern ob diese als verlässlich vorausgesetzten Unterscheidungen das Wachs als Wachs zweifelsfrei zu erkennen geben.

Von dieser Leistung behauptet Descartes, dass sie von den Sinnen überhaupt nicht erbracht wird. In diesem Punkt stimmt seine Lehre mit der platonischen und aristotelischen Beurteilung überein. Auch Platon und Aristoteles halten die Wahrnehmung in den ihr eigentümlichen Leistungen für unfähig, das, was ein bestimmter Gegenstand ist, zu erkennen. Aus einer Sammlung und Ordnung von Farben, Tönen, Gerüchen oder auch von Bewegung, Größe, Anzahl lässt sich nicht erschließen, mit welchem Gegenstand man es zu tun hat. Das kann die Wahrnehmung nur ‚akzidentell', d.h. sofern bereits in ihr der Verstand einen Beitrag leistet. Dieser Beitrag besteht darin, dass der Verstand an den wahrnehmbaren Erscheinungen überprüft, welche Aktmöglichkeiten sie verwirklichen. Ob etwas ein Ohr ist, sieht man nicht an seinen Farben und Formen und erkennt es auch nicht, indem man zusätzlich andere Wahrnehmungen, etwa den Tastsinn, zu Hilfe nimmt, man erkennt es an etwas anderem, z.B. dann, wenn man feststellt, dass die mit den Wahrnehmungen erfassten Erscheinungsformen dieses Körpers geeignet sind, die periodischen Schwingbewegungen eines elastischen Mediums aufzunehmen und nachzuvollziehen. Erst wenn man mit dem Verstand die sinnlich wahrnehmbaren Eigenschaften eines Gegenstands auf ihre Eignung, eine bestimmte Leistung zu erbringen, überprüft, wird aus einer nur wahrgenommenen Erscheinung ein deutbarer Gegenstand. So wird dann etwas aus etwas Flachem, Dünnen, Beweglichen (usw.) ein Trommelfell.

Dass für die Erkenntnis eines Gegenstands ein Dimensionswechsel vom Sinn zum Verstand nötig ist, hält auch Descartes noch für nötig, dieser Wechsel wird nach ihm aber aus einem anderen Grund erforderlich, denn er will ja nicht deshalb seine Leser daran gewöhnen, ihren Geist von den Sinnen abzuziehen, weil diese von aus sich heraus noch gar nicht in der Lage sind, Gegenstände als Gegenstände zu erkennen, sondern weil die Sinne ihre Gegenstände nicht in ihrer Identität zeigen.

Zu (2): Die Art, wie Descartes die Sinne entwertet, zeigt, dass er eine besondere Erwartung an ihre Erkenntnisleistung stellt. Er prüft nicht die eigene Leistung jedes Sinnesvermögens, sondern er erwartet von der Wahrnehmung eine klare und distinkte (in diesem Fall darf man ‚distinkt' noch nicht mit ‚deutlich' übersetzen) Gegenstandserkenntnis. Die Sinne sollen uns zeigen, welche Gegenstände wir vor uns haben, wir sollen durch sie einen Gegenstand so genau unterschieden erfassen können, dass wir ihn mit keinem anderen verwechseln. Diese Unterscheidungsleistung erbringen die Sinne, wie schon klar ist, deshalb nicht, weil sie dasselbe als verschieden und das Verschiedene als dasselbe anzeigen.

Man kann die Vorerwartung an die Bedingungen einer dem Zweifel überhobenen Gegenstandserkenntnis aber noch genauer bestimmen. Descartes geht nämlich nach der Feststellung, dass das ‚Wachs selbst' offenbar nicht mit der Süße des Honigs, nicht mit dem Duft der Blumen (usw.) identisch ist, noch weiter und deckt auf, dass das Wachs unendlich viele Veränderungen durchlaufen kann und doch in ihnen allen es selbst bleibt. Er veranschaulicht das an den Veränderungen seiner Form, es kann aus einer runden in eine quadratische oder eine dreieckige Form übergehen und „unzählig viele" weitere derartige Veränderungen annehmen. Dasselbe gelte von seiner Ausdehnung, sie werde im schmelzenden Wachs größer, noch größer im kochenden und noch größer bei weiterer Steigerung der Hitze. Auch sie soll unendlich viele Änderungen annehmen können, die in keiner Anschauung oder Vorstellung präsent gemacht werden können. Also könne das Wachs – dieses einzelne, konkrete Wachs, noch klarer das Wachs im Allgemeinen – nur durch eine rein geistige Schau erfasst werden. (*Med. II*, AT 30f.).

Descartes stellt, wie man sieht, besondere Bedingungen an die Möglichkeit der Gegenstandserkenntnis: Er behandelt das, was er für das Wesen oder die Substanz eines Gegenstands hält, wie eine diesem immanente (unendliche) Idee. Der kritische Vorbehalt, der oft gegen Aristoteles gemacht wird, trifft auf Descartes wirklich zu. Er glaubt, dass es eine unveränderliche Sachidentität in jedem Gegenstand gibt, die in allen seinen verschiedenen Änderungen dafür sorgt, dass dieser Gegenstand als Ganzer mit sich identisch bleibt.

Das Experiment, mit dessen Hilfe er diese ideelle, allein mit dem Geist erkennbare Substanz als Träger aller Eigenschaften (auch) der empirischen Gegenstände aufweist, ist allerdings besonders geeignet, die Grenzen seiner Argumentation sichtbar zu machen.

Man muss das Experiment ja nur im Sinn der Ausführungen der *zweiten Meditation* weiterführen und also etwa die Hitze, der das Wachs ausgesetzt wird, noch ein wenig weiter steigern, um festzustellen, dass das Wachs in dieser neuen Veränderung nicht es selbst bleibt, sondern für jeden empirisch nachprüfbar sich als Wachs völlig auflöst. Descartes hätte das Wachs, statt es dem Ofen zu nähern, nur in den Ofen werfen müssen, um festzustellen, dass es in dieser Veränderung nicht mehr es selbst bleibt. Beim Abbrennen einer Kerze erlebt jeder dieses ‚Nicht-es-selbst-Bleiben' in alltäglicher Erfahrung.

Dass grundsätzlich kein endlicher Gegenstand in einer unendlichen Folge von Veränderungen konstant er selbst bleiben kann, bedarf eigentlich keiner Begründung.

Dass Platon und Aristoteles die Identität eines Gegenstands anders erklären, habe ich schon angedeutet und werde es in Teil III noch genauer ausführen. Auch beim Wachs kommt es nicht auf alle seine möglichen Erscheinungsformen an, sondern auf seine Zusammensetzung aus bestimmten Elementen und deren Organisation, die so ist, dass der entstehende Gegenstand bestimmte Fähigkeiten, etwas zu tun oder zu erleiden hat, etwa dass er eine kristalline Struktur hat, dass er über 40°C schmilzt, noch ohne sich zu zersetzen, dass er zwischen 62 und 65°C flüssig wird, dass er brennbar ist, usw. Beim frisch aus der Wabe gewonnenen Bienenwachs kommen die von Descartes aufgezählten Wahrnehmungsqualitäten sehr wohl ‚realiter' dazu, ihr Vorhandensein ist lediglich an bestimmte Bedingungen geknüpft, etwa dass das Wachs diese Eigenschaften in einem nicht erhitzten Zustand hat.

Das Umfassen aller möglichen Veränderungen des Wachses in einer geistigen Schau ist für die Erkenntnis dessen, was das Wachs zum Wachs bzw. zu einem besonderen Wachs macht, nicht nötig.

Gassendis *Einwand* gegen Descartes, wenn Descartes das eine Wesen des Wachses als ein, wenn auch vieler Variationen fähiges „extensum quid" auffasse, dann sei seine „intellectio" doch eine Art „imaginatio"[135], ist daher nicht leicht von der Hand zu weisen. Gewiss ist leicht zu sehen, dass das „extensum quid, flexibile, mutabile" eine „res simplex" im Sinne der *Regulae* ist, und zu den dort als „figura, extensio, motus" bestimmten „res pure materiales" gehört[136], – dies belegt aber nicht, dass das „extensum quid" der Meditationen ein in der Weise nur vom und im Intellekt erfassbares „reines, einfaches Sein" ist, wie es von Aristoteles etwa im Bezug auf das in keiner Weise mehr vorstellbare, weil überhaupt nicht mehr gegenständliche Sein des Dreiecks in den *Analytiken* gezeigt ist,[137] sondern offenbart vielmehr das Ausmaß des Abstandes, der Descartes davon trennt. Die „nicht mehr vorstellbaren" Veränderungen der Form des Wachses meinen eine abstrakte, nicht mit konkretem Detail füllbare Anschauung, keinen Dimensionswechsel von der Anschauung zum „reinen" Begreifen eines Intelligiblen.

Auch daran zeigt sich, dass von Descartes die Unterscheidung von sensus, imaginatio einerseits und Intellekt andererseits, auf die er explizit großen Wert legt, nicht konsequent durchgehalten ist. Die in transzendentalen Descartes-Interpretationen oft vertretene Meinung,[138] das „extensum quid" als eine „res pure materialis" sei ein reiner Verstandesbegriff, körperlich seien diese Begriffe nur insofern, als sie allein auf sinnliche Gegenstände angewendet werden, übersieht, dass die ‚Körperlichkeit' dieser ‚Begriffe' mit ihrer Applikation auf ein ‚Äußeres' gar nichts zu tun hat. Körperlich sind sie vielmehr wegen der Art und Weise, in der sie ‚gedacht' werden, d.h. wegen der abstrakt-gegenständlichen Räumlichkeit, in der sie vorgestellt werden und in sich selbst – als Begriffe – gar nichts Intellektuelles sind, so dass ihre Anwendung auf sinnliche Gegenstände nur die Zuordnung von abstraktem Vorstellungsbild zum sinnlich konkreten Erscheinungsbild, d.h. einen Schematismus, kein Begreifen des Angeschauten, meinen kann.

Dass Descartes die Bedingung stellt, ein Gegenstand müsse in der ganzen unendlichen Fülle aller seiner Erscheinungen ‚intellektuell' vorgestellt werden können, wenn er überhaupt solle erkannt werden können, hat allerdings die bis heute in vielen Varianten diskutierte Folge, dass das Erkennen empirischer Gegenstände vor eine unlösbare Aporie gestellt scheint. Denn man muss von diesem Ausgangspunkt her entweder das Ganze eines Gegenstands in seiner unüberblickbaren Fülle auf eine rational nicht kontrollierbare Weise erfassen, (ob man dies in einer intellektuellen Anschauung oder in anderen Formen intuitiven Erlebens tut, gehört seinerseits zu den unbeantwortbaren Fragen), oder man muss das Ganze in seine relativ stabil identifizierbaren Elemente zerlegen, verliert durch dieses vermeintlich rationale Verfahren aber das Ganze in der konkreten Vielheit seiner Erscheinungsformen aus dem Blick.

---

[135] S. Descartes, Med. quint. obj., AT 272.
[136] S. Descartes, Reg. XII, AT 419.
[137] S.o. S. 12ff.
[138] S. z.B. D. Mahnke (1967), 82.

Aus einer platonisch-aristotelischen Perspektive, die ich hier zu rekonstruieren versuche, ist diese Aporie keine zwingende Aporie, die sich aus dem Sachproblem selbst ergibt, sie entsteht vielmehr dadurch, dass Descartes die Substanz tatsächlich unter dem Aspekt sucht, unter dem auch die Materie eine Art Substanz, richtiger: eine Art Subjekt, Zugrundeliegendes, Träger, ist.

c) ‚Materie' bei Platon – ‚Substanz' bei Descartes

Wenn Descartes sagt, dass das Wachs als es selbst erst erfassbar wird, wenn man alles das, was nicht zu ihm gehört, entfernt (*Med. II*, AT 30f.), behandelt er es als ein ‚subiectum' (Zugrundeliegendes, Träger), als das, dem alle seine immer wieder anderen Eigenschaften zugeschrieben werden, das aber selbst nichts von ihnen allen ist. Als das in allen Veränderungen Gleiche hat es keine der sich ändernden Eigenschaften, sondern ist ein ‚Nichts von allem', es ist gegenüber allen konkreten Eigenschaften unbestimmt. Genau das nennen Platon und Aristoteles ‚Materie'.[139] Tatsächlich bleibt nach der ‚Entfernung', d.h. der Abstraktion von allen Eigenschaften, die Descartes allerdings auf die sinnlichen beschränkt, nichts übrig als ein ‚extensum quid, flexibile, mutabile'. Das sind Eigenschaften, die jedem Körper als Körper zugehören. Diese reinen Quantitäten können nach Aristoteles keine Substanz sein, denn sie sind ja Eigenschaften an etwas anderem. *Etwas* ist ausgedehnt, veränderlich usw., die Ausgedehntheit ist nicht ein Subjekt, ein Träger ihrer selbst.[140] Wir haben aber schon gesehen, dass Descartes auch die mathematisch berechenbaren Quantitäten wie Teile des Körpers behandelt. Die ‚ausgedehnten Teile' eines Körpers sind daher wie die Buchstaben der Wörter oder die Backsteine einer Mauer zu verstehen. Gerade unter diesem Aspekt haben sie allerdings auch nur die Funktion einer Materie. Denn sie sagen nichts mehr über das Wachs als Wachs aus, sondern machen es lediglich als Körper überhaupt erkennbar.

Es ist deshalb nicht möglich, die nach der Abstraktion zurückbleibenden, rein quantitativen Teile des Wachses als seine wesentlichen Eigenschaften zu begreifen.[141] Das ist nicht anders, als wenn man von Graphit sagt, er bestehe ‚wesentlich' aus Kohlenstoff. Graphit ist einer der weichsten Körper, Diamant einer der härtesten. Auch Diamanten aber bestehen aus Kohlenstoff. Aus Backsteinen können ein Pferdestall und eine Kathedrale bestehen. Die als das, was in aller Veränderung gleich bleibt, verstandenen Elemente gelten als Materie eben deshalb, weil sie die Besonderheit der Veränderung nicht erklären. Das wendet Aristoteles schon gegen die ältesten Philosophen ein.[142] Das Zugrundeliegende mache doch nicht selbst,

---

[139] S.o. S. 23ff.
[140] S. Aristoteles, Metaphysica VII, 3, 1029a15-21.
[141] S. Perler (2006), 102-107.
[142] S. Aristoteles, Metaphysica I, 3, 984a17-27.

dass es sich verändere. Um diese wesentlichen wie akzidentellen Veränderungen zu erklären, müsse man nach einer anderen Art von Ursache suchen.

Indem Descartes die Substanz als das Bleibende im Wandel der Dinge sucht, kehrt er das traditionelle Verhältnis von Substanz und Materie um.[143] Das, was er als „forma rationalis ipsius cerae", als „natura" oder „essentia cerae" aufweist, ist gerade nicht das, was das Wachs zum Wachs macht, sondern seine unbestimmte Materie. So wird die Materie zum ‚Subjekt', zum subiectum, Zugrundeliegenden, d.h. zum Träger aller erkennbaren und prädizierbaren Eigenschaften. Dieses Subjekt soll zugleich die Substanz, das Wesen sein, das begründet und erklärt, was etwas ist. Die Behauptung, dieses Subjekt könne nur mit dem Geist erkannt werden, macht die Erkenntnis des Wesens von etwas zu einer spekulativen Aufgabe. Nicht erst Locke und Hume, bereits Gassendi erklärt diese Aufgabe für verfehlt, weil grundsätzlich nicht lösbar:

„Du bringst darauf ‚das Beispiel vom Wachs' und bemühst dich dabei umständlich darzulegen, ‚dass die sogenannten Akzidenzien des Wachses scharf zu trennen seien von dem Wachs selber und seiner Substanz, und dass es allein des Geistes und des Verstandes, nicht aber der Empfindung oder der Einbildung bedürfe, das Wachs an sich oder seine Substanz deutlich zu erfassen.' Erstens aber ist das just das, was jeder allgemein zugibt, dass man nämlich die Wahrnehmung des Wachses oder seiner Substanz von den Wahrnehmungen der Akzidenzien sondern kann. Wird aber deshalb die Substanz selbst oder die Natur des Wachses deutlich begriffen? Wir begreifen zwar, dass es außer der Farbe, Gestalt, Schmelzbarkeit usw. etwas geben muss, das die Grundlage der beobachteten Akzidenzien und Veränderungen ist. Doch was es denn eigentlich oder wie beschaffen es ist, das wissen wir nicht. Es bleibt doch immer versteckt und nur gewissermaßen durch eine Vermutung (coniiciendo, d.h. durch einen Vermutungsschluss) glaubt man, es müsse ein Subjekt (in der französischen Fassung: ‚sujet') vorhanden sein, das als Stütze und Grundlage für alle Veränderungen des Wachses dienen kann."[144]

Gassendi deckt das Problem, das Descartes mit seiner dem ‚gesunden Menschenverstand' folgenden Suche nach der Substanz von etwas erzeugt, richtig auf. Sache einer bloßen Vermutung oder eines bloßen metaphysischen Glaubens ist die Ermittlung einer mit der ratio erkennbaren Substanz aber nur, wenn man die Substanz mit der Materie gleichsetzt, wie Descartes es tut.

---

[143] Mit dieser Umkehr folgt freilich Descartes nur einer Zeittendenz. S. ähnlich, aber begrifflich schärfer und in direkter Auseinandersetzung vor allem mit Aristoteles und Nicolaus Cusanus z.B. Giordano Brunos Schrift De la Causa, Principio et de l'uno, v.a. 2. und 4. Dialog: G. Bruno, Von der Ursache, dem Prinzip und dem Einen, übers. v. A. Lasson, Hamburg 1977. Zum Verständnis wichtig die Einleitung von W. Beierwaltes, IX-L.
[144] S. Descartes, Med. quint. obj., AT 271f. (Übersetzung A. Buchenau, 247).

d) Das Wachs: Beispiel für die Materie bei Platon, für die Sache selbst (Idee) bei Descartes

Einen philologischen Beleg für die Umkehr von Substanz und Materie bietet gerade das Beispiel, an dem Descartes die Ermittlung der Substanz erläutert. Denn so unmittelbar und ursprünglich, wie Descartes sein Wachsexempel einführt – ein vor kurzem erst aus der Scheibe gewonnenes Stück Wachs, das eben in dem Augenblick, in dem es von Descartes zur Hand genommen und dem Feuer, an dem der Denker sitzt, genähert wird, alle seine sinnlichen Qualitäten verliert und doch dasselbe Wachs bleibt – ist weder das Beispiel noch das Demonstrandum, um dessentwillen er es gebraucht. Es stammt – in dieser Kombination – vielmehr aus der antiken Timaioskommentierung.[145] Dort dient es allerdings zur Erklärung, wie die Materie trotz allem Wechsel der Erscheinungen immer ein und dieselbe bleibt. Es ersetzt das Gold als ein etwas unplausibleres Beispiel, das Platon selbst benutzt hatte, um den Unterschied von Materie, Einzelding und Sache zu erklären. Platon lässt einen Künstler einen Goldklumpen behauen und ihn dabei ohne Unterlass in immer neue Figuren umprägen (*Timaios* 50a4-b6). Die Änderungen aus dem Bereich ebener geometrischer Figuren, auf die er dabei hinweist: vom Dreieck zum Quadrat und in immer neue Figuren, führt auch Descartes noch an (*Med. II*, AT 30f.). In der Philologie bewertet man gemeinsame Fehler oft als Leitfehler, die auf ein und dieselbe Quelle hinweisen. Dass Descartes an diesen der Anschauung zuwider laufenden Beispielen festhält – Gold und Wachs sind Körper, man würde also eine Veränderung vom Zylinder zum Würfel, zur Kugel usw. erwarten, nicht vom Dreieck zum Quadrat, usw. – ist zumindest ein Indiz, dass er mehr einer bereits geprägten Tradition als einem selbst gesuchten Beispiel folgt.

Ähnlich wie Descartes geht es auch Platon um den Aufweis des Identischen im Wandel der Erscheinungsformen empirischer Gegenstände,[146] anders als Descartes macht er aber nicht die Voraussetzung, dass ein (empirisch ‚gegebenes') Ding in jedem Fall etwas Identisches ist, um dann nach einer Erklärung zu suchen, wo und wie diese Identität zu finden ist. Platon nimmt stattdessen diejenigen Gegenstände, die in seiner Tradition als die beständigsten galten, die vier Elemente, und demonstriert, dass selbst sie einer Identitätsprüfung nicht standhalten, sondern in der (empirischen) Erfahrung sich als etwas immer wieder Anderes zeigen. Was Descartes am Wachs, das man dem Ofen nähert, demonstriert, das demonstriert Platon an einem Feuer, vor dem man steht und auf das man zeigen kann. Wie kann man, so fragt er, auf dieses Feuer zeigen und ohne sich zu schämen, behaupten: ‚das hier ist Feuer und nichts anderes', wenn man noch während des Hinzeigens Lügen gestraft wird und zusehen muss, wie sich dieses Feuer in Luft und Erde verwandelt. (*Timaios* 49a-d).

---

[145] S. z.B. Calchidius, in Tim., Comm. 310, 7-11, ed. Waszink.
[146] S. zum Folgenden Verf. (1973), 107-122.

Trotzdem kann und muss man fragen, was denn das ist, worauf man hinzeigt, wenn man einen in einem Wandlungsprozess befindlichen oder zu ihm fähigen Gegenstand vor sich hat. Ist das, was gerade ein Feuer ist, nur deshalb, weil es sich ändert, kein Feuer, sondern nur eine subjektive Konstruktion?

Platon gibt eine doppelte Antwort, (a) einmal zu dem, was in dem beobachtbaren Vorgang das konstant Identische ist, (b) dann aber auch zu dem, was es möglich macht, den Gegenstand selbst als einen bestimmten, für sich unterscheidbaren, identischen Gegenstand zu erkennen.

α) Die Materie: das im Wandel Identische

Das Identische in dem beobachtbaren, empirischen Vorgang selbst muss das sein, was in diesem Wandelsprozess sich nicht mit ändert, sondern es selbst bleibt, das also, was bei dem beobachteten Vorgang, bei dem ein Feuer etwa zu Luft wird, im Feuer und in der Luft in gleicher Weise vorhanden ist.

Ein Beispiel aus der Chemie kann das von Platon Gemeinte in der Perspektive heutigen Wissens verdeutlichen: Wenn man in einem Hochdruck-Hochtemperaturverfahren aus Graphit Diamanten herstellt, dann ist die korrekte Antwort auf die Frage, was in diesem Umwandlungsprozess identisch bleibt: ‚Kohlenstoffatome'. Man beobachtet bei diesem Vorgang nicht einfach Graphit, sondern man beobachtet Kohlenstoffatome, wie sie von einem Organisationszustand in einen anderen übergehen.

Fragt man dagegen, was denn Graphit oder Diamant ist, würde man mit der Feststellung ‚Kohlenstoffatome' nur eine notwendige, keine zureichende Bedingung der Erkenntnis dieser Gegenstände nennen. Sie sind notwendig, denn ohne Kohlenstoffatome gibt es weder Graphit noch Diamanten. Eben deshalb aber kann man aus einer Analyse der (tetraedisch gebauten) Kohlenstoffatome kein Wissen über den Unterschied von Graphit und Diamant erhalten. Daher müsste die zureichende Antwort auf die Organisationsform der Kohlenstoffatome eingehen und etwa darauf hinweisen, dass im Diamanten die Atome eine kubische Kristallstruktur haben, bei der jedes Kohlenstoffatom tetraedisch gebunden ist, d.h. vier symmetrisch ausgerichtete Bindungen zu seinen nächsten Nachbarn hat (usw.).

In platonischer Terminologie bezeichnen die notwendigen Bedingungen die Materie, die zureichenden die Idee, die reinen Sachbedingungen.

‚Materie' hat also mit der Vorstellung von einer undurchdringlichen, festen Masse nichts zu tun. Ob eine Materie eine solche Masse ist oder nicht, spielt für die Frage, ob es eine Materie ist, keine Rolle. Sie ist immer eine Verwirklichungsbedingung von etwas. Ohne Kohlenstoffatome keine Diamanten, ohne Steine keine Mauer, ohne Buchstaben keine Wörter. Bei den Gegenständen der Wahrnehmung tritt die Materie in der Regel nicht für sich in Erscheinung, man muss und kann sie aber erschließen.

Um zu demonstrieren, dass man sie als das Identische im Wandel, als das, was immer und bei jeder Phase eines solchen Veränderungsprozesses es selbst bleibt, erschließt, bedient sich Platon des Beispiels, wie ein Handwerker oder Künstler Gold in immer neue Formen bringt.

Da das Beispiel wegen der Schwierigkeit, Gold umzuarbeiten, nicht besonders gut gewählt erscheint, haben die späteren Erklärer der Antike Gold durch Wachs ersetzt, denn es lässt sich, ohne durch eigene Eigenschaften hinderlich zu sein, leicht und schnell in alle denkbaren Formen bringen. Formt man dieses Wachs unentwegt um, dann wird man auf die Frage, was man gerade in der Anschauung vor sich hat, nicht antworten: ‚einen Würfel', ‚eine Kugel', ‚einen Löwen' usw., denn der, der diese Antwort überprüft, würde ja keinen Würfel, keinen Löwen usw. mehr vorfinden. Die immer korrekt bleibende Antwort wäre: ‚Wachs'.

Das also ist das Identische im Wandel. Es hat natürlich auch eine bestimmte eigene ‚Natur', aber es ist von sich her ‚nichts von all den Figuren', in die es gebracht werden kann. Es ist in Bezug auf sie unbestimmt. Es hat die Möglichkeit (der alte Terminus ist: possibilitas), in verschiedene Formen gebracht zu werden, es hat aber nicht das Vermögen (die ‚virtus' oder ‚potentia'), aus sich heraus unterschiedliche Formen hervorzubringen.

Das Wachs, das Gold, die Buchstaben, die Backsteine, die Kohlenstoffatome bieten freilich durch die jeweiligen Eigenschaften, die sie von sich her haben, nur je bedingte Möglichkeiten, in bestimmte Veränderungen gebracht zu werden. Platon geht es dieser Stelle im *Timaios* nicht nur um solche relativen Materien, sondern um die Materie aller möglichen Körper, um das, was Körperlichkeit überhaupt ausmacht. Aufgrund geometrischer Überlegungen kommt er zu dem Schluss, dass die einfachsten regelmäßigen ebenen Figuren, d.h. bestimmte Dreiecke, die Elemente sind, aus dem alle sinnlich wahrnehmbaren Körper gebildet sind. Für diese Deutung hat er noch von Wernher von Heisenberg und Carl Friedrich von Weizsäcker hohes Lob bekommen.[147] Es zeugt allerdings für die cartesianische Tradition, in der sie noch stehen, dass sich ihre Zustimmung auf einen vermeintlich ideellen Aspekt der platonischen Materiekonzeption bezieht. Platon habe bereits richtig vermutet, dass die letzten Elemente keine Materieteile, sondern mathematisch ideelle Strukturen sind, die die Berechenbarkeit der physikalischen Welt möglich machen.

Diese Deutung ist allerdings nur partiell richtig. Die von Platon erschlossenen Elementardreiecke sind Bedingung dafür, dass man bei der Analyse komplexer Körper zuletzt noch auf etwas bestimmt Unterscheidbares stößt, so dass ‚der Aufbau der physikalischen Welt' sich auf ein mathematisch berechenbares Fundament stützen kann. Dieses Fundament ist aber nach den eindeutigen Aussagen des Textes die Materie aller Körper, es ist nicht Idee, Substanz, Wesen. So wie kubisch geformte Backsteine eine berechenbare Form haben, durch ihre Form aber nicht die Form einer Mauer oder gar einer Kathedrale (oder auch eines ungeordneten Steinhaufens)

---

[147] C.F. v. Weizsäcker, Einheit der Natur. Studien, München ⁵1979, 320; W. Heisenberg, Der Teil und das Ganze, München 1969, 331f.

vorgeben, so sind diese Elementardreiecke bereits Form, aber eben die einfachsten, in jedem Körper in unterschiedlicher Zusammensetzung enthaltenen Formen, die deshalb nicht nur in Bezug auf diesen oder jenen, sondern auf alle komplexeren Körper unbestimmt sind.

Die Annahme, die Elementardreiecke seien bereits ‚*eídos*', Idee, passt aber zu dem Substanz- oder Ideebegriff, den Descartes aus dem Wachsbeispiel heraus entwickelt. Das ‚extensum quid, mutabile, flexibile', das nach der Abstraktion von allen wahrnehmbaren Eigenschaften des Wachses ‚übrig bleibt', gehört zu jedem Körper, sie sind ‚res purae materiales', wie Descartes in den Regulae formuliert hatte (*Reg. XII*, AT 419), dennoch ist er überzeugt, in diesem ‚extensum quid' das Wesen des Wachses (cera ipsa) ermittelt zu haben, - eine Fehldeutung, die durch den Rekurs auf die Mathematik den Anschein von Wissenschaftlichkeit bekam. Denn die ‚res purae materiales' sind als ‚figura, extensio, motus' mögliches Objekt einer mathematischen Berechnung (*Med. VI*, AT 79f.).

Diese These hat die Deutung begünstigt, Descartes habe die bunte Vielfalt sinnlicher Gegenstände auf das rational Berechenbare in ihnen reduziert. Es bedarf vielleicht keiner Begründung mehr, dass dies eine Fehldeutung ist. Aus dem Wissen, dass Wachs ein extensum quid ist, kann man selbst bei exakter Berechnung seiner Ausmaße, seiner Form usw. nicht erschließen, dass man es mit Wachs zu tun hat. Um die möglichen Unterschiede unter den Körpern zu erfassen, kann man sich nicht auf ihre Ausdehnung beschränken.

Descartes' ‚Substanz' des Wachses ist nicht einmal eine bestimmte Materie für den Aufbau bestimmter Körper, sie ist – wenn denn seine Definition des Körpers richtig wäre – das allgemeinste Merkmal jedes Körpers.

β) Die Substanz als Qualität an der Materie

Platon benutzt das Beispiel von dem Gold, das man in alle Figuren umformen kann, auch für einen Hinweis, wie man richtig nach der Substanz von etwas fragen sollte. Man kann zwar von dem sich ständig ändernden Gold nicht sagen: ‚Dies hier ist ein Dreieck, ein Viereck, usw.', denn ‚dies hier' ist immer nur das Gold, während das Dreieck noch im Hinzeigen verschwindet. Man kann aber, wenn das Gold gerade zu einem Dreieck gebildet ist, und wenn man das mit einiger Sicherheit erkennt, sagen: ‚dieses Gold ist gerade dreieckig', d.h. es hat die Beschaffenheit eines Dreiecks (*Timaios* 50b).

Die Substanz eines ‚realen' Dreiecks ist also eine in einer Materie ‚realisierte' Beschaffenheit. Diese Beschaffenheit kommt nicht aus der Materie und kann nicht durch eine Analyse der Materie und der Ermittlung, was an ihr konstant bleibt, gefunden werden. Im Gegenteil, auch wenn das Gold unendlich lange Zeit in ein und demselben Zustand konstant gleich bleiben würde, dieser Zustand aber keine bestimmbare Form hätte, könnte man auch nicht feststellen, ob es Dreieck, Viereck, Zylinder, Kugel usw. ist. Dagegen genügt ein kurzer Augenblick einer distinkt erkennbaren Formung, um ziemlich sicher zu erkennen: ‚Nun ist das, was der Künstler gebildet hat, ein Dreieck'. In der heutigen Atomphysik genügt manchmal der Teil einer Sekunde, um Sicherheit für eine ‚Entdeckung' zu verschaffen, etwa dass bei einer Fusion eines Zink- und eines Bleiatomkerns sich ein neues Element (das ‚Copernicium') bildet.

Die Bedingungen der Erkennbarkeit sind naturgemäß bei jedem Gegenstand oder Gegenstandsbereich andere. Grundsätzlich verweist die Materiekonzeption Platons aber darauf, dass diese Bedingungen begrifflicher Natur sind. Was ein Dreieck ist, kann unabhängig von jeder konkreten Realisierung eines Dreiecks erkannt werden, sein Begriff ist abhängig von bestimmten Möglichkeiten, wie sich Geraden in der Ebene zueinander verhalten können. Diese Möglichkeiten können für sich unterschieden und erkannt werden, sie können auch partiell in bestimmten Materien verwirklicht werden. Das, was eine solche Materie, z.B. ein Gold- oder Wachsstück, zu einem Dreieck, genauer: zu einem bestimmten Dreieck in bestimmter Größe, macht, ist kein Produkt dieser Materie, sondern ein Ordnungsprinzip für sie. Das Dreiecksein des Goldes ist daher nichts Materielles, sondern selbst etwas Begriffliches. In der Realisierung im Gold ist dieses Dreiecksein verbunden mit dem Gold und daher von dessen Veränderungen mitbetroffen. Es kann aber als Ordnungsprinzip einer bestimmen Materie erkannt und für sich gedacht werden. In diesem Sinn ist das Dreiecksein in der Materie nur ‚der Möglichkeit nach' als es selbst vorhanden, der ‚Wirklichkeit nach', d.h. als ‚realitas', als reiner Sachgehalt, ‚existiert' es nur im Denken dessen, der diese ‚realitas' richtig unterschieden hat. Wenn sie richtig unterschieden ist, gibt es allerdings keine grundsätzliche Kluft zwischen dem begriffenen Dreieck und dem ‚wirklichen' Dreieck in diesem Gold (dazu mehr in Teil III).

e) Das ‚Ich' an der Systemstelle des antik-mittelalterlichen Gottesbegriffs

Von dem an der sinnlichen und geistigen Erkenntnis des Wachses sichtbar werdenden Unterschied zwischen sinnlich-konfusen (für uns aber zunächst deutlicheren) und geistig-distinkten (für uns zunächst undeutlicheren) Ideen zeigt Descartes im weiteren Fortgang der Argumentation der *zweiten Meditation*, dass er sich noch steigern lässt bis zur Erfassung des schlechthin distinkten Seins der Idee des Denkens selbst. Es sind nämlich ein und dieselben Gründe („eaedem rationes"), die zur distinkten Erkenntnis des Wachses oder irgendeines anderen Körpers dienen, die noch viel besser das Wesen des Denkens dartun („mentis meae naturam melius probent" und melius heißt hier: „multo verius, multo certius, multo distinctius evidentiusque").[148]

Denn es könne sein, dass das, was man als Wachs erfasst, in Wirklichkeit vielleicht doch etwas anderes als Wachs ist, aber es könne nicht sein, dass „ich, wäh-

---

[148] S. Descartes, Med. II, AT 32-34.

rend ich sehe bzw. mir bewusst bin zu sehen, dass ich selbst als der, der gerade denkt, nicht etwas Bestimmtes bin (ego ipse cogitans non aliquid sim)".[149]

Die Gewissheit, dass ich selbst als Denkender etwas Bestimmtes und insofern etwas Existierendes bin, wird also gewonnen aus dem Nachweis, dass der Erkenntnis des eigenen Geistes („cognitio mentis meae") auf keine Weise widerfahren kann, was bei jeder anderen perceptio zumindest denkbar ist: dass etwas, was als so und nicht anders bestimmt erkannt scheint, dennoch wieder als etwas anderes erfahren wird. Dies ist nach Descartes einzig bei der Erkenntnis des Denkens selbst ausgeschlossen: Was immer gedacht wird und welche Täuschungen dabei möglich sind, es muss, wie er behauptet, immer ein und derselbe menschliche Geist sein, durch den all dies gedacht wird: „etsi enim omnia eius accidentia mutentur, ut quod alias res intelligat, alias velit, alias sentiat etc., non idcirco ipsa mens alia evadit."[150]

Welchen Nachdruck Descartes gerade auf dieses Argument legt, möchte ich noch an einigen aufschlussreichen Formulierungen beleuchten:

Als Begründung dafür, dass die Erkenntnis des Geistes von keiner anderen Erkenntnis abhänge, dass der Geist selbst seine eigene Natur aufs distinkteste erfasse und auf eine Weise, die einem Irrtum nicht unterliegen könne, verweist Descartes darauf, dass von allen Tätigkeiten des Denkens, vom Zweifeln, Einsehen, Bejahen, Verneinen, Wollen, Nichtwollen usw. klar sei, dass sie nicht als etwas anderes als das Denken selbst aufgefasst werden können, sie lassen sich von ihm nicht unterscheiden oder trennen. Ich selbst nämlich, so Descartes, bin es, der zweifelt („*ego ipse* sum, *qui* ... dubito"), ich selbst bin es, der einsieht, der behauptet, ich bin es, der nicht getäuscht werden will ... Dies alles könne daher nichts anderes als mein Denken sein. Nichts davon könne ohne den Begriff des Ich auch nur ausgesprochen werden.[151] Nichts also könne größere Evidenz beanspruchen, als dass ich selbst es bin, der zweifelt, der einsieht, will usw.[152]

Ähnlich hatte Descartes zuvor, nach der ersten „Entdeckung", dass auch ein täuschender Gott nicht bewirken könne, dass er nichts sei, solange er denke, etwas Bestimmtes zu sein („ut nihil sim quamdiu me aliquid esse cogitabo", *Med. II*, AT 25), als Aufgabe formuliert: „cavendum est, ne forte quid aliud imprudenter assumam in locum mei", „Ich muss mich hüten, dass ich nicht zufällig etwas Anderes unvorsichtigerweise an meiner Stelle annehme (= für mich selbst halte)"[153], d.h. er sieht die Gefahr einer möglichen Täuschung über das „Sein" seiner selbst darin, dass er möglicherweise doch etwas Anderes für sein „Sein" hält, als das, als was er es erfasst zu haben glaubte, und er findet die Lösung darin, dass sein „Sein" nur sein Denken selbst sein könne: „cogitatio est, haec sola a me divelli nequit, ego sum;

---

[149] S. ebd. AT 33.
[150] S. Descartes, Med. Syn., AT 13f.
[151] S. Descartes, Med. II, AT 28f.
[152] Wieder formuliert Descartes: „nam quod *ego* sim, *qui* dubitem, *qui* intelligam ..." (ebd., AT 29).
[153] S. ebd. AT 25.

ego existo, certum est", „das Denken ist, es, dieses allein kann von mir nicht getrennt werden; ich bin (etwas), ich existiere, das ist sicher".[154] Im je eigenen Denken allein also scheint gewährleistet, dass es eben das ist, als was es gedacht wird, und dass alle Gefahr der Täuschung gebannt ist, wie sie etwa bei der Wahrnehmung besteht, wo das jeweils Wahrgenommene immer auch etwas nur Geträumtes sein könnte (ebd.)

Dieses Bewusstsein der absoluten Selbstidentität gilt nach Descartes auch für das Vorstellen und für das Empfinden: „Sed vero etiam *ego idem* sum, *qui* imaginor ... *idem* denique *ego* sum, *qui* sentio." Auf dieses Bewusstsein gründet er daher auch in diesen beiden Fällen die über jeden Zweifel erhabene Gewissheit der Evidenz eines Vorstellungs- und eines Empfindungsvermögens: Mag auch keine vorgestellte Sache wahr sein, mögen alle Empfindungen unwahr, weil nur geträumt sein: die vis ipsa imaginandi existiert auf das Zeugnis hin, dass es doch immer ein und dasselbe Ich ist, das vorstellt, in der Tat („re vera"), das Bewusstsein des Empfindens existiert auf dasselbe Zeugnis hin wirklich, „hoc falsum esse non potest."[155]

Es dürfte, wenn man diese vielen, aber immer auf dasselbe zielenden Argumente überblickt, kaum zweifelhaft sein, dass Descartes' Behauptung tatsächlich zutrifft, er sei in den *Meditationen* ausschließlich den Weg der Analysis gegangen. Ähnlich wie bei der „ordnungsgemäßen" Betrachtung der Gegenstände größten, kleineren und geringsten Zweifels in der *ersten Meditation* hält sich Descartes auch bei der „Herauslösung" des am allersichersten Erkennbaren aus dem Dunklen und Konfusen in der *zweiten Meditation* an gewisse Prinzipien analytischen Denkens, wie sie Platon zuerst grundgelegt hat.

Auch hier stützt sich Descartes in allen von ihm „überdachten" Fällen primär auf das Prinzip, dass etwas nur durch das sicher erkannt gelten kann, wodurch es nicht bald so, bald anders erscheint, sondern wodurch es in aller Erfahrung als dasselbe, als so und nicht anders bestimmt erfasst wird.

Um dieses, die Sicherheit des Erkennens Begründende herauszufinden, beginnt Descartes mit der Sinneserkenntnis und zeigt, dass sie diesem Prinzip nicht genügt, weil durch sie eine Sache – etwa ein Stück Wachs – immer wieder anders vorgestellt wird und niemals in ihrem so und nicht anders bestimmten Sein erfasst wird. Es würde ja, wer Sicherheit des Erkennens im Zeugnis der Sinne sucht, zum Beispiel etwas Tönendes, Gelbes und Wohlriechendes in seiner Erfahrung des Wachses vorfinden und daher verführt sein, das eine und selbige Wesen des Wachses zu verkennen, wenn er in einer neuen Erfahrung nun etwas Tonloses, Bräunliches und Übelriechendes als Wachs perzipieren würde.

Diese Perzeptionen repräsentieren also offenbar gar nicht das Wachs selbst, das auch *ohne* sie in seiner wesentlichen Identität gedacht werden kann (Methode des Aufhebens) und gedacht werden muss, da es ja als das eine und selbe in allen seinen sinnlichen Attributen *vorausgesetzt* werden muss (Methode der Hypothesis), damit

---

[154] S. ebd. AT 27.
[155] S. ebd. AT 29.

diese trotz ihrer Verschiedenheit, ja Widersprüchlichkeit überhaupt als Attribute gerade einer Sache erkannt werden können.

Im abstrahierenden Rückgang der Analysis wird also sichtbar, dass das Wachs nur durch das, wodurch es von allem anderen klar unterschieden (distinkt) und von sich selbst her ein Eines und Selbes[156] ist, sicher erkennbar ist, also nur in seinem reinen, einfachen Sein. Dieses Sein des Wachses selbst ist das, was übrigbleibt, wenn es ohne das, was nicht zu ihm gehört, gedacht wird.[157]

Unter der hypothetischen Annahme, dass selbst bei diesem im Intellekt eingesehenen Begriff des einfachen Seins des Wachses selbst noch ein Irrtum im Urteil möglich sein könnte (wie bei den simplicissima der Mathematik in der *ersten Meditation*),[158] treibt Descartes die Analysis noch weiter, um unter Absehung auch noch von diesen nur möglicherweise ungewissen Inhalten des Intellekts das allersicherste Fundament auszusondern, von dem schlechterdings nicht mehr abstrahiert werden kann. Als dieses Fundament weist er den menschlichen Geist („mens humana") auf, weil ohne ihn überhaupt kein Inhalt gedacht werden könne,[159] während er selbst sehr wohl ohne alles andere eingesehen werden kann, da er als die eine und selbe Voraussetzung jedes, des falschesten wie des wahrsten Inhalts, wenn er überhaupt erfasst wird, notwendig immer als derselbe erfasst wird. Er kann daher niemals als etwas anderes als er selbst gedacht werden und wird daher immer in seinem einfachen, distinkten Sein erfasst.[160]

Wie die Nachzeichnung des argumentiven Weges, auf dem Descartes das Denken selbst als das sicherste Fundament allen Erkennens aufdeckt, gezeigt hat, hält sich Descartes dabei äußerlich ganz an die antike Methode der Analysis, die aus dem sinnlich Konfusen das geistig distinkte Sein herauszulösen sucht. Ähnlich wie in der antik-mittelalterlichen Metaphysik gilt auch bei Descartes, dass das auf diesem Weg erreichte Ziel an Sicherheit der Erkennbarkeit nicht mehr zu überbieten sei und daher seinerseits Voraussetzung für die Erkenntnis alles anderen sei. Diese selbst voraussetzungslose Erkenntnis (*arché anhypóthetos*)[161] scheint Descartes das Denken selbst zu sein, weil es das von sich selbst her Erkennbarste (notissimum, evidentissimum, *gnorimótaton*) von allem ist, weil es sich am klarsten in seinem distinkten, reinen Sein präsentiert und daher das der Erkenntnis nach Früheste ist, weil es ohne alles andere, Spätere, gedacht werden kann, – und es scheint, sofern es das der Erkenntnis nach Früheste ist, auch von keiner anderen Erkenntnis abgeleitet, durch

---

[156] S. auch Descartes' allgemeine Darlegungen, wie die „Substanz" oder das Wesen einer Sache als ein „unum per se" erkannt wird (Med. quint. resp., AT 221-223; s. z.B. auch ebd. AT 226 oder Princ. I, § 13; AT 9f.).
[157] S. Descartes, Med. II, AT 31: „remotis iis, quae ad ceram non pertinent, videamus, quid supersit."
[158] S. ebd. AT 33.
[159] S. ebd. AT 29 „… non possum tamen sine humana mente percipere".
[160] S. ebd. AT 33f.
[161] S. Platon, Res publica 511b6f.

keinen Schluss bewiesen zu sein, sondern allein durch einen unmittelbaren intuitus mentis (intellektuelle Anschauung) erkannt zu werden.[162]

Descartes gibt damit dem menschlichen Akt des Denkens eben die Systemstelle, die in der antik-mittelalterlichen Metaphysik dem Sein oder der Einheit selbst oder Gott vorbehalten war.[163]

So nennt Thomas von Aquin, um einen mittelalterlichen Zeugen anzuführen, das Sein das, was der Intellekt als Erstes als das ihm Bekannteste erfasst,[164] das, was ihm überhaupt nicht unbekannt sein kann;[165] das Sein ist aus sich selbst heraus bekannt (per se notum), sein Begriff ist in allem, was einer denkt, eingeschlossen, ohne ihn kann gar nichts gedacht werden,[166] es ist daher auch das der Erkenntnis nach Früheste usw.

3. ‚Sein' als Erkenntniskriterium des Denkens und als Produkt der Aktgewissheit des Subjekts

a)   Implizite Anwendung von Seinskriterien durch Descartes

Die Gleichheit der Prädikate und der Methoden, mit denen sie ermittelt sind, und die gleichzeitige Inkongruenz der Subjekte, denen sie zugeordnet sind, fordern die Frage nach dem Verhältnis der unmittelbaren Gewissheit des Denkens bei

---

[162] S. dazu v.a. Descartes, Med. sec. resp., AT 140f. Dass der „intuitus mentis" bei Descartes bereits als eine Art „intellektueller Anschauung" verstanden werden muss, betont zu Recht W. Struve, Über das „ergo" in Descartes' „ego cogito, ergo sum" und „sum, ergo deus est", Lexis 2, 1951, 244-248. Dass die immer wieder behauptete Analogie von Anschauung und Denken bei Platon von diesem neuzeitlichen Anschauungsbegriff (fehl-) geleitet ist, hoffe ich im folgenden Teil III noch etwas deutlicher machen zu können.

[163] Nur Gott ist es, von dem – wie etwa Gregor von Nyssa (contra Eunomium III, 3. Bd. 2, 186-187 Jaeger) oder Augustinus z.B. En. in psalm. CI, sermo 2; 10, 11-68; 12, 1-15; 14, 25-49 (s. Corpus Christianorum, Series Latina, Bd. 40, 1444-1449) in Auslegung des Satzes „ego sum, qui sum" aus Exodus 3, 14 darlegen – gesagt werden kann, dass er immer derselbe ist und bleibt, dass er „idem ipse est", derselbe selbst ist oder, wie Augustinus auch sagt, dass „id ipsum", das, was immer auf dieselbe Weise ist, substantiales In-sich-Sein, sich selbst bewahrende Selbstidentität und darum das wahre und eigentliche Sein selbst. W. Beierwaltes, Platonismus und Idealismus, Frankfurt a.M. ²2004, 5-66, hat die philosophische Bedeutung der Wirkungsgeschichte des Satzes „deus est esse" sachadäquat nachgezeichnet. (Zu Gregor von Nyssa und Augustinus s. dort v.a. S. 15f. und 26ff.).

[164] S. Thomas v. Aquin, De veritate 1,1: „Illud autem, quod primo intellectus concipit quam notissimum".

[165] S. ebd. 10,12 ad 10: „incognitum esse non potest".

[166] S. Thomas v. Aquin, Summa theologica 1-2, qu. 94a2, resp.: „illud quod primo cadit in apprehensione est ens, cuius intellectus includitur in omnibus, quaecumque quis apprehenditur".

Descartes und der unmittelbar sicheren Erkenntnis des Seins in der antik-mittelalterlichen Metaphysik geradezu heraus, und sie steht tatsächlich seit den ersten Auseinandersetzungen Descartes' mit seinen zeitgenössischen Gegnern vor allem unter dem Gesichtspunkt, ob Descartes die Gewissheit des Denkens aus den ‚prima et per se nota principia cognitionis' abgeleitet habe, oder ob sich deren Sicherheit erst auf die Sicherheit des „cogito, ergo sum" gründe,[167] oder, etwas kürzer formuliert, in Gestalt der Frage nach der Bedeutung des „ergo" in dem Satz „cogito, ergo sum" im Zentrum heftiger Kontroversen,[168] die bis in die neueste Forschung hinein keinen einhelligen Abschluss gefunden haben.

Vielleicht können die vorausgegangenen Untersuchungen in dieser Frage aber doch zu einer größeren Bestimmtheit des Urteils bei der Interpretation führen.

Dass das Sein auch für Descartes eine erkenntnistheoretische Relevanz hat, das machen vor allem die ersten beiden *Meditationen* ja beinahe in jedem Satz offenbar, und zwar nicht nur, weil Descartes dem Denken im eminenten und ursprünglichen Sinn das Sein zuspricht, – unter diesem Aspekt hat „Sein" für Descartes nur die abgeleitete, sekundäre Bedeutung des wirklich Vorhandenseins, Existierens, (weshalb er auch „sum", „sum aliquid" und „existo" ständig vermischt gebraucht), sondern vor allem weil Descartes bei dem aufwendig geführten analytischen Rückgang, durch den er zu begründen sucht, dass dem Denken jedenfalls wirkliche Existenz zukommt, sich an einem ganz anderen Seinsbegriff, nämlich am Seinsbegriff der antik-mittelalterlichen Metaphysik orientiert, für den ‚Sein' immer ‚Etwas-Sein', ‚etwas Bestimmtes, für sich Unterscheidbares sein', meint: denn das Ziel dieser Analysis ist ja der Nachweis, dass das Denken bei der Erkenntnis seiner selbst nicht auf etwas Konfuses stößt, das ebenso sehr es selbst wie etwas anderes sein kann, sondern auf etwas, was immer und nur als eben das, was es ist, also als ein Seiendes, das tatsächlich ein – distinkt unterschiedenes und unterscheidbares – Etwas ist, erfasst wird. Die Selbstgewissheit des Denkens ist also an einem Anspruch geprüft, den Descartes an die Erkennbarkeit von etwas überhaupt stellt: dieser Anspruch ist, dass nur das, was in der Erkenntnis als so und nicht anders bestimmt ausgewiesen

---

[167] S. v.a. Descartes, Med. sec. resp., AT 134-136 und 140f.
[168] S. dazu v.a. die scharfsinnigen Analysen von H. Scholz, Über das Cogito, ergo sum, Kant-Studien 36, 1931, 126-147; und ders., Augustinus und Descartes, Blätter für deutsche Philosophie 5, 1932, 405-423; A.J. Ayer, Cogito ergo sum, Analysis 14, 1953/4, 17-33; J. Hittinka, Cogito, ergo sum. Inference or Performance?, Philosophical Review 71, 1962, 3-32; B. Williams (1981), v.a. 50ff. Kritik an Descartes' unreflektiertem und nicht mehr sachadäquaten Umgang mit den „per se nota principia" der Scholastik üben v.a. J. de Finance, Cogito cartésien et réflexio thomiste, Archives des philosophie 16,2, 1946, 1-185 (v.a. Kap. 3 „Du ‚je pense' au ‚je suis'); M. Gueroult, La vérité de la science et la vérité de la chose dans les preuves de l'existence de Dieux, in: Descartes. Cahiers de Royaumont, Philosophie 2, Paris 1937, 108-120 (s. auch die Diskussion 121-140, v.a. 131), s. auch den Sammelband M. Gueroult (Hg.), Nouvelles réflexions sur le preuve ontologique des Descartes, Vrin 1955, in dem die Kontroverse über diese Frage eine große Rolle spielt.

werden kann, die Bedingungen der Erkennbarkeit erfüllt. An diesem Anspruch misst Descartes alle möglichen Inhalte des Denkens und kommt in meditierendem Überdenken aller möglichen Arten unsicher oder sicher erkennbarer Gegenstände zu dem Schluss, dass nur das Denken selbst ihm in vollem Sinne zu genügen vermag.

Von der Sache her gesehen nimmt Descartes diesen Anspruch nicht aus irgendwelcher Erfahrung auf, sondern setzt ihn zur Prüfung aller möglicher Inhalte, empirischer wie nichtempirischer, voraus, d.h. er orientiert sich an ihm wie an einem Axiom, einer Forderung des Denkens selbst.[169]

Historisch gesehen entwickelt Descartes dieses Axiom allerdings nicht aus eigener kritischer Reflexion auf die Prinzipien des Denkens bei jeder Art von Erkennen, sondern er nimmt es aus der Tradition einfach auf, er macht von ihm bei der Argumentation ständig Gebrauch, aber er formuliert es nicht explizit, ja es gibt kein Zeichen in den Texten Descartes', dass er sich mit der genauen Bedeutung dieses Axioms auseinandergesetzt hätte.

Die Forderung, dass nur diejenige Erkenntnis als eine sichere Erkenntnis gelten darf, die das in ihr Erfasste rein und nur in dem, was es ist, in seinem einfachen, so und nicht anders bestimmten Sein erfasst, das ist die grundlegende „Voraussetzung" (Hypothesis), die, wie das Folgende genauer belegen soll, das Denken nach Platon allein aus sich selbst macht, wenn es methodische Sicherheit beim Erkennen sucht. Sofern „Sein" im Sinne dieser Hypothesis ‚bestimmtes Sein' meint, kann diese Voraussetzung prägnant so formuliert werden, dass nur Seiendes erkennbar ist.

Was allein das argumentative Vorgehen selbst betrifft, könnte man also durchaus sagen, dass das unmittelbar evidente Beweisprinzip, auf das sich Descartes stützt und im Lichte dessen er prüft, ob etwas sicher erkennbar ist, das Sein ist.

Obwohl es ein wirkliches philologisches Recht für diese Deutung gibt, denn sie entspricht ja dem Wortlaut der immer wieder vorgebrachten Gründe für die Evidenz des „cogito, ergo sum", gibt sie de facto nicht die Position wieder, die Descartes für sich selbst beansprucht, sondern sie scheint dasjenige „ontologische" Denken zu bezeichnen, das durch Descartes „überwunden" wurde.

---

[169] Zu diesem Begriff von Axiom s. v.a. Aristoteles, Analytica posteriora I, 2, 71b9-72b4 und Metaphysica III, 3, 1005b1-34 (Widerspruchsaxiom als Prinzip aller anderen Axiome). Die zentrale Aussage des Aristoteles ist, dass ein Axiom vor jeder (Einzel-)Erkenntnis vorausgehe und in jedem Erkenntnisakt bereits als gültig vorausgesetzt wird. Ein Axiom ist also ein apriorisches Erkenntnisprinzip, das nicht aus der Erfahrung a posteriori aufgenommen, sondern zu ihrer Beurteilung vorausgesetzt wird. Im Unterschied zu einem neuzeitlichen Verständnis von Axiom (etwa in der Logistik), für das die Unbeweisbarkeit und Selbstevidenz eines Axioms dessen Gültigkeit nur auf ein aus ihm ableitbares oder auf es zurückführbares System beschränkt, gilt für Aristoteles als Axiom nur, was mit völliger Sicherheit als wahr eingesehen werden kann. Dass es für diese Sicherheit reflektiv kontrollierbare Kriterien gibt, s.u. S. 111ff. (s. dagegen z.B. H. Scholz, Die Axiomatik der Alten, Blätter für deutsche Philosophie 4, 1930, 258-278).

Die Überzeugung, dass sich das Denken am Sein orientiere, gilt seit Descartes als ein nach außen gerichtetes Denken, weil es, statt mit sich selbst, mit dem Sein anfange. Descartes selbst wird die Tatsache, dass er das Denken ein Seiendes und eine Substanz nennt, als ein Rückfall hinter die von ihm entdeckte transzendentale Fragestellung angerechnet. Statt nach den aus der unmittelbaren Selbstgewissheit des Denkens abzuleitenden Bedingungen des Zweifelns und Denkens selbst zu fragen, habe er, im Horizont seiner Zeit befangen, diese Gegenständlichkeit erst ermöglichenden Bedingungen zu etwas, was selbst wieder ein Gegenstand, eine Substanz ist, verfestigt.[170]

Übersehen wird bei dieser Kritik an Descartes allerdings, dass diese vergegenständlichende Verfestigung keineswegs aus Descartes' Abhängigkeit von der Erkenntnistheorie der alten Metaphysik kommt, sondern gerade aus dem sogenannten transzendentalen Aspekt seiner Erkenntnisfundierung, d.h. daraus, dass er die Bedingungen des Erkennens aus der „unmittelbaren" Selbstgewissheit des Denkens abzuleiten sucht.

Denn im Unterschied zu den konkret durchgeführten Argumentationen, wie ich sie im vorausgehenden zu beschreiben versucht habe, konzentriert sich Descartes bei der expliziten und theoretisch allgemeinen Formulierung seiner Erkenntnisprinzipien ganz auf den Aspekt der subjektiven Aktgewissheit des Denkens, und es ist die Annahme, die Reflexion auf die Bedingungen dieser Gewissheit führe zu objektiver Erkenntnis, die notwendig zur Folge hat, dass jede einem Subjekt gewisse Vorstellung zugleich Vorstellung von etwas ist, das eben dadurch Gegenstand im Sinne objektiver Erkenntnis, nicht bloß subjektiven Meinens ist.[171]

---

[170] S. z.B. W. Röd (1971), 94.

[171] Diese Tendenz der Vergegenständlichung dessen, was nur Produkt einer subjektiven Denkhandlung ist, hat eine strikte Parallele in der Umformung der antiken Mathematik zu Beginn der Neuzeit, v.a. in der Ersetzung des Begriffs der Einheit als Prinzip der Zahl durch die Zahl Null als dem ersten Glied einer jetzt als homogen empfundenen Zahlreihe. S. dazu v.a. J. Klein (1936), 195ff., v.a. 200: „Was seiner (d.h. Stevins neuem Zahlbegriff) Auffassung als fundamentale V o r a u s s e t z u n g (Sperrung von Klein) zu Grunde liegt, – ohne dass er sie freilich als solche durchschaute (auch hier gibt es ein analoges Verhältnis von impliziter und expliziter Abhängigkeit von der Tradition wie bei Descartes, Anm. von mir) – ist eben die Identifizierung der Seinsweise des Gegenstandes mit der Seinsweise des auf diesen Gegenstand bezogenen Begriffs. Was die gewaltige Schwierigkeit der antiken Ontologie ausmacht – nämlich die Bestimmung des Verhältnisses zwischen dem ‚Sein' des Gegenstandes und dem ‚Sein' des begriffenen Gegenstandes –, findet hier – und nicht nur hier – eine ‚selbstverständliche', auf ihre Voraussetzungen und ihre Tragweite hin gar nicht diskutierte Lösung. Die Konsequenz dieser Lösung ist das symbolische Verständnis des jeweiligen Gegenstandes, wodurch dessen faktische Gegenständlichkeit mit der Seinsweise eines ‚allgemeinen Gegenstandes' in eins gesetzt wird, oder – was dasselbe ist – wodurch der Gegenstand einer intentio secunda, nämlich ein Begriff als solcher, in den Gegenstand einer intentio prima verwandelt wird."

b) Explizite Anwendung von Evidenzkriterien durch Descartes

Distinkt und damit klar erkennbar ist nach Descartes' allgemeiner Regel nicht etwa, wie es die Beispiele seiner Meditationen nahelegen, das, was ein so und nicht anders bestimmtes Sein hat, konfus und nur dunkel erkennbar dagegen das, was als Eines und zugleich Vieles erscheint, sondern er gibt als Kriterium der Distinktheit einer Idee an, dass man sich ihrer unmittelbar bewusst sei, dass sie „innere Evidenz im Bewusstsein" habe,[172] während die Konfusion des Denkens von ihm entweder durch den Begriff der Dunkelheit definiert[173] wird, oder er führt sie, grundsätzlicher, auf das Überschreiten der Dimension unmittelbarer Gewissheit zurück, darauf, dass das Denken über die innerhalb des Bewusstseins unmittelbar gewissen und daher distinkten Vorstellungen hinaus etwas über das aussagen will, was seine Gegenstände als außerhalb des Bewusstseins existierende Dinge sein könnten.[174]

Die Dunkelheit resultiert also einfach daraus, dass das Denken die ihm gewisse Dimension unmittelbarer Bewusstheit überschreitet, was Descartes zu der Überzeugung führt, dass jede wirkliche Idee (sofern sie nur als Idee, als Bewusstseinsinhalt betrachtet wird) auch eine wahre Idee ist.[175]

Auch in dieser Annahme stimmt Descartes verbal mit platonisch-aristotelischer Tradition überein, in der auch das *noetón* (intelligibile), sofern es überhaupt vom Intellekt erfasst wird, als wahr erfasst gilt. Diese Annahme setzt aber die klare Unterscheidung zwischen Intellekt und Imaginatio oder Sensus voraus. In Analogie zu dieser Unterscheidung erklärt Descartes zwar z.B. (an der angeführten Stelle *Med. sext. resp.*, AT 441) die „Konfusion" seines früheren, vorkritischen Denkens damit, dass er zwar schon sich seiner eigenen Natur bewusst gewesen sei und auch schon eine Idee des Denkens und der Ausdehnung bei sich selbst gehabt habe, dennoch aber nicht rein intellektuell gedacht habe, weil er alles zugleich imaginativ vorgestellt

---

[172] S. z.B. Descartes, Med. sec. resp., AT 145f., AT 158f. oder Princ. I, § 45; AT 21f., wo Descartes die deutliche (distinkte) von der klaren Erkenntnis nur in Form einer Steigerung unterscheidet: Deutlich ist eine Erkenntnis, wenn sie von jeder Art dunkler Erkenntnis so unterschieden ist, dass sie nur noch klare Merkmale in sich enthält. S. dazu z.B. Hegels Descartes-Interpretation, Vorlesungen über die Geschichte der Philosophie III, 135: „Zum Fürwahrhalten gehört Evidenz. Nichts ist wahr, was nicht innere Evidenz im Bewusstsein hat" (Hegel verweist vor allem auf Disc. IV, § 3, 34). S. auch die folgende Anm.

[173] S. z.B. Descartes, Med. sec. resp. AT 145, wo Descartes sagt, dass die Überzeugtheit von der Gewissheit einer unmittelbar klar eingesehenen Idee sofort verschwinde bei Gegenständen, „die wir auch nur im geringsten dunkel oder verworren auffassen". Dunkelheit und Verworrenheit sind für Descartes in gleicher Weise nur Indikatoren für den Mangel an klarer Evidenz im Bewusstsein. S.A. Gewirth, Clearness an Distinctness in Descartes, in: ders., Descartes. A Collection of Critical Essays, London/Basingstoke, 1967, 250-277.

[174] S. z.B. Descartes, Princ. I, § 68, AT 33 oder Med. sext. resp., AT 441.

[175] So fasst es z.B. auch Spinoza in seiner geometrischen Darstellung des Cartesianischen Systems auf, der „idea vera" und „vera idea" grundsätzlich gleich gebraucht, s. Spinoza opera 1, 36, 324 (ed. J. v. Vloten, La Haye 1895).

und beides – die intellektuelle Idee und das Imaginierte – für ein und dasselbe genommen, d.h. alle „notiones" oder „res intellectuales" auf (äußere) Körper bezogen und daher überhaupt nichts distinkt erkannt habe.

Im Unterschied zu Aristoteles aber, für den die Konfusion zwischen *noetón* und *phantastón* oder *aisthetón* etwa darin liegt, dass das intelligible Sein des Dreiecks selbst mit dem Dreiecksein verwechselt wird, das sich die Vorstellung allein zu vergegenwärtigen vermag, also etwa einem bestimmten, imaginierten Dreieck, liegt für Descartes diese Konfusion allein in der unzulässigen Applikation einer „Idee" auf ein Äußeres, Körperliches, und es gilt ihm alles, was nicht auf etwas Äußeres appliziert wird, eben deshalb bereits als etwas „rein Intelligibles". So sagt er in seiner „Definition" der Cogitatio, unter Cogitatio verstehe er alles, was so in uns ist, dass wir uns seiner unmittelbar bewusst seien, und schließt unter „cogitationes" dieser Art ausdrücklich alle „Handlungen" (operationes) des Willens, des Intellekts, der Imaginatio und des Sensus ein. Auch die Wahrnehmung, sofern sie mit Bewusstsein geschieht und sofern ein solches bewusst Wahrgenommenes nicht auf ein Äußeres bezogen wird, ist „intellectio" (s. *Med. sec. resp.*, AT 160f.). Der Unterschied zwischen Denken und Vorstellen oder Wahrnehmen liegt demgemäß gar nicht darin, dass sinnliche oder imaginative Anschauung und Intellekt verschiedene Erkenntnisleistungen vollbringen. Nach Platon und Aristoteles ist es z.B. die Leistung des Sehvermögens, dass es Farben und Formen unterscheidet, die Leistung der Vorstellung, dass sie das Wahrgenommene vergegenwärtigt, des Meinens, dass es sich ein Urteil über die Leistung von etwas bildet, und des Intellekts, dass er die begrifflichen Möglichkeitsbedingungen der Einheit einer Sache erkennt. Bei Descartes kommt der Unterschied zwischen Intellekt und anderen sinnlichen Formen des „Denkens" lediglich von Fall zu Fall jeweils durch die Meinung zustande, das nur „rein" Gedachte gelte auch von etwas, was nicht nur Inhalt des Bewusstseins ist, – eine Meinung, die von Descartes als Applikation einer Vorstellung auf etwas Körperliches gedeutet wird.

Dass zur geistesgeschichtlichen Erklärung dieses Cartesianischen Begriffs von Denken v.a. die Umdeutung peripatetisch-scholastischen Lehrguts aus einer stoischen Perspektive zu beachten ist, ist am klarsten gesehen bei J. Klein[176]: Descartes versteht das, was er mit den aristotelisch-thomistischen Prädikaten des „intellectus purus" versieht, in Wahrheit ganz im Sinne des stoischen *hegemonikón*. So sagt Descartes z.B. in *Reg. XII*, AT 415f:

> „una et eadem est vis, quae, si applicet se cum imaginatione ad sensum communem, dicitur videre, tangere etc., si ad imaginationem ... dicitur imaginari vel concipere; si denique sola agat, dicitur intelligere – Es ist ein und dasselbe Vermögen, das, wenn es sich mit der Vorstellung auf den Gemeinsinn appliziert, Sehen, Fühlen usw. genannt

---

[176] S. J. Klein (1936), v.a. 212ff. mit Anm. 186

wird, in der Anwendung auf die Vorstellung heißt es Vorstellen oder Sich-Einbilden, wenn es schließlich allein tätig ist, heißt es Einsehen"[177]

und formuliert damit eine Position, die genau der bei Sextus Empiricus wiedergegebenen entspricht:

ταὐτόν ἐστιν διάνοια καὶ αἴσθησις, οὐ κατὰ ταὐτὸ δέ, ἄλλα κατ' ἄλλο μὲν διάνοια, κατ' ἄλλο δὲ αἴσθησις ... οὕτως ἡ αὐτὴ δύναμις κατ' ἄλλο μέν ἐστι νοῦς, κατ' ἄλλο δὲ αἴσθησις – Ein und dasselbe ist Denken und Wahrnehmung, aber nicht in Bezug auf dasselbe, sondern in Bezug auf das eine ist es Denken, in Bezug auf das andere Wahrnehmung ... so ist ein und dasselbe Vermögen in einer Hinsicht Denken, in anderer Wahrnehmung".

Eine genaue Klärung der hier vorliegenden Abhängigkeitsverhältnisse hätte v.a. die Beachtung der massiven Stoa-Rezeption zu Beginn der Neuzeit zur Voraussetzung, wobei der Einführung in die stoische Philosophie durch Justus Lipsius für Descartes eine noch kaum ausgewertete Bedeutung zukommt. (Es ist allerdings z.B. auch die *Summa* des Eustachius schon erheblich vom Zeitgeist, und d.h. auch von Stoischem durchsetzt). Für die Entstehung des neuzeitlichen Bewusstseinsbegriffs ist aber fraglos die zentrale Stellung der imaginatio, die Descartes aus der stoischen Erkenntnislehre übernimmt, ausschlaggebend (noch Kant gebraucht „Erkenntnis", „Begriff" und „Vorstellung" fast uneingeschränkt synonym).[178]

---

[177] S. ähnlich Descartes, Med. VI, AT 73f. Vgl. damit Sextus emp., adv. math. VII, 307 (= H. Arnim (Hg.), Stoicorum veterum fragmenta II, Stuttgart 1903, 849).

[178] Obwohl ich das an dieser Stelle nicht im Einzelnen belegen kann, möchte ich doch wenigstens noch einmal darauf hinweisen, dass Bewusstsein als Vergegenwärtigung (repraesentatio, perceptio = *katálepsis*) eines Inhalts im Sinne platonisch-aristotelischer Erkenntnislehre grundsätzlich nur der Dimension der *phantasía* zugehören kann, da sich ein „intelligibles Sein" auf keine Weise gegenständlich vergegenwärtigen lässt. Der Unterschied von intellectus und imaginatio bei Descartes wäre dort ein Unterschied zwischen einer *phantasía aisthetiké* (sinnliche Vorstellung) und *phantasía logiké* (rationale Vorstellung), deren eigentlicher Gegenstand die Mathematika sind, sofern die imaginatio die Dimension des Quantitativen nicht zu überschreiten vermag. (S. dazu z.B. Thomas v. Aquin, Quaest. disp. de potentia dei 3, 19; Comm. In Aristoteles de anim. 3,16a: „et phantasiam usque ad intellectum extendit, sequens nominis rationem; nam phantasia apparitio quaedam est, apparet autem aliquid et secundum sensum et secundum rationem". S. dazu auch Proklos, in Eucl. 94 (ed. G. Friedlein). S. dazu W. Beierwaltes, Das Problem der Erkenntnis bei Proklos, in: Fond. Hardt XXI, Genf 1975, 154-191). Es gilt als eine Schwäche des menschlichen Denkens, dass es alles intellektiv Eingesehene nur im Blick auf dessen Ausfaltung in der *phantasía* (Vorstellung, Einbildungskraft) zu begreifen vermag. S. Aristoteles, de anim. III, 7, 431b2; vgl. damit Syrian, in metaph., 92,4f. (CAG VI.1, ed. W. Kroll): δι' ἀσθένειαν νοήσεως οὐ δυναμένη τὸ ἀφάνταστον εἶδος ἑλεῖν ἐν τῷ φανταστῷ τοῦτο θεωρεῖ („Es ist eine Schwäche der Vernunft, dass sie eine nichtvorstellbare Sache nicht zu erfassen vermag und deshalb in einer vorgestellten Form betrachtet"). Das

c) Die Aufwertung des Denkens zum Subjekt (zu einer realen Grundlage) durch Descartes

Das seiner selbst und seiner Vorstellungen gewisse Denken wird von Descartes in einer neuen Weise als ‚Subjekt' verstanden. ‚Subjectum' (*hypokeímenon*) ist in der aristotelisch-scholastischen Philosophie das ‚Zugrundeliegende', d.h. der Gegenstand, auf den sich das Denken bezieht, nicht das Denken oder sein ‚subjektiver' Akt. Dass für Descartes das eigene Denken zum Subjekt im eigentlichen Sinn gemacht ist, hat die Nachzeichnung der *zweiten Meditation* schon zeigen können. Dennoch möchte ich diesen Sachverhalt an einer besonders aufschlussreichen Argumentation Descartes' abschließend noch etwas genauer belegen, weil gerade diese Argumentation besonders geeignet ist, deutlich zu machen, wie die immer wieder inkriminierte Vergegenständlichung oder Verdinglichung des Denkens gerade aus dem Mangel an kritischer Reflexion auf die von Descartes wohl als zu selbstverständlich vorausgesetzten Erkenntniskriterien der Schule entstanden ist. In der Auseinandersetzung Descartes' mit Arnauld, seinem bedeutenden zeitgenössischen Gegner, geht es unter anderem um die Frage, ob es so etwas wie konfuse oder falsche Ideen überhaupt gibt. Arnauld hatte nämlich eingewendet, konfus könnten nicht Ideen, sondern nur Urteile sein.[179] Dagegen verteidigt sich Descartes: Unter formalem Aspekt, das heißt unter dem Aspekt, dass jede Idee ein bestimmtes Etwas oder ein positives Sein (d.h. ein subiectum) repräsentiere, könne es natürlich eine falsche Idee nicht geben, nur falsche Urteile. Unter materialem Aspekt, das heißt unter dem Gesichtspunkt, dass eine Idee eine operatio intellectus, eine bloße Handlung des Denkens ist, könne man aber sehr wohl von einer material falschen Idee sprechen.

Unter der Voraussetzung etwa, dass so etwas wie Kälte gar nichts Bestimmtes ist, sondern so wenig ein (positives) Sein hat wie etwa der Durst des Wassersüchtigen, könne natürlich von einer Idee der Kälte in formalem Sinn keine Rede sein. „Ob die Kälte nun aber etwas Positives ist oder nicht", so fährt Descartes fort, „so habe ich, das heißt ich als der, der gerade die Idee Kälte denkt, doch keine andere Idee von ihr selbst: sed manet in me eadem illa, quam semper habui", woraus Descartes den Schluss zieht, dass die Idee der Kälte jedenfalls in mir ein positives

---

Selbstbewusstsein dagegen im Sinne eines Bewusstseins von den eigenen geistigen Akten gilt in peripatetischer Tradition überhaupt nicht als ein eigenständiges Vermögen, sondern als ein Epiphänomen noetischen Erkennens (nur der *noús*, intellectus, erkennt sich selbst). Das Selbstbewusstsein niedrigerer Erkenntnisformen – etwa, dass ich wahrnehme, dass ich vorstelle usw. – ist eine Folge davon, dass der *noús* auch in ihnen in gebundener Form wirksam und dabei sich selbst gegenwärtig ist. Das Selbstbewusstsein gilt aber nicht als eine Selbsterkenntnis, die hat erst der *noús*, wenn er frei bei sich selbst ist. Die zentrale Stelle, an der diese Frage am ausdrücklichsten erörtert wird, ist Philoponos, in de anim., 462, 25-467,13 (CAG XV, ed. M. Hayduck). S. dazu genauer Verf. (²2008), 270ff.

[179] S. Descartes, Med. quart. obj. AT 206.

Sein habe, sofern ich selbst – als Denkender bzw. als Empfindender – eine „res vera" wirklich bin. Das Subjekt, das heißt die reale, ein bestimmtes Sein bezeichnende Unterlage dieser Idee sei nicht irgendein äußeres Etwas, das womöglich ja gar nicht existiert, sondern der sensus ipse, die so und nicht anders bestimmte Empfindung der Kälte selbst. Darum sagt er von der Idee der Kälte: „tamen ens aliquod positivum habet pro subiecto, nempe sensum ipsum": „Dennoch hat sie ein bestimmtes positives Sein als Subjekt, nämlich das Sinnesvermögen selbst."[180]

Material falsch oder konfus aber nenne er eine solche Idee deshalb, weil sie die Materie, das heißt die Veranlassung gibt, über das unmittelbar gewisse positive Sein der Empfindung Kälte hinaus das Urteil auszudehnen auf ein Äußeres, das der Empfindung entsprechen soll,[181] und darin eben liege die Gefahr der Täuschung, die Descartes daher konsequenterweise allein im Willen lokalisiert, der sich nicht in den Grenzen des klar und distinkt Eingesehenen, das heißt innerhalb der Dimension des Bewusstseins, halten lasse, sondern darüber hinaus gehen will und auch das noch nicht klar Eingesehene schon für wahr halten möchte.[182]

Der tatsächliche und in der konkreten Argumentation von Descartes auch ausdrücklich ausgesprochene Grund also, warum er glaubt, dass der Denkende seiner selbst und seiner Vorstellungen gewiss sei, ist, dass er in der Dimension des Bewusstseins von seinen Vorstellungen etwas weiß, was er von den sogenannten äußeren Gegenständen, die er in ihnen vorstellt, nicht weiß und was verhindert, dass auch die Vorstellungen als solche sich, um mit Kant zu reden, in eine „Rhapsodie der Wahrnehmung", in ein „Gewühle von Erscheinungen"[183] verflüchtigen. Er weiß nämlich, wie Descartes nachdrücklich betont, dass diese Vorstellungen, solange und sofern er sie vorstellt, das heißt sich ihrer bewusst ist, sind, was sie sind, also etwas Bestimmtes, mit sich selbig Bleibendes. Nur deshalb, weil es über diese Frage bei

---

[180] S. Descartes, Med. quart. resp. AT 234f.
[181] S. ebd. AT 232f.
[182] S. v.a. Descartes, Med. IV, AT 52ff.; s. dazu z.B. L. Oeing-Hanhoff, Der Mensch in der Philosophie Descartes', in: Die Frage nach dem Menschen, Festschrift Max Müller, hg. von H. Rombach, Freiburg/München 1966, 375-409, v.a. 405f.; und ders., Descartes' Lehre (1971), 1-16, der in Descartes' voluntaristischer Erklärung des Irrtums das der kritischen Philosophie eigene Prinzip der Freiheit des Subjekts erfasst sieht. Die Tatsache, dass hier gar nicht mehr nach dem Kriterium gefragt wird, an dem man erkennt, dass man sich im Irrtum befindet, sondern nur noch nach dem Anlass, von dem wahr Erkannten abzuweichen (s. Descartes, Med. IV, AT 58: Descartes fragt, „woraus entstehen meine Irrtümer", nicht etwa, „woran unterscheide ich Wahrheit und Irrtum"), ist nur aus der cartesianischen Überzeugung, wie sie die eben zitierten Sätze grundlegend formulieren, zu erklären, dass *jedes* Vorgestellte, dessen man sich als eines Vorgestellten gewiss ist, auch wahr ist, zu erklären, S. ähnlich z.B. auch K.W. Peukert, Der Wille und die Selbstbewegung des Geistes in Descartes' Meditationen, Zeitschrift für philosophische Forschung 19, 1965, 87-109, 224-247. Das Urteil primär als einen, wenn auch rationalen, Willensakt zu begreifen, ist das besondere Charakteristikum der Erkenntnistheorie der Stoa. S. Verf. (²2008), 114-117; 294-298; 445f.;
[183] S. Kant, Kritik der reinen Vernunft, B 196, A 111.

allem, dessen man sich unmittelbar oder innerlich bewusst ist, keine Zweifel zu geben scheint, gibt es in der Dimension des Inneren oder des Bewusstseins sicherere Wahrheit als bei den sogenannten äußeren Gegenständen.

Auf diese Evidenz stützt sich Descartes, wenn er sagt, das objektive Sein der Kälte liege in ihrem Sein als Vorstellung, – was immer die Kälte sein mag, ja selbst wenn es so etwas wie Kälte gar nicht gibt, als meine Empfindung Kälte hat sie ein bestimmtes, identisches Sein und ist, wie etwa Kant dies formuliert, „nur durch diese Vorstellung etwas",[184] – und dieses „objektive" Sein der Idee Kälte hat seinerseits seinen Grund im unmittelbar gewissen Sein des Denkens selbst als der einen und selben und daher existierenden Voraussetzung aller seiner Vorstellungen.[185]

Die Unterscheidung zwischen einem formalen und materalen Aspekt, die Descartes hier aufnimmt, ist besonders aufschlussreich für das Verständnis der Zwischenstellung Descartes' zwischen antik-mittelalterlicher Metaphysik und Transzendentalphilosophie, in der das uns – etwa von Kant her – geläufige Verhältnis von Form und Materie noch umgekehrt ist. Descartes nennt ja die „operatio intellectus", die Handlung, in der das Denken etwas vorstellt, material, während sie von Kant als die Form des Bewusstseins verstanden wird und der jeweils vorgestellte Inhalt (d.h. das, was etwas ist, seine Substanz) als „die Materie in der Erscheinung" gilt. Der Grund für diese Umkehr geht aber gerade aus der angeführten Argumentation Descartes' hervor, sofern Descartes die Identität der Vorstellung von etwas hier zum Kriterium dafür macht, dass die in der „operatio intellectus" (Denkhandlung) eigentlich nur „material" begriffene Idee doch als ein bestimmtes, und d.h. also „formales" Sein verstanden werden darf.

Auf dieser Vertauschung von Materie und Form beruht auch die Bedeutungsumkehr von „subjektiv" und „objektiv", die Descartes hier vorgenommen hat. Im Sinne von Descartes' angeführtem Argument hat die Idee der Kälte unter der hypothetischen Annahme, dass es Kälte gar nicht gibt, keine „realitas subiectiva", ihr entspricht kein ‚subiectum', kein ‚Zugrundeliegendes' in der (äußeren) Realität, sie hat nur eine „realitas obiectiva", Realität als Vorstellung.[186] Diese „objektive" („vorgestellte") Realität erhält aber kraft der „kritischen" Begründung in der „subjektiven (= wirklich seienden) Realität" des „sensus ipse" auch selbst eine „subjektive Reali-

---

[184] S. ebd. A 370.

[185] S. ebd. A 370/371: „ich bin mir doch meiner Vorstellungen bewusst; also existieren diese und ich selbst, der ich diese Vorstellungen habe. Nun sind aber äußere Gegenstände (die Körper) bloß Erscheinungen, mithin auch nichts anderes, als eine Art meiner Vorstellungen, deren Gegenstände nur durch diese Vorstellungen etwas sind."

[186] Der Gebrauch, den Descartes vom Begriff einer ‚realitas obiectiva' macht, ist grundsätzlich scholastisch, er enthält seine Besonderheit aber dadurch, dass der Gegenstand des Denkens für ihn selbstverständlich eine ‚Idee', d.h. eine Vorstellung ist. Bei Thomas von Aquin z.B. gibt es einen Gebrauch von ‚obiectum', der das ‚Objekt' als Gegenstand, mit dem sich eine Denkhandlung befasst, versteht. S. Thomas v. Aquin, Summa theologica. I.II, 18.2 ob2: „obiectum comparatur ad actionem ut materia", und zwar als „materia circa quam".

tät", und d.h. das nur als Vorgestelltes (objektiv) Wirkliche wird zum objektiv (im neuzeitlichen Sinn) Wirklichen, zu dem, was seine Realität aus der Objektivität der Erkenntnis hat und daher Anspruch auf objektive oder zumindest intersubjektive Gültigkeit hat.

d) Ist sich das Denken seiner selbst unmittelbar oder nur durch einen Schluss gewiss?

Es kann bei aller Unsicherheit, die man bei einer Interpretation immer in Rechnung stellen muss, angesichts massiver textlicher Evidenz kaum ein Zweifel sein, dass die angebliche Unmittelbarkeit der Selbstgewissheit des Denkens und seiner Vorstellungen keineswegs unmittelbar ist und jeder anderen Erkenntnis vorausgeht. Sie hängt vielmehr von einer inhaltlichen Einsicht ab, nämlich von der Einsicht in die Identität des Seins des Denkens bzw. seiner Vorstellungen. Das „ergo" in Descartes' Satz „cogito, ergo sum" oder auch Kants „also" in seiner Formulierung „ich bin mir meiner Vorstellungen doch bewusst, also existieren diese und ich selbst, der ich diese Vorstellungen habe", haben aller Bestreitung zum Trotz eine prägnante logische Bedeutung. Descartes behauptet zwar, das Gewahrwerden unserer selbst als „denkender Dinge" oder auch der Satz „ich denke, also bin ich oder existiere ich", seien aus keinem Syllogismus abgeleitet, sondern es werde dabei nur eine durch sich selbst bekannte Sache durch eine einfache intellektuelle Anschauung erkannt. Er kann dies aber nur behaupten, weil er den Obersatz seines Syllogismus falsch formuliert.[187] Denn natürlich ist die Seinsgewissheit des Denkens nicht aus dem Satz abgeleitet „alles, was denkt, ist oder existiert". Der tatsächliche Syllogismus, auf dessen Beweiskraft Descartes baut, muss vielmehr so ausformuliert werden:

1. *Prämisse:* Alles, was ein bestimmtes Sein hat, gibt es wirklich, es ‚existiert'.[188]

Das ist das Gegebene (*tó dedoménon*), das, wie in streng wissenschaftlichen Beweisen gefordert, ein Axiom ist, eine prima notio oder ein per se notum.[189] Die Gül-

---

[187] S. Descartes, Med. sec. resp., AT 140. Trotz der Tatsache, dass über den logischen Sinn des ‚ergo' in Descartes' Fomulierung ‚cogito ergo sum' in der Forschung bis heute keine Einigkeit erzielt ist (einen guten Überblick über die Diskussion gibt: M. Hofmann-Riedinger, Das Rästel des ‚Cogito ergo sum', Studia Philosophica 55, 1996, 115-135) wird diese Verteidigung, die Descartes selbst gibt, meist anerkannt.

[188] Wobei „Existenz" natürlich in dem Sinn zu verstehen ist, den Descartes ihr gibt; „es existiert" heißt also hier: „es ist wirklich vorhanden" im Gegensatz zum bloß imaginierten Sein einer Chimäre oder von Traumbildern.

[189] In der negativen Formulierung dieses Axioms, dass das Nichts keine Zustände oder Eigenschaften hat, verweist Descartes mehrfach auf die Bedeutung dieses Axioms für die „frühere und gewissere und klarere Erkenntnis" des Geistes, s. z.B. Descartes, Princ. I, § 11; AT 8f. Dass die Evidenz des „cogito, ergo sum" von der Evidenz dieses Axioms abhängt, hat schon Schopenhauer gesehen, der den Satz „cogito, ergo sum" zwar für analy-

tigkeit dieser 1. Prämisse setzt Descartes unausdrücklich als selbstverständlich voraus.

2. Prämisse: Das Denken ist etwas Bestimmtes (cogitans sum aliquid).

Dem Beweis oder richtiger dem Aufweis der Evidenz der Richtigkeit dieses Satzes dienten alle „betrachtenden Überlegungen" Descartes'.

Conclusio: Also ist das Denken etwas Existierendes.

Das ist in aristotelischer Terminologie das Gesuchte (*tó zetouménon*), die Beweisabsicht war ja, zu begründen, dass das Denken selbst im Unterschied zu allem anderen Erkennbaren wirklich existiert.

e) Zur Vermischung von Beweisprämissen und dem mit Hilfe der Prämissen Bewiesenen bei Descartes

Die knappe Formel „cogito, ergo sum sive existo", auf die Descartes den Syllogismus, aus dem er die Existenzgewissheit des Denkens abgeleitet hat, zusammengezogen hat, entsteht daraus, dass er im „cogito" die Gewissheit, etwas Bestimmtes vor sich zu haben, unmittelbar zu erfahren meint. Der konfuse Gebrauch von „Sein" im Sinne des reinen, einfachen Seins einer Sache (res simplex), und von „es gibt", „ist vorhanden", ermöglicht die Überzeugung, dass im „cogito" als etwas Bestimmtem, d.h. als einem einfachen Sein, die Existenz schon mit erfahren sei, dass sie, wie Scholz[190] richtig gesehen hat, per implicationem in ihm enthalten ist.

Die Nichtbeachtung des beim Begreifen von etwas implikativ Mitgedachten bedeutet im Sinne der Methode der Analysis, wie Descartes sie selbst anzuwenden

---

tisch hält, aber darauf verweist, dass er, wenn man ganz gründlich sein wolle, von diesem Obersatz abhängig zu denken sei. (S. Schopenhauer, Welt als Wille und Vorstellung II,1 § 4). Die Tatsache, dass Schopenhauer diesen Obersatz ebenso wie das „cogito, ergo sum" für bloß „analytisch", d.h. für inhaltsleer und „ohne besondere Weisheit" hält, zeigt allerdings, dass ihm der ursprüngliche Sinn dieses Axioms (s. etwa Aristoteles, Metaphysica 1071a1-3) nicht mehr geläufig ist. Denn dass es ohne die *ousía* keine *páthe* gibt (τῶν οὐσιῶν ἄνευ οὐκ ἔστι τὰ πάθη καὶ αἱ κινήσεις): „ohne das wesentliche Sein von etwas gibt es auch keine Eigenschaften und Veränderungen" – sc. an ihm), hat bei Aristoteles nicht den trivial leeren Sinn, dass man dem überhaupt nicht Vorhandenen auch keine Eigenschaften zusprechen könne, sondern es meint, dass das bestimmte Sein (etwa des Dreiecks) auch die Bedingung der Möglichkeit für die bestimmten Eigentümlichkeiten ist, in denen es jeweils existiert (also etwa für die Möglichkeit eines rechtwinkligen Dreiecks). τῶν οὐσιῶν ἄνευ οὐκ ἔστι τὰ πάθη heißt also etwa: ohne das so und nicht anders bestimmte Sein (= Wesen) des Dreiecks selbst gibt es auch keine Eigenschaften des Dreieckseins an vorgestellten, gezeichneten oder körperlichen Dreiecken, weshalb Aristoteles das abtrennbare, distinkt denkbare Sein Ursache für die Existenz der Affektionen nennt (ebd.). Zur Begründung, warum das in diesen Axiomen Erkannte nicht tautologisch leer, sondern implikationenreich ist, s.u. S.125ff.

[190] S. H. Scholz, Über das Cogito, ergo sum, Kant-Studien 36, 1931, 126-147

fordert, dass das zur Beurteilung von etwas *vorausgesetzte* einfache Sein einer Sache nicht in dem, was es von sich selbst her ist, beachtet wird, sondern lediglich in dem, was von ihm her bestimmt ist, in seinen Konsequenzen und Ähnlichem. So tadelt Descartes z.B. an den Geometern, dass sie die „primae notiones" (etwa den Begriff des Dreieckseins selbst), die zum Beweis geometrischer Sätze (etwa, dass jede Konstruktion, die die Bedingungen des Begriffs erfüllt, ein Dreieck ist) *vorausgesetzt* werden (praesupponuntur), nur so betrachten, wie sie der Anschauung entsprechen, also an jeweils Gegebenem, und dass sie nur auf die Konsequenzen achten, die sich aus dem Vorausgesetzten ergeben, während die ganze Anstrengung in der Metaphysik darauf gerichtet sei, die ersten Begriffe selbst klar und distinkt zu erfassen.[191]

Obwohl Descartes diesen Unterschied von analytischem und synthetischem Denken immer wieder hervorhebt und betont, dass es allein auf die Sicherheit und Evidenz der „rationes" ankommt, von denen eine Erkenntnis abhängt,[192] die nicht mit etwas von ihnen Abhängendem, Späterem, Zusammengesetztem vermischt werden dürfe, obwohl er sich mit dem Unterschied von „notitia principiorum" (Kenntnis der Prinzipien, Axiome, Kriterien des Denkens) und einer von der Kenntnis der Prinzipien abgeleiteten und darum sicheren „scientia" (Wissen) vertraut zeigt[193] und obwohl er in Übereinstimmung mit diesen Grundsätzen sagt, dass das Denken ohne alles andere erkannt werden könne[194] und darum die „prima et certissima *cognitio*" sei, die sich jedem ordnungsgemäß Philosophierenden darbiete,[195] begegnet er der Frage, ob das „cogito, ergo sum" tatsächlich die erste Erkenntnis sei oder ob sie nicht von anderen Erkenntnisprinzipien abhänge, mit dem Argument, jene allereinfachsten Begriffe (simplicissimae notiones), die man natürlich vor dem „ersten und sichersten Satz" kennen müsse, gewährten – rein für sich selbst – nicht die Kenntnis von einem existierenden Ding, darum habe er ihre Aufzählung nicht für nötig erachtet,[196] oder er sagt – an anderer Stelle –, man gewinne die bei der Erkenntnis des „cogito, ergo sum" vorausgesetzten Universalia erst aus der konkreten Erfahrung des „cogito" selbst, „denn es ist die Natur unseres Geistes, dass er die allgemeinen Sätze aus der Erkenntnis der besonderen herausbildet".[197]

Äußerungen dieser Art zeigen immerhin, dass Descartes, wenn auch erst genötigt durch Einwendungen scholastisch gebildeter Gegner, grundsätzlich zugestanden

---

[191] S. Descartes, Med. sec. resp. AT 157: „de nulla re magis laboratur, quam de primis notionibus clare et distincte percipiendis."
[192] S. z.B. ebd. AT 145f.
[193] S. ebd. AT 140. „notitia" ist in der Scholastik Terminus für das Bekanntsein eines Wahren, s. z.B. Thomas von Aquin, Summa theologica I, Quaestio 2a1e; „scientia" für die aus einem bekannten Wahren abgeleitete und daher sichere Erkenntnis, s. ebd. 1/2, Quaestio 87, a3c.
[194] S. Descartes, Med. quart. resp., AT 221-223 und 226.
[195] S. Descartes, Princ. I, § 7; AT 6f.
[196] S. ebd.
[197] S. Descartes, Med. sec. resp., AT 140f.

hat, dass der Erkenntnis des „cogito, ergo sum" andere Erkenntnisse vorausgehen. Am deutlichsten erklärt er sich darüber in einem Gespräch mit Burmann:[198]

> „*vor* dieser Conclusio ‚cogito, ergo sum' ist", so sagt er dort, „jener Obersatz ‚Was immer denkt, ist' erkennbar, weil er der Sache nach früher ist als meine Conclusio und meine Conclusio sich auf jenen stützt. Daher sagt der Autor in den Prinzipien,[199] er gehe voraus, weil er natürlich *implizit* immer vorausgesetzt wird und vorhergeht (praesupponitur et praecedit); aber darum erkenne ich doch nicht immer ausdrücklich und explizit, dass jener vorhergeht und weiß ihn vor meiner Conclusio, weil ich natürlich nur auf das achte, was ich in mir erfahre, wie z.B. ‚cogito, ergo sum', nicht aber achte ich auf jenen allgemeinen Begriff ‚Was immer denkt, ist', denn, wie zuvor erwähnt, wir trennen diese Sätze nicht von den singulären, sondern betrachten jene in diesen".

Mit dieser Selbstverteidigung, mit der Descartes viele seiner Interpreten bis heute überzeugt hat, kehrt er nicht nur das traditionelle Verhältnis zwischen dem für uns und dem der Sache nach Früheren um, wenn er behauptet, das, was unserer unmittelbaren Erfahrung zuerst zugänglich sei, sei die wahre und eigentliche „prima cognitio", nicht die durch Analysis aus dem partikulären Compositum gewonnene Erkenntnis, sondern er macht mit dieser Umkehrung den von ihm selbst durchgeführten analytischen Rückgang von den konfusen und dunklen perceptiones der Sinne, der Meinungen, Vorurteile usw. auf das distinkte Sein des Denkens selbst überflüssig und sinnlos. Denn wenn sich die Dinge „in der Ordnung nach der Wahrheit selbst ebenso verhalten wie in der Ordnung nach unserer Auffassung,"[200] dann wird auch der Descartes' ganzes Œuvre durchziehende Unterschied zwischen „früher" und „später" hinfällig, der Unterschied zwischen dem, was er früher, vor der kritischen Wende, und nachher für wahr gehalten hat. Das, wessen sich das naive Bewusstsein unmittelbar gewiss zu sein meint, ist nach Descartes nicht auch das, was der sicheren, intellektiven Erkenntnis nach früher, evidenter und sicherer ist, da dies erst sichtbar wird, wenn die „alte Gewohnheit" des naiven Denkens abgelegt ist, die Gewohnheit, alle Modi und Inhalte des Denkens unmittelbar auf äußere existierende Dinge zu beziehen, und wenn das Denken selbst als das, was auch ohne sie gedacht und in ihnen allen vorausgesetzt wird, rein als es selbst erfasst ist (und wenn analog auch die Inhalte des Denkens rein in ihrer unmittelbaren, inneren Evidenz, ohne Bezug darauf, dass sie Begriffe von existierenden Dingen sind, nur in Bezug auf die Distinktheit ihrer Erkenntnis gedacht werden).

Descartes' Erklärung gegenüber Burmann legt allerdings einen wichtigen, verführenden Anlass offen, warum Descartes sich auf den Unterschied zwischen dem

---

[198] Gespräch vom 16.4.1648, s. Descartes, Corresp., AT Bd. V, 147 (Übersetzung A. Buchenau).
[199] S. Descartes, Princ. I, § 7, AT 6f.
[200] S. Descartes, Med. quart. resp., AT 226.

der Sache und dem für uns Früheren ständig stützt und ihn doch in der Reflexion wieder zusammenfallen lässt.

Die unmittelbar einsichtige Richtigkeit der Axiome, etwa des Widerspruchsaxioms, ist zwar das, worauf man sich stützt, wenn man sich vergewissert, dass man als Denkender ein Etwas ist, und worauf jeder sich wieder stützen muss, wenn er darüber nachdenkt. Man achtet aber „natürlich" normalerweise nicht darauf, sondern verfährt „im Licht des Seins",[201] ohne sich darüber Klarheit zu verschaffen, wovon man sich beim Argumentieren eigentlich leiten lässt. Als Inhalt meiner Gewissheit ist die Kenntnis der Axiome oder der „ewigen Wahrheiten" also etwas Späteres, denn man muss erst einmal auf sie „achten", bevor sie einem einleuchten können. In diesem Sinn bin „Ich" – als Nachdenkender, Bewusstsein überhaupt – das absolute Prius. Erst wenn ich eine „ewige Wahrheit" zum Inhalt meiner Gewissheit gemacht habe, ist sie (auch) für mich wahr; sie erhält sozusagen ihre Wahrheit noch einmal verliehen von Gnaden meines Bewusstseins. Ich habe ihr zur Existenz verholfen.

Die Annahme, dass nur etwas in dieser Weise als „Existenz" Erfahrenes das erste Erkannte im Sinne eines Erkenntnisprinzips sei, missachtet in grober Weise den Unterschied zwischen einem Erkenntniskriterium und dem, was man mit Hilfe eines solchen Kriteriums als sicher erkannt hat (z. B. das „cogito, ergo sum").

Die Erhebung des „cogito, ergo sum" zu einem Erkenntnisprinzip oder Axiom (mit denen Descartes das „cogito, ergo sum" oft genug gleichstellt trotz des Unterschieds zwischen der je partikulären Erfahrung des ‚cogito', aus dem die Universalien erst gebildet werden müssen), kann man auch nicht mit dem Argument rechtfertigen, das Spinoza wohl als erster vorgebracht hat: Er sagt, wenn das „cogito, ergo sum" ein Schluss wäre, würde seine Wahrheit von allgemeinen Prämissen abhängen. Von ihnen aber habe Descartes durch den universalen Zweifel gezeigt, dass wir auch in Bezug auf sie einer Täuschung unterliegen können[202]. Gezeigt hat dies Descartes aber nur (s. oben S. 33ff.), indem er auch die Erkennbarkeit der universalia und simplicia an etwas gemessen hat, worüber er sich vor jedem Urteil über irgendwelche Inhalte bereits sicher war, nämlich daran, dass etwas dann als bezweifelbar gelten muss, wenn es sich nicht als ein bestimmtes Sein in der Erkenntnis festhalten lässt. Dieses Wissen geht also auch der Möglichkeit des Zweifels voraus, da sonst nicht einmal die Möglichkeit gegeben wäre, auch nur zu bemerken, dass man sich täuscht. Die universalia und simplicia, von denen Descartes spricht, sind, dies hat auch die Interpretation der *ersten Meditation*, der ‚Zweifelsmeditation', gezeigt, nicht allgemeine Beweisprämissen oder -kriterien, sondern allgemeine ‚Dinge' (res), d.h. allgemeine Komponenten in den einzelnen Dingen.

Außerdem übersieht die These, nur der Begriff eines existierenden Dinges könne Erkenntnisprinzip sein, dass gerade das Denken selbst, das in allen seinen Akten als das eine und selbe erfahren wird, trotz dieser je besonderen Erfahrung keines-

---

[201] S. L. Oeing-Hanhoff (1966), 402ff.
[202] S. Spinoza opera 1, 144, 10f. (ed. J. v. Vloten, La Haye 1895).

wegs auch selbst als ein besonderes, existierendes Einzelding erfahren wird, sondern auch als ein Allgemeines, ja als das Allerallgemeinste[203] überhaupt. Denn es ist ja als das in allen Modifikationen des Denkens unwandelbar konstant Bleibende der abstrakt-allgemeinste Aspekt des Denkens überhaupt. Nur deshalb kann Gassendi in ironischer Überspitzung zu Descartes' Schluss „ich bin also genau ein denkendes Ding" bemerken: „Hier erkenne ich an, ins Blaue hinein geredet zu haben. Ich war nämlich der Meinung, mit einer menschlichen Seele zu reden ... und doch sprach ich nur zu einem Geist, das heißt zu einem Wesen, das nicht nur den Leib, sondern auch die Seele selbst abgelegt hat".[204]

Bei aller Ironie enthält diese Bemerkung Gassendis doch bereits die für die spätere Transzendentalphilosophie so wichtige Feststellung, dass das Ich des „ich denke" nicht ein empirisches Ich ist, sondern ein transzendentales Ich, Bewusstsein überhaupt, nicht jeweiliges besonderes, subjektives Bewusstsein.

Ein Allgemeines ist dieses „Bewusstsein überhaupt" aber nur als das in allem Fluss innerer Erscheinungen unwandelbar konstant bleibende Eine und Selbe,[205] und d.h.: es führt auch dieser Aspekt wieder zu dem Ergebnis, dass die unmittelbare Selbstgewissheit des Denkens mehr meint als das bloße Faktum, dass man sich seiner selbst als Denkender doch gewiss sei, und dass gerade dieses Mehr den eigentlich gedanklichen Inhalt dieser Selbstgewissheit ausmacht: nämlich das Wissen um die notwendige Einheit und Identität des Seins des Denkens.

f) Descartes und die ‚ursprüngliche Einheit der Apperzeption' bei Kant

Der Gedanke, dass die Selbstgewissheit des Denkens als „ursprüngliche *Einheit* der Apperzeption" zur letzten Voraussetzung und zur Bedingung allen Erkennens wird, ist bei Descartes explizit noch nicht formuliert. Seine Erkenntnisregel, dass alles das wahr sei, „was ich genau so klar und distinkt erkenne wie mein eigenes Denken",[206] deutet nur gerade durch Analogie an, dass es die Einheit des Bewusstseins ist, die bei allem Erkennen vorausgesetzt wird.

Dass es die grundsätzliche Einheit der Vorstellung des „Ich denke" ist, „die alle anderen muss begleiten können und in allem Bewusstsein ein und dasselbe ist",[207]

---

[203] Die Allgemeinheit, die dem Denken in diesem Sinne zukommt, ist in platonisch-aristotelischer Perspektive freilich die abstrakt-arme Allgemeinheit der Anschauung, nicht die reiche Allgemeinheit des analytisch erschlossenen ersten Seins einer Sache. S. Aristoteles, Physik I, 1 und dazu v.a. die Erklärung bei Philoponos, in Phys. I,1, 9,6-19,9 (CAG XVI, ed. Vitelli). S. Verf. (²2008), 315-324.

[204] S. Descartes, Med. quint. obj., AT 262f. (Übersetzung A. Buchenau).

[205] S. Kant, Kritik der reinen Vernunft z.B. B132 und A108: es ist das „eine", „reine ... unwandelbare Bewusstsein", das „in allem Bewusstsein ein und dasselbe ist" und „in dem alles Mannigfaltige angetroffen wird".

[206] S. z.B. Descartes, Med. III, AT 35; V, AT 65; V, AT 70; Med. quint. obj., AT 277.

[207] S. Kant, Kritik der reinen Vernunft B132.

und die jeweilige Einheit des in diesem einen Bewusstsein jeweils Vorgestellten, aus der die Bedingungen der Möglichkeit aller Erkenntnis a priori kommen, das wird erst bei Kant konsequent und ausdrücklich ausgeführt.

Diese ausdrückliche Reflexion auf die Einheit des Bewusstseins als der ursprünglichen Voraussetzung allen Erkennens überwindet aber den grundsätzlich unausdrücklichen Gebrauch, den Descartes vom Begriff der Einheit und des Seins gemacht hat, nicht. Denn auch bei Kant gibt es keine kritische Reflexion darauf, dass es ein Axiom des Denkens selbst, eine apriorische Bedingung jeder Erkenntnis überhaupt ist, auf die das Denken die Gewissheit seiner selbst gründet, sofern es der Forderung genügt, dass man auf es in jeder Erfahrung als dasselbe zurückkommen kann.

Die Tatsache, dass das Denken seiner selbst sicher ist, weil es ein Eines und ein Seiendes ist, führt auch bei Kant nicht zu einer kritischen Aufklärung des in den Begriffen der Einheit und des Seins, die das Denken bei jeder Erkenntnishandlung als Grundbedingung der Erkennbarkeit voraussetzt, Gemeinten, sondern es wird als ein „Faktum des Bewusstseins"[208] aufgenommen, d.h. die transzendentale Einheit der Apperzeption hat ihren Rechtsgrund als Erkenntnisprinzip für Kant nur darin, dass sie mit der Selbstgewissheit des Denkens unmittelbar gegeben ist.[209]

Der Begriff „Faktum des Bewusstseins" ist zwar erst von Fichte geprägt, die Sache ist aber bei Kant im Grundsätzlichen bereits gleich expliziert. Kant betont nachdrücklich, dass

> „dieses Ich" oder „Er oder Es (das Ding), welches denkt" ... „nichts weiter als ein ... ‚X' ist", „welches nur durch die Gedanken, die seine Prädikate sind, erkannt wird, und wovon wir, abgesondert, niemals den mindesten Begriff haben können, um welches wir uns daher in einem beständigen Zirkel herumdrehen, indem wir uns seiner Vorstellung jederzeit schon bedienen müssen, um irgendetwas von ihm zu urteilen."[210]

Im Unterschied zu diesem immer nur erschlossenen, jedem Begriff sich entziehenden „Faktum des Bewusstseins" als Voraussetzung allen Erkennens, entzieht sich das in den Begriffen der Einheit und des Seins Gemeinte nicht dem Begriff, wenn es auch das im Einzelnen Begriff Fixierbare übersteigt (s. unten S. 123ff.). Von Platon her kann man auch den Grund dafür angeben, warum das „distinkte" Sein des Denkens sich so wenig begrifflich erfassen lässt, dass es von Heidegger schließlich ein „hölzernes Eisen"[211] genannt wurde. Ähnlich wie der „distinkte" Begriff des Wachses ist auch der „distinkte" Begriff des Denkens als des in allem

---

[208] S. Fichte, Erste Einleitung in die Wissenschaftslehre, Ges. Ausg. hg. v. R. Lauth u. H. Jakob, Stuttgart-Bad Cannstatt 1964, Reihe I, Bd. 7, 218
[209] S. Kant, Kritik der reinen Vernunft B422.
[210] S. ebd. B404-407, v.a. B404f.
[211] S. dazu H.G. Gadamer, Kant und die philosophische Hermeneutik, Kant-Studien 66, 1975, 399.

Wandel Selbigen aus platonischer Sicht nicht das *eídos*, nicht die ‚Form', Species und in diesem Sinn das tatsächlich aktive Subjekt, sondern die Materie des Denkens (in der das vom Intellekt Erkannte räumlich-zeitlich ausgeformt und so vergegenwärtigt wird). – Die Materie aber ist nur durch einen *logismós nóthos*, durch einen Bastardschluss, der aus den offenbaren Fakten auf das ihnen zugrundeliegende immer Selbe schließt, erfassbar.[212]

Darum wird bei Kant allein danach gefragt, wie, in welchen ‚Modi', das Bewusstsein seine als selbstverständlich vorausgesetzte Einheit beim Erkennen der Mannigfaltigkeit der Form nach synthetisch ausfaltet, nicht aber etwa, was die vom vorausgesetzten Begriff der Einheit abzuleitenden Bedingungen sind, von denen her ein dem Denken gegebenes Mannigfaltiges überhaupt als ein Inhalt, ein Gegenstand erkannt werden kann. Das ‚Apriori' ist auf ein ‚synthetisches Apriori' eingeschränkt.

Von der unmittelbaren Gewissheit der Einheit eines Gegenstandes, sofern er vorgestellt oder gedacht wird, her ist diese Frage ja schon entschieden, so dass es nur noch darum gehen kann, das dem Denken Gegebene nach den Bedingungen dieser Einheit (= dass ich mir seiner, was immer das Gegebene sein mag, als eines Einen und Bestimmten gewiss bin) im klaren Licht des Bewusstseins zu begreifen, d.h. nach den bewusstgemachten Regeln, wie das Bewusstsein etwas als ein Eines vorstellt, vor dem Bewusstsein zu reproduzieren. Es ist eine Folge der so restringierten Aufhellung der Bedingungen des Erkennens, aus der die Gefahr der Vergegenständlichung und der dogmatischen Fixierung des Denkens und des jeweils Gedachten resultiert und nicht etwa aus einer Abhängigkeit von der sogenannten Substanzenmetaphysik der Antike.

Denn wenn die objektiven Bedingungen, dass ein Inhalt des Denkens wirklich etwas, etwas Bestimmtes, ein Gegenstand ist, ausschließlich in der Gewissheit liegen, dass ich mir seiner als eines Einen gewiss bin, dann wird jeder, der unzulänglichste wie der sorgfältig begründete Inhalt des Denkens zu einem Gegenstand, wenn er nur nach der Regel der Einheit des Bewusstseins richtig vor dem Bewusstsein synthetisiert ist.

g) Folgelasten der cartesianischen ‚Subjektivierung' des Denkens

Die philosophiegeschichtlich folgenschwere Hypothek, die Descartes' unausdrückliche Orientierung am Begriff des Seins der neuzeitlichen Bewusstseinsphilosophie hinterlassen hat, ist, dass die Rationalität und Erkenntnis ermöglichende Bedingung der Einheit des Bewusstseins, die von Descartes bis Hegel (obwohl es auch hier bereits ein Wissen darum gibt, dass das, was das Denken selbst ist, sich einer begrifflichen Erfassung entzieht,[213]) als eine selbstverständliche Implikation

---

[212] S. Platon, Timaios 52b2.
[213] S.o. S. 86 mit Anm. 210.

der Selbstgewissheit des Denkens angenommen wurde, in zunehmendem Maße als kritisch unausgewiesen, ja als unausweisbar empfunden wurde.

Dass die von Descartes vorausgesetzte Identität des Bewusstseins des „Ich denke" in Wahrheit keineswegs über jeden Zweifel erhaben ist, wird in der nachhegelschen Philosophie immer wieder thematisiert. Besonders scharf benennt die Problematik Nietzsche:[214]

> „Es gibt immer noch harmlose Selbstbeobachter, welche glauben, dass es ‚unmittelbare' Gewissheiten gebe, z.B. ‚Ich denke': ... gleichsam als ob hier das Erkennen rein und nackt seinen Gegenstand zu fassen bekäme, ... und weder von Seiten des Subjekts noch von Seiten des Objekts eine Fälschung stattfände ... Wenn ich den Vorgang zerlege, der in dem Satz ‚Ich denke' ausgedrückt ist, so bekomme ich eine Reihe von verwegenen Behauptungen, deren Begründung schwer, vielleicht unmöglich ist, – z.B., dass i c h es bin, der denkt, dass überhaupt ein Etwas es sein muss, das denkt ..., dass ich w e i ß, was Denken ist. Denn wenn ich nicht darüber mich schon bei mir entschieden hätte, wonach sollte ich abmessen, dass, was eben geschieht, nicht vielleicht ‚Wollen' oder ‚Fühlen' sei? Genug, jenes ‚Ich denke' setzt voraus, dass ich meinen augenblicklichen Zustand mit anderen Zuständen, die ich an mir kenne, vergleiche, um so festzusetzen, was er ist."

Den Einwand, dass man bereits wissen müsse, was Denken ist, wenn man Gewissheit haben wolle, dass man gerade denkt, machen bereits die Theologen und Philosophen, die die sechsten Einwände gegen Descartes formuliert haben. Descartes' Entgegnung, wer bemerke, dass er denkt, wisse auch, was Denken sei, übergeht allerdings den Kern der gegen ihn erhobenen Einwände. Die Frage war ja gerade, wie man das überhaupt soll bemerken können, dass man gerade denkt und nicht etwa träumt, wenn man gar nicht weiß, was Denken ist.[215]

Auch die andere, von Nietzsche „verwegen" genannte Behauptung, es sei unmittelbar gewiss, dass *ich* es bin, der denkt, ist in ihrer Problematik schon von Zeitgenossen Descartes' gesehen[216] und tritt etwa auch in Kants unsicherer Zuordnung, ob es ein Ich oder Er oder Es (Ding) sei, das denkt, zutage.[217]

Wenn man wie Descartes einen genius malignus annimmt, der über alles täuschen kann, dann ist gar nicht einzusehen, warum er einem Subjekt nicht auch soll vorspiegeln können, es selbst denke gerade, obwohl es in Wahrheit der böse Geist ist, der in ihm denkt – und ihm das Bewusstsein nur vorgaukelt, eine eigene, zweifelnde oder denkende Aktivität zu vollziehen.

Eine Täuschung dieser Art für möglich zu halten, ist nicht einmal eine entlegene oder abstruse Annahme, denn es gehört mindestens seit Hegel zu den Grundüber-

---

[214] F. Nietzsche, Jenseits von Gut und Böse, Nr. 16.
[215] S. Descartes, Med. sext. resp., AT 422f.
[216] Z.B. von Gassendi (Descartes, Med. quint. obj.).
[217] S. Kant, Kritik der reinen Vernunft B404f.

zeugungen des klassischen Philologen, von den homerischen Menschen zu glauben, sie seien sich ihres eigenen Tuns beim Denken nicht bewusst gewesen, sondern hätten es als Tun eines Gottes erfahren.

In ähnlichem Sinn lässt Goethe seinen Prometheus zu seiner ihm „ewig gegenwärtigen Göttin" Athene sprechen:[218]

> „Immer, als wenn meine Seele spräche zu sich selbst / sie sich eröffnete / und mitgeborene Harmonien / in ihr erklingen aus sich selbst: / das waren deine Worte. / So war ich selbst nicht selbst / und eine Gottheit sprach, / wenn ich zu reden wähnte; / und wähnte ich, eine Gottheit spreche, / sprach ich selbst."

Auch Goethe hält offenbar gerade dies für ein wirkliches Problem, ob das Bewusstsein vom eigenen Akt des Denkens tatsächlich die Existenz eines eigenen Denkaktes beweist. Trotz der Tatsache, dass der Überzeugung von der vorgeblich unmittelbaren Gewissheit des Denkens selbst als der letzten Voraussetzung alles Erkennens viele sachliche Bedenken entgegenstehen und dass solche Bedenken in der Philosophie des 19. und 20. Jahrhunderts auch oft genug vorgebracht worden sind, hat diese Überzeugung in der Descartes-Forschung noch immer weite Verbreitung, ja sie gilt vielfach als das einzige unverzichtbare Kernstück des Cartesianischen Ansatzes. W. Röd spricht im Blick auf die „Unhintergehbarkeit des cogito/sum" als „Ausgangsbasis wissenschaftlichen Philosophierens" sogar von der „zeitlosen Gültigkeit der transzendentalen Prinzipien, die von jedem, der sie erfasst, nur in derselben Weise als dieselben erfasst werden können".[219] Bedenklich ist gewiss auch Vittorio Hösles völliger Anschluss an Hegel, wenn er mit Hegel Descartes dafür kritisiert, dass er „nach der Setzung der nicht zu negierenden Selbstgewissheit des Ich, die sich eben dadurch als Absolutes erweist, noch ein anderes Absolutes sucht, nämlich Gott ..."[220]

Ich fasse kurz zusammen: Descartes ist der Meinung, im „Ich denke" ein Prinzip des Erkennens gefunden zu haben, d.h. einen Sachverhalt, der unbezweifelbar allem möglichen Zweifel vorausliegt, der von sich selbst her evident ist und in dessen Licht alles andere erkannt wird. Tatsächlich jedoch gelangt er zu diesem seinem Prinzip im Lichte eines anderen Prinzips, an dem er sich, ohne es zu thematisieren, orientiert. Dieses andere Prinzip ist der Begriff des Seins, der Satz, dass nur Seiendes, d.h. Bestimmtes, erkannt werden kann, und dass das, was als Bestimmtes erkannt wird, „ist". Dass er sich an diesem Prinzip orientiert, wird daran deutlich, dass

---

[218] S. W. Goethe, Prometheus-Fragment von 1773, Vers 104ff.
[219] S. W. Röd, Die Philosophie der Neuzeit 1. Von Francis Bacon bis Spinoza, München 1978, 61-64.
[220] S. V. Hösle, Wahrheit und Geschichte. Studien zur Struktur der Philosophiegeschichte unter paradigmatischer Analyse der Entwicklung von Parmenides bis Platon, Stuttgart-Bad Cannstatt 1984, 712.

er das „Ich denke" deshalb für unbezweifelbar und den Denkenden für sicher existent hält, weil das „Ich denke" im Gegensatz zu allen Inhalten des Denkens nicht als das Gegenteil von dem, als was es gedacht wird, erfahren werden könne. Den Turm in der Ferne z.B. sehe ich als rund, es könnte aber sein, dass er in einer anderen Wahrnehmung als viereckig erscheint. Die Zahl fünf denke ich als die Summe aus zwei und drei, es könnte aber sein, dass ich mich durch Einwirken eines bösen Geistes hierin immer getäuscht habe, so dass sich vielleicht herausstellt, dass fünf auch die Summe aus zwei und vier ist. Nur dass ich denke, kann, meint Descartes, nicht als „Ich denke nicht" erfahren werden. Deswegen sei allein das „Ich denke" distinkt, d.h. von seinem Gegenteil geschieden, und bestimmt, d.h. immer genau diese Sache. Descartes stellt also über die „Realität" des „Ich denke" drei Thesen auf, die er für drei Formulierungen desselben Sachverhalts hält:

1. Ich, der ich denke, bin etwas Bestimmtes.
2. Ich, der ich denke, bin etwas Wirkliches, nicht bloß etwas Vorgestelltes.
3. Ich, der ich denke, existiere.

Dass er diese Formulierungen für austauschbar hält und dass er von der eindeutigen Bestimmtheit des „Ich denke" auf die Existenz schließt, zeigt, dass er sich an ontologischen Prinzipien ausrichtet, über die er sich keine Rechenschaft ablegt. Verknappt zur Prämisse seines – unausgesprochenen – Syllogismus hieße dieses Prinzip: Alles, was ein bestimmtes Sein hat, existiert.

Es ergibt sich also auch aus der eigenen Argumentation Descartes' selbst, dass das „Ich denke" nicht der erste, voraussetzungslose und unaufhebbare Anfang des Denkens ist. Das ‚Ich denke' ist in der Konsequenz dieser Argumentation der erste sicher bewiesene Gegenstand, er ist nicht das Beweisprinzip, an dem sich das Denken orientiert hat, um diesen Gegenstand zu beweisen.

Sofern in der von Descartes vollzogenen Wendung des Denkens auf sich selbst und auf seine ihm gewissen Vorstellungen die von ihm nur mehr angewandten Erkenntnisprinzipien der Tradition nicht mehr explizit reflektiert und auf ihren Rechtsgrund hin befragt sind, kann die ganze Problematik der von ihm implizit vorausgesetzten Einheit des Bewusstseins gar nicht sichtbar werden, solange man sich im Horizont dieses Systemansatzes selbst bewegt. Durch einen Blick auf Platon möchte ich im Folgenden wenigstens anzudeuten versuchen, welchen anderen Gang eine Erkenntnisfundierung nehmen müsste, wenn diese Erkenntnisprinzipien explizit formuliert und auf ihre Implikationen hin untersucht werden.

III. Platon: Sein als Erkenntniskriterium

1. Vorbemerkung

Gegenstand der folgenden Darstellung sollen die Grundlagen sein, von denen nach Platon ein methodisch richtiges und kritisch gesichertes Erkennen ausgehen muss, durch welche Überlegungen Platon seine Grundlagensetzung begründet, d.h., wie er über die Notwendigkeit seiner Prinzipien Rechenschaft ablegt, und welches Konzept von Wissenschaft sich aus der Zugrundelegung dieser Prinzipien ergibt. Deshalb gehe ich zunächst noch einmal auf die bereits kurz behandelte Stelle aus der *Politeia* ein (522c-526c), um mich dann der Hypothesis des Eidos im *Phaidon* (99d-105b) zuzuwenden. Einige besonders wichtige Ergebnisse der Interpretation, die im Folgenden ermittelt werden sollen, möchte ich knapp vorweg benennen:

1. Platons Grundgedanke lässt sich durch die Formulierung „Nur Seiendes kann erkannt werden" wiedergeben. Dies meint aber nicht „Nur Wirkliches" bzw. „Nur Existentes kann erkannt werden.", sondern: „Nur unterscheidbar Bestimmtes kann erkannt werden." Erkennbar ist nach Platon nur, was dem Kriterium der Einheit genügt, was als ein Eines gedacht werden kann, was aus dem immer vorausgesetzten Begriff der Einheit als eine Möglichkeit von Einheit entwickelt werden kann.

2. Der „Aufstieg der Erkenntnis", d.h. der Weg von einer mangelhaften zu einer vollen Leistungsfähigkeit der Erkenntnisvermögen, besteht nach Platon nicht in der Wendung von einer Art äußerer Gegenstände zu einer anderen Art äußerer Gegenstände (etwa von den widersprüchlichen Gegenständen der Sinneswahrnehmung zur Schau der immer gleichbleibenden Ideen). Der Aufstieg liegt vielmehr im Denken selbst und besteht im Übergang von Erkenntnisvermögen, die ihre Prinzipien nur anwenden, nicht aber reflektieren (dies ist besonders im Bereich des sinnlichen Meinens der Fall), zu Erkenntnisvermögen, die ein genaues Wissen um ihre Prinzipien haben, und zwar sowohl in formaler als auch in inhaltlicher Hinsicht, und die diese Prinzipien daher richtig, bewusst und kritisch begründet anwenden (dies ist besonders im Bereich des Intellekts der Fall).

3. Wenn Platon sagt, dass verschiedene Erkenntnisvermögen Verschiedenes erkennen, dann meint er dies nicht in dem Sinn, dass etwa das Wissen eine Gegenstandsklasse, die Meinung eine andere erfasse. Er meint vielmehr, dass die verschiedenen Erkenntnisvermögen denkbare „Inhalte" in einer je verschiedenen Weise unterscheiden.

2. Die Zahl als Erkenntniskriterium

Nach der metaphorischen Beschreibung des Auf- und Abstiegs der Seele im Höhlengleichnis erläutert Sokrates zu Beginn des siebten Buches der *Politeia* dem Glaukon, welche Bedeutung dieses Bild für das Verständnis der Art, wie das Denken sichere Erkenntnis erwirbt, hat. Dieser Erwerb nämlich geschehe nicht so, wie manche glaubten, dass der Seele Wissen eingegeben werde, als ob man blinden Augen das Sehvermögen einsetzte.[221]

Das Vermögen, durch das ein jeder die Fähigkeit zu genauer Erkenntnis habe, und das entsprechende körperliche Organ, besitze vielmehr jeder, nötig aber sei die richtige Methode (*téchne*), dieses Vermögen – wie man ein Auge aus dem Dunkeln ins Helle richte – vom Werdenden abzuziehen, bis es das Seiende und das Hellste des Seienden zu erkennen vermöge.[222]

Voraussetzung für diese methodisch richtige Lenkung des Erkenntnisvermögens ist nach Sokrates eine bestimmte inhaltliche Erkenntnis, eben jenes *koinón máthema* jener Erkenntnisinhalt, von dem er behauptet, dass man bei jeder Art von Erkennen von ihm Gebrauch mache,[223] von dem er aber zugleich sagt, dass sich seiner keiner in der richtigen Weise bediene, obwohl es auf jede Weise zur *nóesis*, zur reinen Vernunft und zum Sein hinführe.[224]

Diese Rede vom Gebrauchmachen und sich des Gebrauchten doch nicht richtig bedienen, zielt, wie das Folgende genauer belegen wird, auf den Unterschied eines impliziten und eines expliziten Gebrauchs von dem Axiom, dass nur Seiendes erkennbar ist.

Implizit hält man sich bereits bei der Wahrnehmung an dieses Axiom, sofern man auch das Wahrnehmbare als etwas bestimmt Unterschiedenes zu erfassen sucht. Explizit aber kann dieser Gebrauch erst genannt werden, wenn in kritischer Reflexion auf dieses in allem Erkennen (als gültig) vorausgesetzte Axiom erkannt wird, dass es das in jeder Denkhandlung Vorausgesetzte ist, und welche genaue Bedeutung es hat.

Diesen zweiten Aspekt deutet Sokrates an, wenn er sagt, das *koinón máthema* (die communis scientia), das jeder notwendig zuerst erlernen müsse, erfordere nur dies Geringe, eins, zwei, drei zu unterscheiden.[225]

Im Sinne der Forderung, dass man eins, zwei, drei nicht verwechseln dürfe, können diesen Unterschied natürlich schon Kinder machen und können von dem in dieser Weise Unterschiedenen auch bald schon beim Rechnen richtigen Gebrauch machen.

---

[221] S. Platon, Res publica VII, 518b6-c2.
[222] Ebd. 518c4-d1; s. auch 518d3-19a6.
[223] Ebd. 521c1-523d4, v.a. 521d3f; 522c1-3.
[224] Ebd. 523a1-3.
[225] Ebd. 522c5-8.

Wenn es aber darum geht, zu erfassen, was diesen Unterschied ausmacht, handelt es sich nicht um ein Rechnen mit diesen Zahlen, sondern um die Frage, was die begrifflichen Bedingungen sind, auf die sich das Verständnis dieses Unterschieds stützt. So setzt man, wenn man die Zahlen 1, 2, 3 unterscheidet, z.B. als selbstverständlich voraus, dass jede von ihnen etwas Bestimmtes, mit sich Identisches, von der anderen Verschiedenes, als Zahl aber mit jeder anderen Gleiches ist, also muss man, wenn man diesen Unterschied aus kritisch-reflexivem Wissen um das, was man beim Zählen tut, erfassen will, sich um die Erkenntnis dessen, was unter Selbigkeit, Verschiedenheit, Gleichheit genau gemeint ist, bemühen.

Der Zusammenhang dieses Wissens um die Erkenntnisbedingungen der Zahl mit der kritischen Reflexion auf die Bedeutung des Axioms, dass nur Seiendes erkennbar ist, liegt darin, dass das, was bei allem Begreifen des Seins als das schlechthin nicht mehr weiter „Hintergehbare" vorausgesetzt wird, die Einheit ist. Was nicht wenigstens in irgendeiner Hinsicht etwas Eines ist, kann auch nicht gedacht werden.

Sofern die Zahlen aber immer und nur als Einheiten gedacht werden, d.h. als nichts anderes als verschiedene Weisen, wie etwas als ein Eines begriffen werden kann, werden in der Dimension der Erkenntnisbedingungen der Zahl am exaktesten und reinsten die Erkenntnisbedingungen des Seins überhaupt begriffen.

Das ist der Grundsinn der Behauptung, dass der Begriff der Zahl das Erste und Allgemeinste ist, wovon jede Art von Erkenntnis Gebrauch macht.

3. Der Zweifel als Stimulus der Selbstreflexion des Denkens: Entdeckung der Grundkriterien des Erkennens

Der Weg, auf den man zu diesem Begreifen der Erkenntnisbedingungen der Zahl gelangt, beginnt nach Sokrates mit dem Bemerken der Aporie (dubium, Zweifel) in die das Denken durch die Konfusion des sinnlich Gemeinten gerät.[226] Denn diese Aporie belehrt das Denken über die grundlegende Bedingung, an der es sich notwendig bei allem Erkennen orientiert, indem sie das Denken darüber aufklärt, dass es bei Aufhebung dieser Bedingung überhaupt nichts mehr zu erkennen vermag.

Die Einsicht (*énnoia*),[227] derer das Denken durch das Gewahrwerden der Aporie, in der es sich befindet, inne wird, wird von Sokrates daher als ein *máthema* (Erkenntnisinhalt) bezeichnet, das von der *aísthesis* (Wahrnehmung) zur *nóesis* (Intellekt) hinführe[228] und dadurch zugleich ein *helktikón pantápasin prós ousían*, etwas, was in jeder Weise zum Sein hinziehe, sei.[229]

---

[226] Ebd. 523a5ff.
[227] Ebd. 524e5.
[228] Ebd. 523a1-3.
[229] Ebd. 521d3-4.

Besonders wichtig und festzuhalten bei der Interpretation des Folgenden scheint mir an dieser Aussage des Sokrates, dass der Übergang vom Werdenden zum Sein hier als ein Übergang innerhalb der verschiedenen Erkenntnisvermögen der *psyché*, von der *aísthesis* (Wahrnehmung) hin zur *nóesis* (Intellekt, Denken) beschrieben wird, also ein Übergang, der gegründet ist auf eine kritische Reflexion auf die Leistungen (*érga*) der verschiedenen Vermögen (*dynámeis*) der Seele – wobei Seele hier offenkundig Ausdruck für die Einheit des in seinen verschiedenen Vermögen tätigen erkennenden Subjekts ist – und nicht etwa nur auf eine Umwendung des Blicks von einer Art äußerer Gegenstände, den Gegenständen der Sinne, auf die Idee als eine andere Art von Gegenständen.

Die konfusen Gegenstände der Wahrnehmung sind, wie das folgende genauer zeigen wird, überhaupt nicht die äußeren Sinnesdinge, sondern es sind von der *aísthesis* erzeugte Erkenntnisgegenstände, Gegenstände, die die Seele aufgrund des unmittelbaren sinnlichen Wissens zu haben *meint*, von denen sie aber aufgrund der Beurteilung des sinnlichen Wissens durch *logismós* und *nóesis*, durch Ratio und Intellekt, erkennt, dass sie gar nicht etwas Bestimmtes und in diesem Sinn überhaupt noch keine Gegenstände für das Denken sind, sondern eine erst zu differenzierende Mannigfaltigkeit, die sich nur als sinnliche Erscheinung dem Denken als eine gegebene Einheit darbietet.

Dass dies keine Überinterpretation des Textes ist, lehrt gleich die erste Unterscheidung, an der Sokrates Glaukon begreiflich machen will, was für eine Art von *máthema* (Erkenntnisinhalt) er im Sinn habe.[230] Diese Unterscheidung ist nämlich eine Unterscheidung innerhalb zweier verschiedener Leistungen der Wahrnehmung: Es geht um die Frage, ob es bei dem von der Wahrnehmung Erfassten einen Punkt gibt, wo die Wahrnehmung ohne die Mitwirkung höherer Urteilsinstanzen überhaupt nichts Gesundes mehr leistet, wie Sokrates sagt.[231]

Diese Frage versteht Glaukon in bezeichnender Weise falsch. Er meint nämlich, Sokrates ziele auf den Unterschied zwischen korrekten und täuschenden Sinneswahrnehmungen und sehe den Defekt der Wahrnehmung z.B. darin, dass sie von ferne Gesehenes falsch darstellt,[232] also etwa, dass sie an sich viereckige Türme rund erscheinen lässt. Dieses Missverständnis gibt Sokrates Gelegenheit zu präzisieren, dass er einen grundlegenderen Defekt der Wahrnehmungsleistung im Auge hat: nicht ob die Wahrnehmung bisweilen trügt, ist die Frage, sondern ob das, was das Denken unmittelbar aus der Wahrnehmung entnehmen kann, überhaupt hinreichende Bedingungen zu einem korrekten Urteil über das Wahrgenommene bietet, und zwar auch dann, wenn die Wahrnehmung untrüglich und exakt wiedergibt, was sich ihr darbietet.[233]

---

[230] Ebd. 523a5-c8.
[231] Ebd. 523b3-4: τῆς αἰσθήσεως οὐδὲν ὑγιὲς ποιούσης.
[232] Ebd. 523b5-6.
[233] Ebd. 523b7-c8.

Diese Erklärung, die Sokrates seinem Mitunterredner gibt, verweist auf eine Singularität der Problemstellung, um die es ihm geht. In der Antike gab es ebenso wie in der Neuzeit, etwa bei Descartes, eine breite Diskussion über die Frage, ob wir uns auf unsere Sinne überhaupt verlassen können oder ob wir nicht auf vielfältige Weise von ihnen getäuscht werden. Viele dieser vermeintlichen Sinnestäuschungen beruhen, wie die Diskussion der Argumentationsweise der antiken Skepsis gezeigt hat (s. oben S. 52 ff.) auf einer Überforderung der Wahrnehmung. Wer den Sehsinn anklagt, weil er uns ein und denselben Taubenhals bald rot, bald grün zeige, verlangt von ihm, was er gar nicht leisten kann. Denn es ist Sache einer komplexen wissenschaftlichen, viele Erkenntnisvermögen aktivierenden Untersuchung, die Gründe für die unterschiedliche Lichtbrechung am Taubenhals zu ermitteln. Die Leistung des Sehsinns wird durch diese skeptische Beurteilung in ihrer eigenen Aktivität gar nicht beachtet, denn nur weil das Auge zuverlässig den Taubenhals in der einen Situation rot und der anderen grün sieht, wissen wir überhaupt von der angeblichen Sinnestäuschung.

Wenn man die spezifische Leistung der Sinneswahrnehmung richtig beurteilen will, darf man nicht mit Erfahrungsformen einsetzen, bei denen neben der Sinneswahrnehmung noch andere Erkenntnisleistungen mitwirken, sondern man muss die Sinneswahrnehmung in ihrer eigenen Dimension untersuchen und in ihrer eigenen Leistungsfähigkeit, und zwar nicht dort, wo sie geschwächt oder gestört ist, sondern wo sie leistet, was sie leisten kann.

Deshalb strebt Sokrates, wie er sagt, keine Kritik möglicher Sinnestäuschungen an, sondern eine Analyse der exakten Wahrnehmung. Was leistet die Wahrnehmung dort, wo sie ihre Aufgabe korrekt erfüllt? Diese Frage ist identisch mit der Frage nach einer korrekten Umgrenzung der Wahrnehmungsleistung und der dadurch möglichen Abgrenzung gegenüber den Leistungen anderer Erkenntnisvermögen.

Diese Abgrenzung wird im common sense und der sich auf ihn stützenden Skepsis meistens gar nicht beachtet. Man glaubt, dass uns die Wahrnehmung grundsätzlich die Dinge, auf die wir unsere Sinne richten können, erkennbar macht. Deshalb fällt, wie Sokrates sagt, den meisten gar nicht auf, dass die Wahrnehmung dabei nicht nur in einigen Sonderfällen der Täuschung, sondern grundsätzlich und auch wenn sie exakt ist, ‚nichts Gesundes leistet'.

Sokrates' Beispiel ist: Wenn man aus der Nähe, d.h. in einer als untrüglich vorausgesetzten Wahrnehmung, drei Finger wahrnimmt, ihre Gestalt und Farbe mit dem Auge, ihre Härte und Weichheit mit dem Tastsinn usw., dann kann es ja so erscheinen, als ob die Wahrnehmung durchaus genüge, das, was einen Finger zum Finger macht, zu unterscheiden.

Denn auch, wenn der Finger in verschiedener Lage, in Relation zu Verschiedenem, zu verschiedenen Zeiten oder mit verschiedenen Eigenschaften wahrgenommen wird, er wird doch immer gleich als Finger erscheinen und niemals wird etwa das Auge den Finger zugleich auch als Nichtfinger darstellen.[234]

---

[234] Ebd. 523c11-e1.

Der methodische Weg zur Abgrenzung der Wahrnehmung ist also die Suche nach Widersprüchen. Solange uns die Wahrnehmung keinen Anlass zum Zweifel gibt, weil sie uns ein und dasselbe nicht bald so, bald anders zeigt, gibt es keinen Grund, ihre Leistungsfähigkeit für begrenzt zu halten. Bei den üblichen Alltagswahrnehmungen fallen diese Grenzen, wie Sokrates sagt, den meisten nicht auf (obwohl sie auch da ihre Wirkung tun, etwa wenn man meint, Sokrates an seiner Physiognomie erkennen zu können).[235]

Deshalb wendet sich Sokrates einer besonderen Gruppe von Wahrnehmungen zu – einer Gruppe, die in den Platonischen Dialogen häufig eine besondere Rolle spielt: den Eigenschaften, die etwas nur in Relation zu etwas anderem hat: Größe, Gleichheit, Härte, Weichheit, usw.

Bei diesen Wahrnehmungen entstehe notwendig ein Zweifel, wie Sokrates in einer bis in die neueste Forschung wegen ihrer angeblichen logischen Unzulänglichkeit kritisierten Argumentation dem Glaukon zu erklären versucht. Für das Auge etwa werde eine Verschiedenheit der Relation oder der Lage nicht mehr gleichgültig sein, wenn es die Größe und Kleinheit der Finger zu sehen suche, sondern es werde sich ihm in einem solchen Fall eben das, was es als groß sieht, auch als klein darstellen, und ebenso werde der Tastsinn das Harte als weich und das Dicke auch als dünn der Seele „melden", und so die Seele in Aporie bringen, als was denn nun diese Wahrnehmung das Harte anzeige, wenn sie ein und dasselbe auch weich nenne, so dass die Seele *logismós* und *nóesis*, Verstand und Vernunft, zur Prüfung beiziehen müsse, ob das Verschiedene, das ihr die Wahrnehmung als ein Eines darstellt, tatsächlich eines oder zwei ist.[236]

Dass das, was Sokrates hier beschreibt, tatsächlich eine Aporie ist, akzeptiert Glaukon zum Erstaunen der meisten neueren Interpreten ohne Nachfrage, während uns an dieser Argumentation nahezu alles fraglich scheint.[237]

Was für ein Widerspruch soll darin liegen, dass das Auge den Ringfinger in Relation zum Mittelfinger als klein, in Relation zum kleinen Finger als groß sieht? Hat nicht Platon selbst erst wenige Seiten vor dieser Stelle explizit formuliert, dass zum

---

[235] S.u. S. 145ff.
[236] Ebd. 523e3-524b5. Diese Formulierung findet sich noch bei Descartes. S.o. S. 50, Descartes, Med. sec. resp., AT 132f. Bei Descartes passt sie nicht mehr, weil er an viele Veränderungsmöglichkeiten, nicht nur an zwei denkt. Vielleicht kann man dies zu Reckt als Zeichen einer immer noch fortbestehenden, indirekten Abhängigkeit von einer einmal exemplarisch formulierten Position nehmen.
[237] Im Unterschied zur neueren Platonforschung beurteilt noch Nicolaus Cusanus, der diese platonische Stelle in „Idiota de mente" fast wörtlich paraphrasiert, Platons Argumentation als „subtilis", d.h, als logisch konzise – ein Urteil, in dem er vor allem den antiken Mathematikern folgt, die in dieser platonischen Stelle immer wieder den methodischen Ausgangspunkt und die Grundlegung einer „mathesis universalis" gesehen haben (s. Nicolaus Cusanus, Idiota de mente IV, 79, Op. omn. vol V, ed. R. Steiger, Hamburg 1983, 120. Zur Rezeption dieser Stelle bei den griechischen Mathematikern s.o. S. 7 mit Anmerkungen 21-23.

Nachweis des Widerspruchs gehört, dass er *katá tautón kaí prós tautón*, in Bezug auf dasselbe und in Relation zu demselben, besteht?[238] Warum behandelt Platon Relationen wie Größe und Kleinheit genauso wie Eigenschaften der Finger?[239] Und soll man etwa daraus, dass die Wahrnehmung den Finger nur in widersprüchlicher Weise als dick auffaßt, den Schluss ziehen, einen wirklich dick seienden Finger könne es für Platon in dieser sinnlichen Welt gar nicht geben, wirklich dick sei nur die Idee der Dicke selbst?[240]

---

[238] S. Platon, Res publica 436b8-9. Dass Platon, wenn er aus der Widersprüchlichkeit des „vielen Schönen, Großen, Gleichen etc." den minderen Seinsrang der Sinnesdinge gegenüber der Idee herleitet, den Satz vom Widerspruch aus einer ungenügenden theoretisch-reflexen Kenntnis der Logik heraus falsch anwende, ist eine weitverbreitete Überzeugung unter den Platonerklärern. S. z.B. D. Ross, Plato's theory of Ideas, Oxford 1951, 38; G. Vlastos, Degrees of Reality in Plato, in: New Essays an Plato and Aristotle, ed. by R. Bambrough, London 1965, 1-20; G. Patzig, Platons Ideenlehre, kritisch betrachtet, Antike und Abendland 16, 1970, 113-126. Vielfach wird daher sogar Platons Formulierung des Widerspruchsaxioms überhaupt nicht als Formulierung eines logischen Gesetzes (Law of Contradiction) anerkannt, sondern lediglich als Aufstellung eines (nur ontologischen) Prinzips von Gegensätzen (s. z.B. R. Robinson, Plato's Separation of Reason from Desire, Phronesis 16, 1971, 38-48). S. zu diesem ganzen Fragenkomplex und zur Auseinandersetzung mit der Forschung Verf. (1973) v.a 98-101, 187f. Eine ungenügende Beherrschung der Logik bei der Feststellung von Widersprüchen wird Platon unausdrücklich allerdings auch von den meisten der Erklärer unterstellt, die glauben, er habe in Bezug auf die Sinnesdinge eine radikale „Flußlehre" vertreten. S. dazu v.a. H. Cherniss, The Relation of the Timaeus to Plato's Later Dialogues, American Journal of Philology 78, 1957, 255-266 (= R.E. Allen, Studies in Plato's Metaphysics, 339-78), der glaubt, Platon habe die „flux theory" für Gegenstände der Wahrnehmung deshalb aufgestellt, um davon die Idee als den einzigen Gegenstand, auf den sich der Satz vom Widerspruch wirklich anwenden lasse, abzusetzen. S. ähnlich z.B. auch J. Brentlinger, Incomplete Predicates and the Two-world Theory of the Phaedo, Phronesis 17, 1972, 116-151; ders., Particulars in Plato's Middle Dialogues, Archiv für Geschichte der Philosophie 54, 1972, 116-151, v.a. 124-138 (u.v.a.).

[239] Auch die Feststellung, Platon habe Eigenschaften und Relationen, einstellige und mehrstellige Prädikate noch nicht logisch zureichend unterscheiden können, gehört zu den grundlegenden Einwendungen neuerer Platon-Kritik. S. z.B. R.C. Cross und A.P. Woozley, Plato's Republic, A Philosophical Commentary, London and Basingstoke 1964, 152-165; G. Patzig (1970), 37-40; D. Ross (1951), 37-40. Dass gerade Platons logische Analyse von Relationen (die Platon als Relativa deutet) hochdifferenziert ist und Probleme behandelt, die auch heute keineswegs als gelöst gelten können, zeigt dagegen überzeugend E. Scheibe, Über Relativbegriffe in der Philosophie Platons, Phronesis 12, 1967, 28-49. Zu Platons Behandlung von Relativa und Relativideen s. auch Verf. (1973), 233-236.

[240] Die evidente Absurdität der Konklusion hat Platon keineswegs davor bewahrt, dass ihm die Auffassung zugeschrieben wurde, die Idee sei das einzig vollkommene Element der von ihr designierten Klasse von Dingen, ein „perfect standard" oder idealer Gegenstand also, der in lediglich vollkommener Weise eben das sein soll, was dem an der Idee Teil-

Ich glaube nicht, dass die in diesen Fragen aufgeworfenen Probleme etwas mit der Aporie zu tun haben, deren Unumgänglichkeit Sokrates dem Glaukon einsichtig machen will. Sie alle gehen davon aus, Platon sehe einen logischen Widersinn darin, dass Sinnesdinge in verschiedener Hinsicht, verschiedener Relation oder Zeit von widersprüchlichen Attributen bestimmt sein können. Dies liegt von einem nachcartesianischen Begriff des Verhältnisses von Ding und Eigenschaft zwar nahe und entspricht auch dem Problem, das Descartes bei der sinnlichen Erkenntnis gegeben sah, etwa wenn Descartes formuliert, dass den Sinnen ein und dasselbe Ding unter verschiedener Gestalt, an verschiedenen Orten, auf verschiedene Weise verschieden, als etwas immer wieder anderes, erscheint.[241]

Dass dies nicht das Problem ist, von dem Sokrates spricht, geht allerdings aus dem Text klar hervor:

Erstens sagt Sokrates ausdrücklich, dass in der Regel die Wahrnehmung ausreiche, den sinnlichen Gegenstand selbst trotz der Vielfalt seiner Erscheinungsweisen in seiner Identität festzuhalten;[242] zweitens formuliert Sokrates die Aporie, die der Seele bei dem Versuch, die Konfusion der Sinneswahrnehmungen zu beurteilen, entsteht, nicht im Sinne der cartesianischen Frage, wie denn ein und dasselbe immer wieder anders erscheinen könne, sondern er sieht sie genau umgekehrt darin, dass die Wahrnehmungen Verschiedenes, ja Gegensätzliches als ein Eines, wie ein und denselben Gegenstand erscheinen lassen.[243]

Während es also bei Descartes und der späteren Bewusstseinsphilosophie die Aufgabe des Intellekts ist, die Einheit des mannigfaltig Erscheinenden fest – und –

---

habenden nur relativ und widersprüchlich zukommt. Die logischen Probleme, die sich Platon mit diesem Ideenverständnis geschaffen hätte, wären freilich für eine konsistente Unterscheidung der Seinsweise von Idee und Ideeiertem schlechthin verhängnisvoll, wie die Diskussion um die sogenannte Selbstprädikation der Idee bei Platon zur Genüge beweist. S. dazu v.a. die Arbeiten von G. Vlastos, The Third Man Argument in the „Parmenides", Philosophical Review 63, 1954, 319-349 (= Allen, Studies in Plato's Metaphysics, New York 1965, 231-264); ders., „Self-Predication" in Plato's Later Period, Philosophical Review 78, 1969, 74-78; ders., A Note on „Pauline Predications" in Plato, Phronesis 19, 1974, 95-101; Vlastos' These ist inzwischen Gegenstand heftiger Kontroversen geworden. S. v.a. W. Sellars, Vlastos and the Third Man, Philosophical Review 64; 1955, 405-437; R.S. Bluck, The Parmenides and the „Third Man", Classical Quarterly N.S. 6, 1956, v.a. 29-30; P.T. Geach, The Third Man Again, Philosophical Review 45, 1956, 72-82 (= Allen, Studies in Plato's Metaphysics, New York 1965, 265-277); G. Vlastos, Postscript to the Third Man: A Reply Mr. Geach, Philosophical Review 65, 1956, 83-94 (= Allen, Studies in Plato's Metaphysics, New York 1965, 279-291); J.M.E. Moravcsik, The „Third man" Argument and Plato's Theory of Forms, Phronesis 3, 1963, 50-62.

[241] S. Descartes, Med. sec. resp., AT 132f.
[242] S. Platon, Res publica 523d3-6.
[243] S. ebd. 524a1-b5.

in Hegels Worten – die Sophisterei der Wahrnehmung abzuhalten,[244] die die verschiedenen, ja gegensätzlichen Eigenschaften des Tönenden und Tonlosen, Harten und Weichen usw. nicht als Wahrnehmung ein und desselben Wachses gelten lassen will, ist es bei Platon die Aufgabe des Denkens, die Einheit und Gegenständlichkeit des sinnlich Wahrgenommenen aufzulösen und zu zeigen, dass diese Einheit lediglich durch eine ungenügende Differenzierungsleistung des Erkennenden zustande gekommen ist, der das Zusammenwirken von Wahrnehmung und meinendem oder begrifflichem Denken bei der Erfassung eines den Sinnen vorliegenden Gegenstands nicht durchschaut.

Das, was durch den Nachweis der Widersprüchlichkeit aufgelöst wird, sind also auf keinen Fall die Sinnesdinge selbst, bestenfalls könnten es deren Eigenschaften sein, von denen Sokrates zeigen möchte, dass sie zugleich sind und nicht sind, was sie sind. Aber das ist nicht nur im Sinne unserer Logik, sondern auch im Sinne Platons undenkbar, denn – so demonstriert Sokrates im *Phaidon* an einem dem Fingerbeispiel der *Politeia* analogen Fall – es ist, wenn Simmias zugleich groß und klein ist, weder die Größe selbst klein, noch die Größe in Simmias, die ihm nur als Attribut relativ zur Kleinheit des Sokrates zukommt, sondern es ist Simmias, der groß in Relation zur Kleinheit des Sokrates und klein in Relation zur Größte des Phaidon ist.[245]

---

[244] S. G.F.W. Hegel, Phänomenologie des Geistes, hg. von J. Hoffmeister, Hamburg ⁶1952, 100. Die Gegensätzlichkeit der Auffassung von der Leistung der Wahrnehmung und der Bedeutung des Widerspruchs bei der Beurteilung des von der Wahrnehmung erfassten „Gegenstands" kommt bei Hegel besonders scharf und klar zum Ausdruck: „Ich werde also zuerst des Dings als Eines gewahr und habe es in dieser wahren Bestimmung festzuhalten; wenn in der Bewegung des Wahrnehmens etwas dem Widersprechendes vorkommt, so ist dies als meine Reflexion zu erkennen" (ebd. 95). Im Unterschied zu diesem radikalen Festhalten an der Einheit des in der Gewissheit des sinnlichen Meinens erfahrenen Gegenstands (s. dazu v.a. das Kapitel „Die sinnliche Gewissheit", ebd. 79-89), deren Gewissheit Hegel über die Evidenz der Unmöglichkeit des Widerspruchs stellt, gibt es bei Platon kein vergleichbares Vertrauen in das, wessen sich das Denken im sinnlichen Meinen unmittelbar gewiss zu sein glaubt, sondern er beurteilt die Zuverlässigkeit des unmittelbar Gemeinten vielmehr an der Evidenz der Unmöglichkeit des Widerspruchs. Ein wichtiger Grund für diesen Unterschied ist, dass Hegel mit Descartes und Kant Sinnlichkeit als ein primär rezeptives, passives Vermögen auffasst, dessen „Apprehensionen" erst durch den Einbruch der Reflexion verfälscht werden können (falls sie nicht unter der transzendentalen Synthesis der Apperzeption stehen) (s. G.W.F. Hegel, Phänomenologie des Geistes, 93f.), während nach Platon und Aristoteles die Wahrnehmung bereits selbst eine aktive Erkenntnisleitung vollbringt, deren Produkt daher, da es von einem endlichen Erkenntnisakt erzeugt ist, auch der Korrektur zugänglich ist. Zur Analyse der Wahrnehmung durch Aristoteles s. W. Bernard, Rezeptivität und Spontaneität der Wahrnehmung bei Aristoteles. Versuch einer Bestimmung der spontanen Erkenntnisleistung der Wahrnehmung bei Aristoteles in Abgrenzung gegen die rezeptive Auslegung der Sinnlichkeit bei Descartes und Kant, Baden-Baden 1988.

[245] S. Platon, Phaidon 102c10-e5. S. dazu Verf. (1973), 228-237.

Der von Sokrates tatsächlich gemeinte Widerspruch der Wahrnehmung wird erst sichtbar, wenn man beachtet, welche genaue Leistung Sokrates von der Wahrnehmung erwartet. Diese Leistung ist, ob das, was dem Auge selbst zugänglich ist, wenigstens dazu ausreicht, das Großsein des Fingers von seinem Kleinsein zu unterscheiden, und zwar in eben der Weise, wie man mit dem Auge an der Gestalt und der Farbe des Fingers den Finger von einem Nichtfinger unterscheiden kann.[246]

Auf diese Frage kann man unbedenklich die Antwort geben, dass das Auge das nicht leisten kann. Um wahrnehmend festzustellen, ob etwas groß, weich, dick usw. ist, muss sich die Wahrnehmung notwendig auf ein Einzelnes von bestimmter Gestalt, bestimmter Weichheit, Dicke usw. richten. So misst das Auge etwa die Größe des Ringfingers an seiner Länge, d.h. seiner bestimmten durch Farbe abgegrenzten Form, der Tastsinn fühlt die bestimmte Drucknachgiebigkeit des Fingerrückens und dergleichen. So korrekt und exakt diese Feststellungen aber auch sein mögen, als Erfahrungswerte für das, was das Großsein oder Weichsein von etwas ausmacht, sind sie untauglich. Denn wenn man sich an der Drucknachgiebigkeit des Fingerrückens orientieren wollte, um daraus einen Erfahrungswert für das Gefühl zu gewinnen, das einem zeigt, dass etwas weich ist, dann würde eben dieser Erfahrungswert als Erfahrungswert von Härte erscheinen, wenn man den Fingerrücken im Vergleich zum Fingerballen betasten würde. Analog ist es mit der Länge des Ringfingers, die das Auge als seine bestimmte Größe ‚sieht', denn es ist eben dieselbe Länge, die den Ringfinger im Vergleich mit dem Mittelfinger als klein erscheinen lässt.

Bei dieser Problemstellung ist der Hinweis, dass die Berücksichtigung der Relation oder Hinsicht den Widerspruch der Erfahrungswerte auflöse, wenig sinnvoll, denn wenn man wissen will, an welchem Erfahrungswert man das Groß- oder Weichsein von etwas feststellen kann, bedeutet die Tatsache, dass bei jeder Wendung des Blicks eine andere sichtbare Größe als groß gesehen, bei jeder Änderung der Hinsicht etwas anderes als weich gefühlt wird, nicht weniger, als dass es überhaupt keinen bestimmten Erfahrungswert gibt, an dem man sein Urteil über das Groß- oder Weichsein von etwas orientieren kann.

Lässt man sich die Frageperspektive nicht von einem (antiken oder modernen) common-sense-Denken diktieren, sondern folgt strikt der Platonischen Argumentation, die nach einem Abgrenzungsmerkmal sucht, durch das die Grenzen der Wahrnehmung identifizierbar werden, dann ergeben sich nicht die angeführten ‚kritischen' Probleme. Die Differenz, auf die der Widerspruch hinführen soll, ist die Differenz zwischen dem, was man sieht, wenn man etwas als groß (in Relation zu etwas anderem) ‚wahrnimmt', und dem, was man dabei nicht mehr Leistung der Wahrnehmung sein kann, sondern aus einer andern Erkenntnisquelle kommt. Die ‚Botschaft' des Sokrates ist dann: Man sieht eine bestimmte Ausdehnung, eine durch Farbe abgegrenzte Form, aber man sieht nicht das Großsein von etwas, das muss man begreifen. Denn das, was man tatsächlich sieht, etwa die bestimmte Länge des Ringfingers, ist zugleich das, woran man sich orientiert, wenn man etwas

---

[246] S. Platon, Res publica 523c1-524a1.

groß (in Relation zu dem einen) und wenn man es klein (in Relation zu anderem) nennt. Wenn ein Finger etwa zehn Zentimeter groß ist, müsste eben diese selbe Länge sowohl das Maß sein, an dem man feststellt, dass dieser Finger groß ist, als auch, dass er klein ist.

Dass dies unmöglich ist, weiß das Denken aus sich selbst und nicht aus der Wahrnehmung. Also setzt es voraus, dass man unter Großsein etwas Bestimmtes meinen muss, das nicht zugleich es selbst und nicht es selbst ist. Eine solche Meinung ist etwa, dass groß ist, was anderes überragt, etwa der Quantität nach, weil es mehr messbare Einheiten aufweist als das andere. Diese noch vorbegriffliche Meinung reicht hin, um alle Widersprüche der Wahrnehmung zu vermeiden. Wir nennen eine Maus groß, weil sie mehr quantitativ messbare Einheiten hat als ein Floh, und wir nennen sie klein, weil sie weniger als ein Elefant hat. Der Begriff des Großseins bleibt bei diesen Urteilen immer ein und derselbe. Man meint nicht, dass Großsein bald mehr, bald weniger Einheiten als etwas anderes hat, sondern es ist immer auf das quantitative Mehrsein begrenzt.

Das Ergebnis dieser Argumentation ist nicht, dass die Sinnesdinge nur in widersprüchlicher Weise groß, dick, hart usw. sind, so dass wir uns an eine ideale Welt des wirklich Großen, Dicken, Harten wenden müssen, wenn wir wissen wollen, was groß, dick, hart ist. Das Ergebnis ist vielmehr eine Aufklärung über die Zusammensetzung unserer vermeintlichen Wahrnehmungen. Sie enthalten, wenn man ihre Leistung nicht exakt beachtet, meist mehr als nur Wahrgenommenes, das wir aber von der Wahrnehmung nicht unterscheiden und deshalb in Widersprüche geraten.

a) Zur Unterscheidung des Bezugs auf äußere Gegenstände oder auf den inneren Gehalt von Wahrnehmung und Meinung

Für den Vergleich mit Descartes sollte aus der Argumentation zu Beginn des siebten Buches der *Politeia* deutlich geworden sein, dass das viele Schöne und zugleich Hässliche, Gerechte und Ungerechte, Große und Kleine, Weiche und Harte, Doppelte und Halbe usw., von dem in den Platonischen Dialogen immer wieder die Rede ist, nicht die äußeren sinnlichen Einzeldinge und deren Eigenschaften bezeichnet, sondern Produkte einer noch ungenügend differenzierten Erkenntnisleistung, also innere Gegenstände, Gegenstände des sinnlichen Meinens. Als Gegenstände der Meinung (*doxastón*, das ‚Meinbare') hatte Sokrates das viele Schöne, Doppelte usw., von denen ein jedes das, was es ist, ebenso sehr sei wie nicht sei und so am Sein und Nichtsein zugleich teilhabe, bereits im 5. Buch der *Politeia* beschrieben.[247]

---

[247] S. Platon, Res publica V, 478d5-479d5.

Das dort gebrauchte Beispiel von dem vielen Doppelten, das um nichts weniger halb als doppelt erscheine,[248] macht besonders klar begreiflich, was für Gegenstände es in den Augen Platons sind, die ständig in ihr eigenes Gegenteil umschlagen und sich so in einem Fluss der Erscheinungen befinden. Aristoteles spielt auf dieses Beispiel, in dem sich auch ein offenbar beliebter eristischer Fangschluss verbirgt,[249] im ersten Buch der *Metaphysik* bei der Behandlung der Pythagoreer an. Bei dem Versuch, zu einer begrifflichen Erfassung des Seienden zu kommen, seien die Pythagoreer zu oberflächlich vorgegangen. Sie hätten nämlich geglaubt, diejenige Instanz, in der ein Begriff zum ersten Mal am reinsten repräsentiert sei, sei bereits das Wesen der Sache. Das sei aber ungefähr so, wie wenn man das Doppeltsein und die Zwei für ein und dasselbe hielte, weil der Zwei zum ersten Mal das Doppeltsein zukommt. Es sei aber wohl nicht dasselbe, Doppeltsein und Zweisein.[250]

Der Fehler des sinnlichen Meinens ist also zu glauben, in der Zahl Zwei nicht nur ein Doppeltes, sondern einen realen Vertreter, eine Instanz des Doppeltseins selbst vor sich zu haben, an der man das begriffliche Sein von dem, was doppelt ist, unmittelbar ablesen könne. Wenn man das tut, dann wird allerdings tatsächlich ‚das' Doppelte ebenso sehr ‚das' Halbe sein, denn die Zwei ist ein besonderes Doppeltes, das Doppelte von eins. Wenn daher die Zwei direkt ablesbar machen soll, was man unter Doppeltsein versteht, dann kann man an diesem Doppelten auch ablesen, was ausmacht, dass etwas ein Halbes ist, denn die Zwei als ‚das' Doppelte ist zugleich die Hälfte von vier, also auch eine Instanz von ‚ein Halbes' oder gar ‚das Halbesein'.

Das Aporetische und Widersinnige des sinnlichen Meinens kommt also, um es noch einmal zu betonen, nicht daher, dass die Zwei nicht wirklich das Doppelte von eins, der Ringfinger nicht wirklich groß, der Fingerballen nicht wirklich weich ist usw. Der Fluss der Erscheinungen ist vielmehr Resultat einer Konfusion des sinnlichen Meinens, das in dem ihm empirisch unmittelbar Zugänglichen bereits die

---

[248] Ebd. 479b3-4. Auf die Bedeutung dieses Beispiels für die Widerlegung der These, auch Platon habe die sogenannte „Flusslehre" in Bezug auf die Sinnesdinge vertreten, hat J. Gosling, Republic, Book V: τὰ πολλὰ καλά etc., Phronesis 5, 1960, 116-128 aufmerksam gemacht. Es ist ja wohl ausgeschlossen, Platon die Meinung zu unterstellen, jedes Doppelte schlage ständig ausgerechnet in sein genaues Gegenteil um und sei unentwegt ebensosehr das Doppelte wie das Halbe. Goslings eigene These, Platon verstehe unter den πολλὰ καλά etc. „the many kinds of colour, shape etc., commonly held to be beautiful" (116), trifft allerdings auch kaum den Skopos der platonischen Argumentation. Der Fehler des sinnlichen Meinens ist nicht zu glauben, eine bestimmte Farbe sei schön, eine bestimmte Dicke (etwa eines Fingers) sei dick, – darin kann die *dóxa* vielmehr durchaus Recht haben –, sondern zu glauben, man habe an den durch empirisches Wahrnehmen feststellbaren Erfahrungswerten einer bestimmten Dicke, eines bestimmten Schönseins etc. bereits Erfahrungswerte, an denen sich erkennen (und etwa induktiv sammeln) lässt, was das Dick- oder Schönsein von etwas ausmacht.
[249] S. Aristoteles, Soph. Elench. 167a29f.
[250] S. Aristoteles, Metaphysica I, 5, 987a20-26.

Sache selbst erfassen zu können meint. Dieses so jeweils Gemeinte fließt, ist ebenso sehr es selbst wie nicht es selbst.

Auch die Beachtung der üblichen Beschreibung des vielen Doppelten und Halben, Schönen und Hässlichen, Großen und Kleinen bei Platon belegt, dass er auch mit seinem Fingerbeispiel zwei Absichten verfolgt:

1. Er will die Leistungen der Sinneswahrnehmung von dem unterscheiden, was wir ihr üblicherweise zutrauen, obwohl sie es nicht leistet.

2. Er will an den Schwierigkeiten der Sinneswahrnehmung zeigen, dass das Erkennen von Prinzipien geleitet wird, die alle Erkenntnisvermögen voraussetzen und anwenden, die aber nur die ‚höheren' Erkenntnisvermögen explizit erkennen, so dass sie mit ihrer Hilfe die scheinbaren Widersprüche der ‚niederen' Erkenntnisvermögen auflösen können.

Wenn man wissen will, ob das, was man sieht, ein Finger ist, kann man meinen, sich auf die Sinneswahrnehmung verlassen zu können. Dies ist allerdings nur ein vorläufiger Begriff von den eigentlichen Leistungen der Sinneswahrnehmung, denn dass das, was man sieht, ein Finger ist, kann man nicht allein der Sinneswahrnehmung entnehmen. Wenn man aber wissen will, ob das, was man sieht, groß oder klein ist, dann kann die Sinneswahrnehmung diese Frage offenkundig nicht mehr ohne fremde Hilfe beantworten. Denn der Gesichtssinn erfasst von dem Finger lediglich, dass er so und so gefärbt ist und diese bestimmte Länge hat. Wenn man nun einerseits die Ebene des Gesichtssinns nicht verlassen, andererseits aber eine Aussage über Größe und Kleinheit des Fingers treffen will, dann muss man sagen: Der Finger ist groß (z.B. im Verhältnis zur Länge eines kleineren Fingers), weil er diese bestimmte Länge hat, und er ist klein (z.B. im Verhältnis zur Länge eines größeren Fingers), weil er diese bestimmte Länge hat. Wenn also das, was man sieht, Ursache für Überragen und Überragtwerden sein soll, dann ergibt sich, dass dieselbe bestimmte Länge Überragen und Überragtwerden begründet, und das hieße, dass Größe und Kleinheit dasselbe wäre.

Wenn umgekehrt jemand sagt: „Alles was überragt, ist groß, der Finger überragt, also ist er groß", dann hat er die Ebene des Gesichtssinns verlassen, da sein Obersatz „Alles, was überragt, ist groß" keine sichtbare Gestalt hat, sondern unabhängig von jeder sichtbaren Größe auf jede sichtbare Größe anwendbar ist. Die konsequente Bildung eines Begriffs der Größe aus den Möglichkeiten des Gesichtssinnes führt also in den Widerspruch „Groß und Klein ist dasselbe." Diesen Widerspruch nimmt die Seele nicht hin, auch nicht, wenn sie sich im Bereich der Sinneswahrnehmung bewegt, sondern sie verlangt, dass „Groß" und „Klein" als geschieden gedacht werden, d.h. dass „Groß" und „Klein" ihrer sie konstituierenden Bestimmtheit nicht beraubt werden.

Der Widerspruch „Groß und Klein ist dasselbe" entspringt aber eben nicht der Sinneswahrnehmung, sondern einer falschen Zusammenarbeit von Sinneswahrnehmung und Urteilen: dem sinnlichen Meinen. Denn das Sehen sagte ja nicht: „Der Finger ist groß", sondern nur „Der Finger ist so und so lang", und dass diese bestimmte Länge Kriterium für Größe und Kleinheit sei, entsprang der falschen Meinung, das Gesehene liefere seinen Begriff gleich mit. Und ebenso ist das Äußere, auf das sich die Sinneswahrnehmung richtet, also der Finger, nach Platon nicht in widersprüchlicher Weise groß und klein, so dass man keine genauen Aussagen über seine Größe machen könnte. Der Finger ist vielmehr genau so lang, wie er eben ist, und er ist damit in einer Hinsicht groß (im Verhältnis zu Kleinerem), in einer anderen Hinsicht klein (im Verhältnis zu etwas Größerem). Platon meint nicht, dass durch die Zugrundelegung von Ideen die Einzeldinge zu logisch nicht fassbaren ‚Undingen' werden, sondern dass vielmehr eine präzise und widerspruchsfreie Aussage über das Einzelding durch die Zugrundelegung der Idee überhaupt erst möglich wird.

Ein widersprüchlicher Gegenstand ist lediglich ein falsches Produkt des Denkens, in diesem Fall: ein am Gesichtssinn orientierter Begriff von Größe.

Eine Deutung des Höhlengleichnisses ist das Fingerbeispiel dadurch, dass es das im Höhlengleichnis allgemein Gesagte am Verhältnis von Sehen und Denken vorführt und begrifflich präzisiert. Wir meinen, die Kriterien unseres Erkennens von außen (von der Höhlenwand) zu haben („Was groß und klein ist, weiß ich durch Erfahrung"), tatsächlich haben wir sie von innen („Größe und Kleinheit sind begrifflich genau geschiedene Sachverhalte, die ich voraussetze und die ich in jeder Erfahrung unterscheiden kann").

b) Die Meinung (*dóxa*) und ihre Gegenstände

Die platonische Analyse der Konfusion, in die das Denken gerät, wenn es unmittelbar an der ihm jeweils sinnlich gegebenen Einheit das Sein einer Sache erfassen zu können meint, gibt auch bereits wichtigen Aufschluss über das Verhältnis des für uns Früheren zu dem der Sache nach Früheren und macht bereits deutlich, dass es sich bei diesem Verhältnis nicht um eine Beziehung zwischen zwei voneinander unabhängigen Dimensionen, – einer ‚logischen' und einer ‚ontologischen' Dimension – handelt, sondern dass das der Sache nach Frühere implizit das schon im unmittelbaren sinnlichen Meinen Einheitsstiftende ist. Geleitet vom Blick auf diese Sacheinheit her fasst bereits das sinnliche Denken das von ihm unterschiedene ‚Material' trotz seiner ‚Mannigfaltigkeit', ja Widersprüchlichkeit als ein bestimmtes Eines (Großes, Dickes, Weiches etc.) auf.

Das sinnliche Meinen aber, da es auf das von ihm vorausgesetzte einheitliche Sein der Sache selbst nicht achtet, verwechselt diese Sacheinheit mit dem undifferenzierten Ganzen, das die Wahrnehmung und Vorstellung erzeugen. Aufgabe eines kritischen Denkens ist daher, diese sachliche Einheit als das, was sie von ihr selbst her ist, aus dem Konfusum des sinnlich Gesamten herauszulösen. Möglich wird diese Analysis erst durch den Zweifel, durch die Aufdeckung der Aporie des sinnlichen Meinens, denn sie erst klärt darüber auf, dass man sich gar nicht unmittelbar an Erfahrungswerten orientiert, wenn man etwas groß, weich, doppelt oder auch etwa Angler nennt, sonst läge man ja ständig mit sich selbst (d.h. mit dem, was man gerade für groß, weich etc. gehalten hat) in Widerspruch, sondern man beurteilt diese Erfahrungswerte von einem Begriff der Größe, Weichheit, des Doppelseins etc. her, etwa, dass groß ist, was anderes der Quantität nach überragt,[251] dass man beim Doppeltsein auf das Überragen um dasselbe hinsieht[252] usw.

Bereits das sinnliche Meinen ist also, obwohl es ganz und nur nach außen zu blicken meint, bei seinem Urteil unvermerkt von einem „Inneren" geleitet, das es in der (äußeren) Erfahrung gar nicht (als es selbst) vorfindet, von dem her es aber überhaupt erst zur bestimmten Unterscheidung des Wahrgenommenen fähig ist.

Dieses über sich selbst unaufgeklärte Tun des bloßen Meinens vergleicht Sokrates im fünften Buch der *Politeia* mit dem Zustand des Träumens. Wie man im Traum ein bloßes Vorstellungsbild für die Sache selbst nimmt, hält man beim (sinnlichen) Meinen das, was etwas Bestimmtem nur ähnlich ist, nicht für ähnlich, sondern für die Sache selbst,[253] während ein wirklich erkennendes, „waches" Begreifen sich dadurch auszeichne, dass es die Sache selbst, z.B. das Doppeltsein selbst, von dem, was durch es nur bestimmt ist, etwa die Zwei, unterscheidet und beides nicht miteinander verwechselt (konfundiert).[254]

Von Platons Analyse des sinnlichen Meinens her lassen sich diese Aussagen verstehen, ohne dass man den Anstoß an ihnen nehmen muss, wie ihn viele neuere Erklärer für unvermeidbar hielten.[255]

Es scheint ja, als ob Platon elementare logische Sachverhalte noch nicht bekannt gewesen wären, wenn er meint, Wissen und Meinen hätten je verschiedene Gegenstände und es bedürfe einer Wendung des Denkens von einer Art zu einer anderen Art von Gegenstand, wenn man Meinung in ein Wissen verwandeln wolle, wo man doch offenkundig sehr wohl über ein und denselben Gegenstand sowohl im Zustand des Meinens wie des Wissens sein kann.[256]

---

[251] S. Platon, Phaidon 102b8-d4; Aristoteles, Metaphysica 1021a3f.

[252] S. Aristoteles, Topica 147a30f.; Für diesen Begriff, von dem man immer schon Gebrauch macht, auch wenn man meint, sich nur an Wahrgenommenem zu orientieren, sind die Verschiedenheiten, ja Gegensätze der Wahrnehmung gleichgültig, da von ihm her eine zunächst als klein beurteilte Länge korrekt auch als groß beurteilt werden kann, eben dann, wenn sie die Bedingungen des Begriffs erfüllt, d.h. anderes überragt. In der Sprache des Nicolaus Cusanus wird das später heißen, dass in den Begriffen (conceptiones) der ratio die Gegensätze des Sinnes zusammenfallen (de coni. VII, 28), – eine coincidentia, die also nicht zu einer spekulativen Aufhebung des Widerspruchssatzes führt, sondern im Gegenteil durch das konsequente Festhalten an der unumstößlichen Sicherheit dieses Axioms zur Auflösung der Widersprüchlichkeit der sensibilia in der ratio (und von dort aus auch zur Auflösung des Widerspruchs des (bloß) Rationalen im Intellekt).

[253] S. Platon, Res publica 476c2-8.

[254] Ebd. 476c9-d7.

[255] S. dazu Verf (1973), 189-207 (dort auch eine Auseinandersetzung mit der Forschung).

[256] S. z.B. A. Graeser, Platons Auffassung von Wissen und Meinung in Politeia V, Philosophisches Jahrbuch 98, 1991, 365-388; zu Recht weist G. Fine, Kowledge and Belief in

Gegen diese plane Einsicht verstößt Platon aber nicht. Der Gegenstand, von dem man Meinung oder Wissen besitzen kann, ist vielmehr im Sinne dieses (neuzeitlichen) Gegenstandsbegriffs auch für Platon ein und derselbe: der Finger in seiner bestimmten Größe, Weichheit, die Zahl Zwei in ihrer Eigenschaft, das Doppelte von eins zu sein usw. Es ist ja sogar eine ausdrückliche Prämisse seiner Argumentation, dass die Wahrnehmung die bestimmte Größe oder Weichheit (usw.) des Fingers korrekt wahrnimmt;[257] dass die Zwei das Doppelte von eins ist, darf wohl auch ohne philologische Begründung als Platonische Lehrmeinung gelten.

Nicht dasselbe aber ist der *Inhalt* der Meinung und des Wissens über die Größe des Fingers oder das Doppeltsein der Zwei. Denn die sinnliche Meinung hält ja die bestimmte Länge des Fingers für das, was sein Großsein ausmacht. Das Großsein kommt dieser Länge aber nur unter einem bestimmten Aspekt zu, sofern sie nämlich als eben diese Länge die Bedingung des Überragens einer anderen Länge erfüllt. Das bedeutet, dass der Gegenstand des sinnlichen Meinens einerseits viel *mehr* enthält, als das, was es selbst als Gegenstand zu haben meint. Denn man glaubt ja im sinnlichen Erfassen der bestimmten Fingerlänge etwas Großes zu sehen, das tatsächlich Gesehene zeigt in seiner sinnlich gegebenen Einheit aber über den Aspekt des Großseins dieser Länge noch vieles mehr ununterschieden mit an, etwa dass diese Länge ein Finger, etwas Gerades, ein Quantum, etwas Gefärbtes, und sogar, dass es etwas Kleines und vieles andere mehr ist. Andererseits enthält dieser Gegenstand viel *weniger*[258] als ihm das sinnliche Meinen mit dem Prädikat „groß" zuspricht. Denn er zeigt nur eine Möglichkeit, wie etwas groß sein kann, gibt nicht an, ja behindert sogar die Einsicht, dass etwas groß auch unter ganz anderen Bedingungen sein kann.[259]

Republic V, Archiv für Geschichte der Philosophie 60, 1978, 121-139, darauf hin, dass man in diesem Text den Unterschied zwischen dem äußeren Gegenstand und dem Wissensinhalt (contents of knowledge) beachten müsse. In welchem Sinn dieser Wissensinhalt tatsächlich als der eigentliche Gegenstand des Meinens verstanden werden kann, versuche ich im Folgenden zu klären und auch gegen die Kritik von C. Horn, Platons epistêmê-doxa-Unterscheidung und die Ideentheorie, in: O. Höffe (Hg.), Platon, Politeia, Berlin 1997, 291-312, abzugrenzen.

[257] S. Platon, Res publica 523b5-c9.
[258] Wie Platon die Gegenstände der *dóxa* immer wieder durch das gleichzeitige „Mehr und Weniger" charakterisiert, verfolgt überzeugend über die frühen, mittleren und späten Dialoge hin H. Gundert, Perspektivische Täuschung bei Platon und die Prinzipienlehre, in: ders., Platonstudien, Amsterdam 1977, 160-177 (= Zetesis, Festschrift E. de Strycker, Antwerpen/Utrecht 1973, 80-97). Zur Bedeutung des μᾶλλον καὶ ἧττον in der indirekt überlieferten Prinzipienlehre Platons (einschließlich ihres Niederschlags in den Dialogen) s. v.a. H.J. Krämer, Arete bei Platon und Aristoteles, Heidelberg 1959, v.a. 161, 186, 191, 164, 331, Anm. 168 (170).
[259] Darüber aufzuklären, dass die *dóxa* die Tendenz hat, das, was sie als so oder so beschaffen wahrnimmt und deshalb mit dem Prädikat „… ist groß, … ist schön, … ist gleich" usw. benennt, unmittelbar für das zu nehmen, was das Großsein, Schönsein etc. ausmacht, oder auch umgekehrt, den Aspekt des Schönseins etc., den sie an etwas (etwa ei-

Ein korrektes und kritisch überprüfbares Urteil über das, was die Größe des Fingers ausmacht, kann sich also gar nicht an diesem ‚Gegenstand' der Meinung orientieren, sondern hängt von der Erkenntnis der Begriffsbedingungen des Großseins selbst ab, weil erst von ihnen, d.h. von diesem Inhalt her geprüft werden kann, ob einem als klein oder groß ‚gesehenen' Quantum zukommt, groß oder klein zu sein.

Die Platonische Unterscheidung der Gegenstände des Meinens und des Wissens beruht also auf der Einsicht, dass es nicht dasselbe ist, was man über dasselbe meint oder weiß.

Zu einem analogen Ergebnis kommt Aristoteles bei seiner Erörterung der Frage, ob Wissen und Meinung verschiedene Gegenstände haben, und dennoch Wissen und Meinung von ein und demselben Gegenstand möglich sein können.[260] Er verweist dort (u.a.) auf die Notwendigkeit, die verschiedenen Weisen, wie man dabei von „demselben Gegenstand" rede, genau zu unterscheiden (89a29-38). Da nämlich

---

ner Farbe) wahrnimmt, für das zu halten, worin das Sein dieses „Gegenstands" aufgeht, dies kann als eine Grundintention fast aller frühen und mittleren Dialoge bezeichnet werden. Der Grundfehler der *dóxa* liegt demgemäß darin, dass sie einen in der Regel abstrakt unbestimmten Aspekt, den sie an etwas (Bestimmtem!) wahrnimmt, unvermittelt als eine Art Allgemeines, als das „Gesamt" des wahrgenommenen „Gegenstands" deutet. Diese Fehlhaltung, eine von einem Einzelnen erfasste Einzelheit dennoch wie ein Allgemeines zu behandeln, weist Platon – insbesondere im Euthydemos – auch als das *próton pseúdos* allen eristischen Argumentierens auf. Diesen ganzen Problemkomplex habe ich in Verf. (1973) aufzuarbeiten versucht (s. v.a. 69-73, 149-153). Die Pseudoallgemeinheit des von der Wahrnehmung erfassten (und also für uns früheren) Konfusen (*synkechyménon*) ist begrifflich klar bei Aristoteles, Phys. I, 1 und in den Kommentaren des Themistios, in phys. 2, 3-26 (CAG V.2, ed. H. Schenkel) und Philoponos, in phys. 9,6-16,9 (CAG XVI, ed. H. Vitelli) beschrieben. Noch bei Thomas von Aquin, Summa theologica. 1, qu. 85a3 und Nicolaus Cusanus ist das „sensibile" als „confusum et genericum" (Compendium Kap. V, 11), als etwas, was sich, obwohl es nur einen Aspekt eines bestimmten Einzelnen darstellt, als gattungsartig ausgibt, weil es sich wegen seiner Unbestimmtheit auf vieles applizieren lässt, charakterisiert. (Standardbeispiel ist, dass der zunächst aus der Ferne gesehene, dann sich nähernde Sokrates zuerst wegen der wahrgenommenen Bewegung als Lebewesen gedeutet, dann als Mensch, dann als Grieche, dann erst als Sokrates erkannt wird). Mit dieser Auffassung von der abstrakt-konfusen Armut der Anschauung steht die platonisch-aristotelische Philosophie in scharfem Gegensatz gegen nahezu die gesamte bewusstseinsphilosophische Tradition der Neuzeit, für die das in der Wahrnehmung unmittelbar Erfasste und noch nicht vorn Bewusstsein Auseinandergesetzte, als der Gegenstand, in seinem „unendlichen Reichtum" (s. Hegel, Phänomenologie des Geistes, hg. von J. Hoffmeister, Hamburg [6]1952, 79) gilt. Dieses Vertrauen in die sinnliche Gewissheit teilen weder Platon noch Aristoteles. Hier könnte bestenfalls der Gegenstand, auf den sich die Wahrnehmung bezieht, als reich gelten (also etwa der entgegenkommende Sokrates), nicht aber das, was die Wahrnehmung von ihm erfasst (etwa, dass er sich bewegt und darum ein Lebewesen ist).

[260] S. Aristoteles, Analytica posteriora 89a22-89b6.

„derselbe Gegenstand" (*tó autó*) äquivok gebraucht werden könne, sei es in einer Weise möglich, in einer anderen aber nicht möglich, dass sich Wissen und Meinung auf dasselbe Objekt beziehen. Aristoteles setzt dies in Analogie, wie auch eine wahre und falsche Aussage sich auf dasselbe und doch nicht dasselbe Objekt beziehen. Die falsche Aussage etwa „die Diagonale eines Quadrates ist mit den Seiten kommensurabel" hat den gleichen Gegenstand wie die richtige, dass sie inkommensurabel sei: die Diagonale. Das aber, was jedes Mal von der Diagonale als ihr wesentliches Sein ausgesagt werde, sei nicht dasselbe, und in diesem Sinne haben die wahre und die falsche Aussage also verschiedene Objekte. Analog gilt, dass der Gegenstand, den die *dóxa* (Meinung)und den die *epistéme* (Wissen) meinen, nicht derselbe ist.

Auch die platonische Unterscheidung der Erkenntnisvermögen *dóxa* und *epistéme* auf Grund der verschiedenen Objekte, auf die sie sich richten, wird von Aristoteles grundsätzlich aufgenommen, z.B. in seiner Psychologie[261], in der Aristoteles den *noús* (Vernunft) von den niedrigeren Erkenntnisvermögen der Seele mit eben dem Argument abgrenzt, dass das vom *noús* erfasste Sein etwa des Wassers selbst und je einzelnes Wasser etwas anderes sind.

Die Tatsache, dass diese Einsicht gewonnen ist aus einer kritischen Reflexion auf die Leistung eines Erkenntnisvermögens, genauer: auf die von ihm erzeugten Inhalte (‚Gegenstände'), macht klar, dass auch die Charakterisierung der Sinnesdinge selbst durch Platon als Dinge, die nicht selbst *eídos* (species, Form) sind, sondern an ihm nur teilhaben, eine Aussage, die im Unterschied zu der Behauptung der ständig in ihr eigenes Gegenteil umschlagenden Gegenstände des Meinens von Platon sicher ontologisch, d.h. als Aussage über das sogenannte äußere Sein der Sinnesdinge selbst gemeint ist, nicht kritisch unausgewiesen ist. Denn wenn sie auch Gültigkeit für, was diese Dinge selbst sind, beansprucht, das Kriterium, auf das sich dieses Urteil stützt, ist nicht ein erkenntnistheoretisch naives Nach-außen-Blicken, sondern ein Urteil über die Erkennbarkeit dessen, was sich auf empirischem Weg, d.h. vermittels möglichst exakter Wahrnehmung, von ihm in Erfahrung bringen lässt. Die Tatsache, dass diese Gegenstände das Denken in Aporie bringen, bedeutet ja nichts anderes, als dass sie nicht als etwas Bestimmtes gedacht werden können.

Platon meint also nicht, dass der äußere Gegenstand, über den man eine Meinung hat, verschieden ist von dem, über den man ein Wissen besitzt, er meint vielmehr, dass eine Meinung und ein Wissen verschiedene seelische Produkte in Bezug auf denselben Gegenstand sind. ‚Wissen' bedeutet, die eine Sache wesentlich konstituierenden Momente als sie selbst zu erfassen, während ‚Meinen' bedeutet, eine Sache in ungeschiedener Verbindung mit etwas zu erfassen, was sie mit sich bringt oder worin sie verwirklicht ist. Ein Wissen z.B. über Gesundheit hat derjenige, der mit Gründen erkannt hat: „Gesundheit ist derjenige Zustand, in dem ein Lebewesen seine natürlichen somatischen Vermögen am besten verwirklichen kann." Eine Meinung über Gesundheit hat, wer meint: „Gesund ist, wer keine Krankheit hat."

---

[261] S. Aristoteles, de anim. 429a10-b14.

Denn es ist zwar eine Folge und ein Zeichen von Gesundheit, keine Krankheit zu haben. Man weiß aber noch lange nicht, was gesund sein ist, wenn man weiß, was das Fehlen von Gesundheit bedeutet. Es ist erheblich einfacher festzustellen, dass ein Auto ohne Motor nicht ein Auto, das heißt, ein sich selbst bewegendes Fahrzeug sein kann, als die Bedingungen zu kennen, die einen Motor zum Motor machen.

Das Kriterium also, an dem erkannt wird, dass die Sinnesdinge nicht selbst je bestimmtes Sein sind, sondern nur an ihm teilhaben, ist eben dasselbe Kriterium, an dem sich implizit auch Descartes bei der Begründung der Bezweifelbarkeit der Sinnesdinge orientiert hat. Es ist das Kriterium, dass das Zeugnis der Sinne uns den Gegenstand nicht als etwas Bestimmtes und ein Eines zeigt, sondern Verschiedenes, ja Gegensätzliches für ein und dasselbe ausgibt.

Wie bei Descartes gilt auch bei Platon, dass dieses Kriterium nicht a posteriori aus irgendeiner Erfahrung abgeleitet ist, da es auch bei Platon zur Beurteilung jeder Art von sinnlich Erfahrenem dient, durch die das Denken von sich aus das von der Wahrnehmung Dargebotene korrigiert.

Im Unterschied zu Descartes benutzt Platon dieses Kriterium allerdings mit ausdrücklichem Wissen um seine erkenntniskritische Relevanz, d.h. er beschränkt sich nicht darauf, die Konfusion der Vorstellung dessen, was bald so, bald anders sich zeigt, zu betonen, sondern er erklärt die Unfähigkeit des Denkens, sich bei etwas konfus Vorgestelltem zu beruhigen, gerade aus der Unmöglichkeit, das immer wieder Andere als ein Selbes zu denken.

c) Das Axiom „nur (Etwas-)Seiendes" ist erkennbar als Begründung der Annahme von Ideen

Aus der Perspektive eines verbreiteten Platonbildes heraus könnte man meinen, Platon habe das Kriterium, nur ‚Seiendes' sei erkennbar, aus der Schau der Idee abgeleitet. Da er geglaubt habe, in den Ideen Gegenstände zu haben, die in unwandelbarer Identität sind, was sie sind, habe er deren Seinsweise für die Bedingung der Erkennbarkeit von etwas überhaupt gehalten.

Zur Widerlegung dieser Deutung ist allerdings gerade die hier besprochene Stelle besonders geeignet. Denn sie macht unzweideutig klar, dass die Bemerkung der Aporie, in die das Denken durch die Konfusion des sinnlich Gemeinten gerät, nicht von einer vorgängigen Erkenntnis der Idee abhängt, sondern im Gegenteil Ausgangspunkt der Erschließung des Seins der Idee ist.

Wenn das Denken in Aporie gerät, weil ihm von der Wahrnehmung Gegensätzliches wie ein Eines dargeboten wird, ist der erste Schritt der Überwindung der Aporie, dass das Denken den *logismós* (das diskursive Denken) beizieht, der ihm sagt, dass das Eine sich nur dann als Zwei zeigen konnte, wenn jedes der beiden verschieden vom anderen und je ein Eines ist.²⁶² Aus dieser Gewissheit der *diánoia* (ratio) ergibt sich, wie Sokrates fortfährt, der Zwang²⁶³ für die *nóesis*, das Große und das Kleine nicht wie das Auge als ein *synkechuménon ti*, als ein Vermischtes, Konfuses zu sehen, sondern als *kechorisména* oder *dihorisména*, als je Distinktes oder Diskretes.²⁶⁴

> „Aus Überlegungen solcher Art kamen wir zuerst dazu", schließt Sokrates diese Argumentation ab, „zu fragen, was wohl das Große und das Kleine ist, und so haben wir das eine *noetón* (denkbar, intelligibel) das andere *horatón* (sichtbar) genannt."²⁶⁵

Es ist dies eine der ganz wenigen Stellen, an denen in den Platonischen Dialogen etwas über den Grund gesagt ist, der Platon zur Annahme von Ideen geführt hat, und sie belegt, dass diese Annahme von keinerlei rezeptiv empfangenem Gegenstandswissen abhängt, sondern von einer Voraussetzung, die das Denken zur Beurteilung jeder Art von Erfahrung, sinnlicher wie ideeller, allein aus sich selbst macht.

d) Die dem Zweifel überhobene Grundlage des Erkennens: die ‚Hypothesis des Eidos'

Was bei der Einführung der ‚communis mathematica scientia' in der *Politeia* vielleicht nur als Resultat einer Interpretation des Textes erscheinen könnte, wird von Sokrates bei der Einführung der Hypothesis des Eidos im *Phaidon*²⁶⁶ auch explizit in eben diesem Sinn ausgesprochen.

---

²⁶² S. Platon, Res publica 524b3-9.
²⁶³ S. ebd. 524c: νόησις ἠναγκάσθη ἰδεῖν.
²⁶⁴ S. ebd. 524b10-c8.
²⁶⁵ S. ebd. 524c10-d1.
²⁶⁶ Zur Deutung der sogenannten Hypothesis-Methode im Phaidon s. v.a. R. Robinson, Plato's Earlier Dialectic, Oxford ²1953, 93-180, v.a. 123-145. (Dazu die wichtige Rezension von W. Bröcker, Gnomon 30, 1958, v.a. 514-519); H.P. Stahl, Ansätze zur Satzlogik bei Platon, Hermes 88, 1960, 409-451; R.S. Bluck, Plato's Phaedo, London 1955, 111-170, 160-173; R. Hackforth, Plato's Phaedo, Cambridge 1955, 133-146; K. v. Fritz, Die Archai in der griechischen Mathematik, Archiv für Begriffsgeschichte 1, 1955, 13-103; O. Becker, Zum platonischen Hypothesisbegriff, Archiv für Begriffsgeschichte 4, 1959, 210-212; P. Plass, Socrates' Method of Hypothesis in the Phaedo, Phronesis 5, 1960, 103-115; K.M. Sayre (1969), 3-40. Gemeinsam ist fast allen, auch den hier nicht angeführten neueren Deutungen der Hypothesis-Methode (wichtige Ausnahme ist der Kommentar zum Phaidon von R.S. Bluck), dass sie in der von Sokrates beschriebenen Hypothesis ein der stoischen Aussagenlogik verwandtes Verfahren sehen. Besonders kritisch urteilt über Platon – bei einer beinahe völligen Nichtbeachtung des Beweiszieles im ‚Phaidon' – Th. Ebert, Sokrates über seinen Umgang mit Hypotheseis (Phaidon 100a), Hermes 129, 2001, 467-473; an einer ‚Hypothesentheorie' hält auch N. Strobach, in: C. Horn, J. Müller, J.

Die Problemstellung im *Phaidon* ist etwas komplexer als in der *Politeia*, weil sie auch noch die Auseinandersetzung mit der nacheleatischen sophistischen Logik einbezieht, der Sokrates aber die gleiche Fehltendenz nachweist, wie sie die Wahrnehmung produziert. So wie das Auge mit der gesehenen Gestalt des Ringfingers verfährt, so verfährt nach Sokrates diese Logik mit Sätzen. Die Sätze etwa „Simmias ist groß" und „Simmias ist klein" gelten ihr nämlich als äquivalent mit der Behauptung, dass das Große klein sei, das heißt, auch sie ist nicht der Lage, das Großsein selbst von dem, woran sie es wahrnehmend vorfindet, etwa der so beschaffenen Gestalt des Simmias, von der sie es daher auch aussagt, zu unterscheiden.[267]

Um diese Scheinwidersprüchlichkeit zu vermeiden, so sagt Sokrates am Ende seiner Darstellung der Aporien dieser Pseudologik, habe er es aufgegeben zu versuchen, die Dinge mit den Augen oder irgendeiner anderen Wahrnehmung zu erfassen, sondern habe in einer ‚zweiten Fahrt', das heißt – wie es der Bildsinn fordert – in einer Fahrt, in der das Schiff durch eigene Anstrengung bewegt werden muss und nicht vom Wind und anderen äußeren Einflüssen getrieben wird – versucht, die Wahrheit über das Seiende in den Logoi zu erfassen.[268] Ausgangspunkt dieser auf die eigene methodische Anstrengung gegründeten Erkenntnisweise ist in allen Fällen (das heißt gleichgültig als was etwas wahrgenommen bzw. was von etwas ausgesagt wird), die Hypothesis (Voraussetzung, Zugrundelegung) des Satzes, von dem Sokrates sagt, er beurteile ihn als den allerstärksten (*erromenéstaton*)[269] und den allersichersten (*asphaléstaton*).[270] Solange man sich an ihn halte, könne man in der Argumentation weder bei sich selbst noch mit anderen je zu Fall kommen.[271]

Diese Hypothesis lautet: das Schöne selbst ist – es selbst nur in Bezug auf es selbst – etwas Bestimmtes, und ebenso das Gute und Große und alles andere.[272]

Soder, Platon-Handbuch. Leben – Werk – Wirkung, Stuttgart/Weimar 2009, 109-112 (dort auch weitere Literatur) fest; ähnlich M. Erler, Platon, in: H. Flashar (Hg.), Die Philosophie der Antike, Bd.2/2., Basel 2007, v.a. 392. Die von dieser These erheblich abweichende Interpretation, die ich im Folgenden nur skizzieren kann, habe ich in meiner Dissertation, Verf. (1973) 207-243 ausführlich zu begründen versucht. S. jetzt auch die differenzierte Darstellung bei G. Radke, Platons Ideenlehre, in: F. Gniffke, N. Herold (Hgg.), Klassische Fragen der Philosophiegeschichte I: Antike bis Renaissance, Münster 2002, 17-64. Zur Bedeutung der Hypothesis-Methode als einer Grundlegung der Erkenntnis und zu ihrer Wirkungsgeschichte im Neuplatonismus s. W. Beierwaltes (1965), 253-274.

[267] S. Verf. (1973), 149-153.
[268] S. Platon, Phaidon 99c6-100a3. Zur Metapher des δεύτερος πλοῦς s. Verf. (1973), 225-228.
[269] Platon, Phaidon 100a3-7.
[270] Ebd. 100d8f.
[271] Ebd. 100d9-e3.
[272] Ebd. 100b5-7: ὑποθέμενος εἶναι τι καλὸν αὐτὸ καθ' αὑτὸ καὶ ἀγαθὸν καὶ μέγα καὶ τἆλλα πάντα. Von der üblichen Übersetzung „es gibt etwas Schönes ..." weiche ich mit Absicht ab, um den Aspekt, dass „Sein" „bestimmtes Sein" meint, klarer herauszubringen. Das, was Sokrates hier voraussetzt, ist ja nicht das bloße Vorhandensein von etwas an und für

Den Sinn dieser allgemein formulierten Hypothesis präzisiert Sokrates durch ihre Anwendung auf einen Einzelfall. Wenn etwa etwas schön sei oder schön genannt werde, und nach den Bedingungen gefragt wird, unter denen es schön oder nicht mehr schön genannt werden kann, dann lasse er keine der üblicherweise angeführten Gründe mehr gelten, etwa dass es schön sei wegen seiner blühenden Farbe oder Gestalt, von all dem werde er nur verwirrt – wenn es etwa eine bestimmte Farbe sein sollte, an der man die Schönheit von etwas feststellen wollte, ergäbe sich ja die Aporie, dass eben dieselbe Farbe in anderer Situation auch Kriterium der Hässlichkeit von etwas sein könnte –, sondern er behaupte, etwas sei schön immer dann und nur dann, wenn und sofern es an jenem Schönen selbst teilhabe oder sonst irgendwie etwas mit ihm gemeinsam habe, oder, wie er etwas später formuliert, alles Schöne ist durch das Schöne schön, ist schön, sofern es schön ist.

Gefordert ist mit der Hypothesis des Eidos also nichts anderes, als dass in jedem Fall, in dem etwas als etwas wahrgenommen oder etwas von etwas ausgesagt wird, die Identität des mit der Wahrnehmung oder Aussage Gemeinten der methodische Ausgangspunkt für jede weitere Erschließung des Sinnes dieser Wahrnehmung oder Aussage ist. In diesem Sinne wird in ihr vorausgesetzt, dass das jeweils Gemeinte, sofern überhaupt etwas in ihm gemeint ist, ein bestimmtes Sein hat, das ist, was es ist.

Diese Hypothesis ist also keine Hypothese im Sinn der Aussagenlogik, deren Sicherheit in dem logischen Verhältnis, in dem sie zu anderen Aussagen steht, liegt, sondern sie ist sicher wegen der unmittelbaren Evidenz ihrer Richtigkeit.[273] Wer sie bestreiten wollte, müsste ja nichts weniger bestreiten, als dass es überhaupt möglich ist, Unterschiede zu machen. Sie ist daher nicht Ergebnis, sondern, wie Sokrates ja selbst sagt, Voraussetzung methodischen Vorgehens.

Sie auch nicht abhängig von der inhaltlich noetischen Schau der Ideen, in der bereits erfasst wäre, was denn das Schöne, Große usw. ist, denn sie setzt ja nicht voraus, dass das Schöne dies oder jenes sei, sondern nur, dass es, wenn Schönsein etwas ist, etwas Bestimmtes ist, womit Sokrates vom Begriff ‚Hypothesis' bereits

---

sich Schönem, sondern dass das Schöne selbst etwas Bestimmtes ist (und nur dann als etwas wirklich Seiendes gelten kann).

[273] Diese Interpretation der platonischen Hypothesis des Eidos hat auch den Vorzug, dass sie nicht erforderlich macht, anzunehmen, Platon habe durch die Einführung seines neuen logischen Verfahrens den bereits geläufigen, insbesondere in der Mathematik üblichen Gebrauch von Hypothesis auf den einer bloßen Prämisse restringiert. Dass Hypothesis bereits in der Mathematik vor Platon die Bedeutung von „grundlegenden, allgemein gültigen Voraussetzungen, die als sicher gelten sollen und nicht selbst eigentlich geprüft oder bewiesen werden" hat und damit eine „Voraussetzung" ist, aus der etwas bewiesen wird, die aber nicht ihrerseits zum fragwürdigen Gegenstand eines Beweises gemacht wird, belegt klar K. Gaiser, Platons Menon und die Akademie, in: J. Wippern, Das Problem der ungeschriebenen Lehre Platons, Darmstadt 1972, 359 (= Archiv für Geschichte der Philosophie 46, 1964, 265).

eben den Gebrauch macht, den er auch bei Aristoteles in den *Analytiken* hat,[274] sie setzt voraus, dass etwas ein bestimmtes Sein hat, nicht was dieses bestimmte Sein ist.

Die Hypothesis des Eidos ist daher trotz aller Verwandtschaft mit dem Widerspruchsaxiom nicht identisch mit diesem, sondern sie liefert seine erkenntnistheoretische Begründung. Als Beweisprinzip kommt der Hypothesis des Eidos eben die Bedeutung zu, die Aristoteles dem Widerspruchsaxiom zuspricht, von dem ja auch Aristoteles sagt, dass es das sicherste Prinzip sei (*bebaiotáte arché*),[275] über das eine Täuschung schlechthin unmöglich sei,[276] das von sich selbst her am klarsten erkennbar sei (*gnorimotáte*),[277] das vor der Erkenntnis jedes beliebigen Gegenstandes schon vorhanden, das heißt a priori bekannt sei,[278] und das wegen seiner Sicherheit das Grundprinzip aller anderen Axiome sei.[279] Die Hypothesis des Eidos macht aber, anders als das aus Aristoteles' Behandlung des Widerspruchsaxioms noch erschließbar ist, den Begründungszusammenhang sichtbar, in dem das Widerspruchsaxiom steht. Es ist zwar auf Grund der Anwendung, die Sokrates von der Hypothesis des Eidos macht, kein Zweifel daran, dass er sich darauf beruft, um die Täuschung abzuwehren, etwas könne es selbst und zugleich nicht es selbst sein.[280] Die grundsätzliche Einsicht in die Unmöglichkeit des Widerspruchs hatten seine sophistischen Gegner aber durchaus auch, die ja eben deshalb glaubten, jemanden, der von Simmias zugegeben hatte, dass er klein sei, widerlegt zu haben, wenn er zugeben musste, dass er auch groß sei, weil er damit behauptet habe, etwas könne es selbst und zugleich nicht es selbst sein.[281]

Im Unterschied dazu schränkt die Hypothesis des Eidos den Anwendungsbereich der Aussage „es ist nicht zugleich es selbst und nicht es selbst" strikt auf die Dimension des *eídos* ein: Die Sicherheit dieses Satzes gilt nur von dem, was etwas Bestimmtes allein in und von sich selbst her ist, d.h. da der Begriff „Sein" in platonischer Auffassung nur einem solchen zukommt; sie gilt nur von dem, was ein Seiendes, genauer ein distinkt Seiendes ist. In diesem Sinn kann gesagt werden, dass nur das Sein ein möglicher Gegenstand sicheren Wissens ist, nur es ist erkennbar.

Die Hypothesis des Eidos deckt also die unaufhebbare Voraussetzung allen Argumentierens und Redens auf, von der jeder immer schon Gebrauch machen muss, der auch nur irgendetwas meinen will, und macht so die Grundbedingung aller Rationalität, ohne die es ein methodisch sicherbares Erkennen nicht geben kann, in ihrer genauen Bedeutung rein als sie selbst offenbar.

---

[274] S. Aristoteles, Analytica posteriora 72a20: τὸ εἶναι ἢ τὸ μὴ εἶναι ὑπόθεσις.
[275] S. Aristoteles, Metaphysica 1005b11f.
[276] Ebd. 1005b12: περὶ ἥν διαψευσθῆναι ἀδυνατόν.
[277] Ebd. 1005b13f.
[278] Ebd. 1005b15-17.
[279] Ebd. 1005b33f.
[280] S. v.a. Platon, Phaidon 100e5-101b2.
[281] S. ebd. 100e5-101b2 und 102b3-c8; s. dazu grundsätzlich v.a. Euthydemos 293b-297e und dazu Verf. (1973), 44ff.

Diese Bedingung ist, dass nur das Sein erkennbar ist. ‚Sein' meint hier freilich nicht das Sein als bloßes Dasein oder als bloße Position eines Dings im Bewusstsein überhaupt oder ähnliches, sondern, wie die platonische Argumentation völlig eindeutig macht, und wie es auch in der neueren Forschung – besonders klar etwa bei Uvo Hölscher in seiner Untersuchung über den Sinn von Sein in der frühgriechischen Philosophie – gesehen ist, ‚Sein' heißt immer: Etwas sein, etwas, was von sich selbst her ein bestimmtes, von anderen unterschiedenes Sein hat und erst dadurch ein Seiendes genannt werden kann.[282] Der Rechtsgrund für diesen Seinsbegriff ist daher nicht etwa ein im Griechischen geläufiger Sprachgebrauch, sondern er liegt in der kritisch-reflexiven Erkenntnis dessen, was vorausgesetzt wird, wenn überhaupt gedacht und nicht nur konfus empfunden wird, und in diesem Sinn in dem, was das Denken zum Denken macht.

[282] Zur Bedeutung von Sein als „bestimmtes Sein" (Etwas-Sein) und ihrer Ableitung aus dem Widerspruchsaxiom s. z.B. Alexander von Aphrodisias, in metaph., 276, 10-12; 275, 33-36, und insgesamt 275-301 (CAG I, ed. M. Hayduck). Die Feststellung, dass „Sein" bei Platon und Aristoteles immer „bestimmtes Sein" meint, ist in der Forschung von verschiedenen Seiten her gemacht worden. S. v.a. M. Frede, Prädikation und Existenzaussage, Göttingen 1967 (Hypomnemata 18), 40-54; G.E.L. Owen, Aristotle on the Snares of Ontology, in: R. Bambrough, New Essays on Plato and Aristotle, London 1965, v.a. 76f. Durch diese Untersuchungen ist immerhin bereits nachgewiesen, dass Platon und Aristoteles, obwohl sie den Unterschied der Seinsbedeutung als Existenzaussage und Kopula nicht „thematisiert" haben, nirgends das logisch durcheinanderbringen, was wir mit Hilfe dieser Unterscheidung auseinanderhalten. Was freilich die genaue Bedeutung von „Sein" in der griechischen Philosophie ist, darüber gibt es trotz C.H. Kahns großen Buches, The Verb „be" in Ancient Greek, Dordrecht-Boston 1973, noch immer heftige Kontroversen. S. v.a. E. Tugendhat, Die Seinsfrage und ihre sprachliche Grundlage, Philosophische Rundschau 24, 1977, 161-176. S. jetzt auch noch einmal C.H. Kahn, A Return to the Theory of the Verb „be" and the Concept of Being, Ancient Philosophy 24, 2004, 381-405. Die den Texten bei weitem am genauesten entsprechende Erklärung des Sinnes von Sein gibt m.E. U. Hölscher, Der Sinn von Sein in der älteren griechischen Philosophie, Sitzungsberichte der Heidelberger Akad. der Wiss., Phil. hist. Kl. 1976, 3, insbes. durch seinen Nachweis, dass „Sein" „verbunden sein" (d.h. wesentlich zusammengehören, Eines sein) bedeutet. Die Kontroverse über den „Sinn von Sein" kann überhaupt nicht beigelegt werden, solange man den „Begriff" für „nichts anderes als Verwendungsweise von Worten" (Tugendhat (1977), 174) hält. Denn auf diese Weise wird sich ergeben, dass wir immer neue Bedeutungen von Sein „entdecken". So gibt es nun schon außer dem existentiellen, kopulativen, identifizierenden, attributiven auch ein veritatives, gnoristisches Ist, Sein als absolutes Vorhandensein usw. Die genaue Bedeutung von Sein ergibt sich aus dem, was man erkennen muss, wenn man die Gültigkeit des Widerspruchssatzes, die man in jeder Argumentation voraussetzt, in ihren Erkenntnisbedingungen begreift, und erst von daher kann man über die möglichen Verwendungsweisen von „Sein" reden. Dass diese Erkenntnisvoraussetzungen nicht einfach auf eine bestimmte Bedeutung führen, sondern eine Vielzahl notwendiger Bestimmungen enthalten (wenn das, was wir meinen, wenn wir von etwas überhaupt reden wollen, etwas Bestimmtes ist, dann ist es auch ein Eines, etwas Selbiges, ein Ganzes, usw.) wird das Folgende genauer zeigen.

Dieser Sinn von Sein wird von Platon auch durch eine Erklärung, wie man die Hypothesis des Eidos zur Grundlage der Argumentation (mit sich selbst beim Denken wie in der Auseinandersetzung mit anderen) machen muss, verdeutlicht. Die Leitfrage ist: Wie vermeidet man mit Hilfe dieser Hypothesis die Verwicklung in Widersprüche, die das undifferenziert Wahrnehmung und Begriff vermischende Denken erzeugt?

Die ‚neue' Methode verlangt, dass man bei der Verifikation, ob etwas tatsächlich groß oder doppelt oder ein Kreis (usw.) ist, davon ausgeht, dass etwas nur dann durch die Empirie widerlegt ist, wenn sich die Widerlegung auch nur auf genau den Aspekt eines Gegenstands richtet, unter dem er in irgendeinem Sinn etwas Bestimmtes: groß, doppelt oder ein Kreis usw., ist, nicht aber schon dann, wenn dem Gegenstand unter anderen Aspekten zukommt, auch nicht groß, nicht doppelt oder nicht Kreis zu sein.

Ahmt man die Platonische Formulierung nach, müsste man sagen:

> ‚Ich setze voraus (den stärksten Logos), dass Doppeltsein etwas für sich Unterscheidbares, Bestimmtes (etwa: eine mit sich selbst zusammengesetzte Einheit) ist. Wenn jemand beweisen will, dass etwas doppelt ist, muss er beweisen, dass etwas mit den Sachbedingungen des Doppeltseins übereinstimmt, also etwa, dass es eine mit sich zusammengesetzte Einheit ist. Will er widerlegen, dass etwas doppelt ist, muss er zeigen, dass es mit genau diesen Sachaspekten nicht übereinstimmt.
>
> Wenn er dagegen beweist, dass die Zahl Zwei unter anderen Aspekten als unter denen, unter denen sie etwas Doppeltes ist, auch halb ist, etwa unter dem Aspekt, dass die Zahl Zwei als bestimmte Vielheit (Menge) die Hälfte von vier ist, hat er keinen Widerspruch erzeugt (denn die Zwei ist nicht ‚das' Doppelte, sondern hat am Doppelten nur teil, und zwar in ihrem Verhältnis zur Eins). Dasselbe gilt vom Großen. Wer beweisen will, dass das Große klein ist, kann nicht einfach nachweisen, dass Simmias zugleich groß und klein ist, sondern er muss zeigen, dass Simmias unter eben dem Aspekt, unter dem er groß ist, d.h. sofern er der Quantität nach Sokrates überragt, auch klein ist. Das heißt, er müsste zeigen, dass Simmias in Bezug auf Sokrates zugleich der Quantität nach mehr und weniger – messbare – Einheiten aufweist.'

Mit ironischem Lächeln fügt Sokrates an, er spreche schon mit der buchstäblichen Genauigkeit, mit der man Verträge verfasst. Zu Recht verweist er aber darauf, dass dieser Ausgangspunkt des Erkennens unmittelbar einleuchtend, einfach und von zweifelsfreier Sicherheit ist, ein Gesprächsteilnehmer ergänzt noch, er habe das so klar und deutlich gesagt, dass es auch jemand mit nur wenig Verstand einsehen müsse.[283]

Diese grundsätzliche Erläuterung, wie man das Axiom ‚nur (Etwas-)Seiendes ist erkennbar' in der konkreten Argumentation anwendet, um pseudologische Wider-

---

[283] S. Platon, Phaidon 102b10-d3; 100c9-e6; 102a3-5.

sprüche zu vermeiden, macht auch den dabei verwendeten Seinsbegriff noch einmal klarer: ‚Seiend' ist etwas dann, wenn es für sich selbst unterscheidbar ist, d.h. wenn es nicht ein immanentes Moment an etwas Anderem ist, sondern, wie Platon formuliert, ‚selbst in Bezug auf sich selbst ist, was es ist'.

e) Die Grundlegung der Methoden der Analysis und Synthesis in der Hypothesis des Eidos

Wenn die erkenntnistheoretische Bedeutung der platonischen Hypothesislehre einmal gesehen ist, ist leicht erkenntlich, wie in ihr die zu Beginn meiner Untersuchungen skizzierten Methoden der Analysis und Synthesis grundgelegt sind.[284]

Die Hypothesis des Eidos klärt ja und hebt in das Licht ausdrücklichen Wissens, dass alles Erkennen notwendig und immer schon vom Begriff des Seins Gebrauch macht, ihn beim Urteilen voraussetzt. Dadurch wird klar, dass auch das sinnliche Meinen nur deshalb durch die Verschiedenheit, ja Widersprüchlichkeit der ihm gegebenen Erfahrungswerte (normalerweise) nicht irritiert wird, weil es die unterschiedlichen Erfahrungswerte, die verschiedenen gesehenen Quanta, die vielfältigen Dreiecke usw. von dem unausdrücklich vorausgesetzten Begriff eines bestimmten Seins der Größe, des Dreiecksseins usw. her interpretiert.

Dieses Eine in der Einheit des jeweils Erfahrenen nicht (als es selbst, nur vermischt) gegebene, sondern vorausgesetzte Sein, rein für sich selbst zu erfassen, ist das Ziel der Analysis.

Die methodische Prüfung, ob ein Früheres von einem Späteren vorausgesetzt wird, und ob das Frühere auch ohne das Spätere gedacht (d.h. genauer: als etwas Bestimmtes erkannt) werden kann, ist daher nicht ein mehr oder weniger vernünftiges methodisches Prinzip, sondern es ist die Weise der kritischen Selbstvergewisserung des Denkens selbst: Sie geht aus von der Voraussetzung, dass nur etwas etwas sein kann, und prüft an den Kriterien des Etwas-Seins ihre Inhalte, um auf diese Weise durch Unterscheidung des jeweils zu einer Sache Gehörenden (= als etwas Bestimmtes Denkbaren) von dem ihr Fremden zur Erfassung des einfachen Seins selbst vorzudringen.

f) Analysis und Begriffsbildung bei Platon und Descartes

Obwohl ich mich wegen der Komplexität dieser Problematik auf das, was die erkenntnistheoretische Grundlegung der Methode der Analysis betrifft, beschränken muss, möchte ich doch auf den wichtigsten Unterschied zwischen dieser platonischen Analysis und dem seit Descartes üblich gewordenen Begriff von analytischem Vorgehen hinweisen.

---

[284] S.o. S. 17-19.

Für Descartes besteht die Aufgabe der Analysis in der Rückführung eines nur vorbewusst verworren und dunkel in der unendlich verschiedenen Vielfalt seiner Momente vorgestellten Gegenstands auf das, was sich an ihm klar und deutlich erkennen lässt, also in der Zerlegung eines komplex Gegebenen in seine einfachen Teile, in der Rückführung auf seine Bedingungen o.Ä.[285] Der Weg führt hier also vom Konkreten und Einzelnen zum Abstrakten und Allgemeinen, vom Reichtum der sinnlichen Anschauung zur distinkten, aber leeren Bewusstheit.

Dieser Weg verläuft bei Platon genau umgekehrt von der abstrakten Armut und Unbestimmtheit der Anschauung zur inhaltlichen Fülle des diskursiven oder intelligiblen Begriffs der Sache, und dies nicht etwa, weil Platon das Denken noch für eine Art von Anschauung gehalten hätte, sondern im Gegenteil, weil er durch den Nachweis der Konfusion des sinnlichen Meinens die abstrakte Armut der Anschauung aufgedeckt hat.

Ein konfus vorgestelltes Schönes, Doppeltes, Großes, aber auch konfus vorgestellte Gegenstände wie z.B. Wachs, Dreieck, Angler, Mensch, enthalten nach Platon niemals den Gegenstand in der Fülle seiner Momente, da der äußere Gegenstand, auf den sich die Vorstellung ‚groß', ‚schön', oder ‚Dreieck' usw. bezieht, gar nicht das in dieser Vorstellung Gemeinte repräsentiert, sondern nur einen oder einige seiner Aspekte, die er in einer Beimischung von fremden Zusätzen als Einheit ‚anzeigt'.

Der Weg der Abstraktion geht daher bei Platon nicht von der gegebenen Ganzheit eines konkreten Gegenstands aus, sondern von der Vielheit unterschiedlicher Momente eines erst zu erschließenden Ganzen eines bestimmten Seins, das dem sinnlichen Meinen nur in der Zerstreuung an vielfach Fremdes gegeben ist. Die Aussonderung des zu einem bestimmten Sein Gehörenden aus dem ihm Fremden, Beiläufigen geht daher zusammen mit der Sammlung aller der und nur der Momente, die wirklich zu ihm gehören und die erst das Begreifen eines bestimmten Seins in der Gesamtheit seiner Aspekte möglich machen.

In diesem Sinn ist etwa die Idee des Menschen oder des Dreiecks nicht das, was die abstrakte Definition sagt, sondern das im Blick auf diese Definition unterschiedene und erschlossene Sein in der Fülle seiner Möglichkeiten: alles das und nur das, was am Menschen nicht Stein, Pflanze, Tier ist, sondern was sein spezifisches Menschsein ausmacht und alle seine verschiedenen individuellen Ausprägungen („Existenzen") möglich macht.

Auch zur Erschließung des allgemeinen Seins von etwas in diesem Sinn gibt es nach Platon eine vorwissenschaftliche und eine wissenschaftliche Zugangsweise. Wer sich nicht an dem wahrnehmbaren Ganzen, sondern an seinem ‚Sein', das sich in dem, was etwas kann und leistet, verwirklicht, orientiert, wird nicht einen Begriff von einem Tisch oder einem Auge dadurch bilden, dass er von vielen beobachteten Tischen oder Augen (von denen er meint, die Wahrnehmung selbst zeige sie ihm) irgendwelche Gemeinsamkeiten abstrahiert. Er geht vielmehr wenigstens von einer

---

[285] S.o. S. 10ff.

Meinung darüber, was denn Tischsein oder Augesein für sich selbst meint, aus, also etwa davon, dass ein Tisch etwas ist, woran man sich setzen und auf dem man etwas ablegen kann, und dass ein Auge die Fähigkeit hat, Farben und Formen und/oder hell und dunkel zu unterscheiden.

Bereits eine solche Meinung über das ‚Sein' von Tisch oder Auge befähigt zu einer ganz anderen Art von Abstraktion. Unter der Voraussetzung (‚Hypothesis') einer solchen Meinung über das, was ein Tisch, sofern er Tisch, ein Auge, sofern es Auge ist, wird man nicht meinen, Tische müssten viereckig oder rund oder aus Holz sein. Man kann von diesen Materien und Strukturen abstrahieren und mit Blick auf das, was einen Tisch ausmacht, die vielen Möglichkeiten, dieses Tischsein zu verwirklichen, ‚herauslösen' (Analysis) und je für sich sammeln (Synthesis). So wird man feststellen, dass ein Tisch aus Holz, Glas, Eisen, Stein usw. gefertigt werden kann, in einer runden, viereckigen, ovalen Form usw., d.h. man wird einen immer vielfältigeren Begriff von den konkreten Möglichkeiten, ein Tisch zu sein, gewinnen. Der Begriff ist daher nicht leerer und unbestimmter als die konkrete Anschauung oder Vorstellung eines einzelnen Tisches, sondern er ist als Summe vieler Erfahrungen, wie etwas Tisch sein kann, bestimmter und reicher als die einzelnen Anschauungen und Vorstellungen. In gleicher Weise kann man bei der Beurteilung der Erfahrung zugänglicher Organe nicht nur dann, wenn etwas ein Linsenauge ist, verifizieren, dass man es mit einem Auge zu tun hat, sondern auch bei ganz anderen Erscheinungsformen von Augen, bei Facettenaugen, Spiegelaugen usw. feststellen, nicht nur dass sie Augen sind, sondern auch einen immer konkreteren Begriff davon bekommen, in welcher Weise und auf Grund welcher Materien und Strukturen auch diese Organe Augen sind.

Die Hypothesis des Eidos bietet aber auch die Grundlage für eine methodisch-wissenschaftliche Erschließung des (begrifflich allgemeinen) Seins von etwas.

Dass die Hypothesis des Eidos, die zunächst ja nur voraussetzt, dass das Sein des Schönen, Großen usw. etwas Bestimmtes ist, nicht, was dieses Sein ausmacht, die methodische Erschließung eines inhaltlich reichen Seins möglich macht, hat seinen zentralen Grund darin, dass das Sein als Urteilsprinzip des rationalen Denkens selbst ein differenzierter, implikationenreicher Begriff ist. Denn wenn man vom Begriff des Seins nicht nur Gebrauch macht, sondern ihn selbst auf seine (im Denken erschließbaren) Voraussetzungen hin befragt, erweist sich der Begriff des Seins nicht nur als Indikator der Forderung, dass etwas Bestimmtes eben dieses Bestimmte ist, sondern als der systematische Ausgangspunkt aller Urteilskategorien rationalen Denkens.

Dieser Sachverhalt lässt sich gerade durch einen Vergleich mit Descartes schärfer herausbringen. Auch Descartes hatte, wenn die vorausgegangene Interpretation etwas Richtiges getroffen hat, sich am Begriff des Seins orientiert, sofern er in ausdrücklich begründender Argumentation die Seinsgewissheit des Denkens an der Evidenz aufzuweisen versucht hatte, dass allein das Denken ein auf keine Weise konfuses, sondern distinktes, so und nicht anders bestimmtes Sein hat.

Descartes ist allerdings nur an dem interessiert, was ihm durch diese Evidenz zur Gewissheit geworden ist: am Sein, d.h. an der Existenz des Denkens selbst und seiner Vorstellungen. Dadurch musste sich auch der Begriff des Seins ändern: von der Selbstgewissheit des Denkens und seiner Vorstellungen her wird das Sein zu einem leeren Begriff, zur bloßen Behauptung (Position) des Daseins einer Vorstellung überhaupt.

Von dieser Selbstgewissheit her verliert auch das Widerspruchsaxiom seine Bedeutung. Denn wenn man sich seiner selbst und seiner Vorstellungen gerade deshalb gewiss ist, weil man von ihnen in jedem Fall weiß, dass sie sind, was sie sind,[286] kann das Widerspruchsaxiom nur noch die Funktion haben, dem Denken das zu beweisen, wessen es sich ohnehin schon gewiss ist, eben dass das, wessen es sich gerade gewiss ist, nicht zugleich nicht das sein kann, wessen es sich gewiss ist.[287]

Wenn im Sinne Descartes' das Denken die letzte, nicht wie andere Inhalte gegebene Voraussetzung allen Erkennens genannt wird, dann ist damit also die leere Seinsgewissheit des Denkens gemeint, die Tatsache, dass ohne einen subjektiven Akt des Denkens überhaupt nichts gedacht werden kann.

Nicht kritisch reflektiert bleibt bei Descartes die Frage, woran erkannt wird, dass dieser Akt gerade ein Akt des Denkens und nicht etwa ein Akt des Wollens oder Fühlens oder gar des Träumens ist, denn dass es auch ein distinktes Bewusstsein beim Träumen gibt, das sich einer ganz bestimmten Vorstellung mit größter subjektiver Evidenz gewiss ist, das ist ja sogar einer der Ausgangspunkte des cartesischen Zweifels.

An dieser Frage zeigt sich einer der zentralen Differenzpunkte zwischen Platon und Descartes. Denn im Unterschied zu Descartes setzt die Hypothesis des Eidos nicht voraus, dass immer wenn gedacht wird, jemand oder etwas da sein muss, das denkt, sondern sie setzt voraus, was der Fall sein muss, wenn gedacht und nicht gemeint, empfunden oder geträumt wird. Gedacht aber wird nur, wenn etwas (wenigstens irgendwie) Bestimmtes unterschieden wird, da nur das, was sich unterscheiden lässt, gedacht werden kann.

Wenn man von dieser Voraussetzung aus nach dem Unterschied von Traum und Wachen, Schein und Wahrheit fragt, kann die Antwort nicht lauten, alles das sei wahr, von dem ich eine klare und distinkte Vorstellung habe, – so die Regel Descartes'[288] – sondern sie muss lauten, nur das ist wahr, was sich als ein so und nicht anders bestimmtes Sein erkennen lässt.

Für die Beantwortung dieser Frage aber, ob und wann etwas als ein bestimmtes Sein erkennbar ist, gibt die Hypothesis des Eidos vielfältige Auskunft, und sie erweist sich dabei keineswegs als eine bloß tautologische Feststellung wie „Die Pflan-

---

[286] S. Descartes, Med. quart. resp., AT 231-233.
[287] Erst daraus wird verständlich, warum Descartes dem Widerspruchsaxiom jeden produktiven Erkenntniswert abspricht und es für „völlig überflüssig und nutzlos" hält (s. Descartes, Corresp., AT Bd. IV, 444-445).
[288] S. z.B. Descartes, Med. III, AT 35.

ze ist eine Pflanze", „Die Wissenschaft ist die Wissenschaft" usw.[289] ermöglichende Voraussetzung, sondern als eine implikationenreiche Einsicht. Wenn das Denken sich von sich selbst her darüber sicher ist, dass es nur etwas als etwas denken kann, dann kann und muss es weiter fragen, was denn eigentlich gedacht und notwendig gedacht wird, wenn Etwas-Sein gedacht wird.

Das aber, was erkannt werden muss, wenn man vom Begriff des Seins nicht nur, wie etwa Descartes, Gebrauch machen, sondern wenn man wissen will, was man eigentlich meint, wenn man etwas ein Seiendes nennt, das ist nichts weniger als das gesamte System der platonischen Wissenschaftshierarchie. Aus der Reflexion auf die Erkenntnisbedingungen des Seins entfaltet das Denken die Erkenntnisbedingungen der Zahl, der geometrischen und stereometrischen Figuren, der Musik, der Astronomie, der Mechanik usw.

4. Das Sein als ein implikationenreicher Begriff

a) bei Parmenides

Die Grundeinsicht, dass der Ausgang des Denkens vom Sein nicht ‚analytisch' leer und tautologisch, sondern voraussetzungsreich ist, ist bereits bei Parmenides vorhanden. Bei ihm ist nicht nur in dem Satz „Denn Gedachtwerdenkönnen und Etwas-sein sind dasselbe" prägnant erfasst, dass nur Seiendes gedacht werden kann,[290] und das Wissen davon nicht durch das ziellose Auge und das dröhnende Ohr gewonnen wird, sondern allein aus dem Logos,[291] es ist bei Parmenides vor

---

[289] S. G.W.F. Hegel, Wissenschaft der Logik, hg. von G. Lasson, Hamburg 1963 (= 1934), I, 17.

[290] S. Parmenides B 3 (DK): τὸ γὰρ αὐτὸ νοεῖν ἐστίν τε καὶ εἶναι.

[291] Parm. B 7, 3-5 (DK); s. auch B 8 , 15f. (DK): ἡ δέ κρίσις περὶ τούτων ἐν τῷδ᾽ ἐστιν· ἔστιν ἢ οὐκ ἔστιν; („die Entscheidung darüber liegt darin: ist es etwas oder ist es nicht etwas?") und so immer wieder: B 2; B 6, 1-3; B 7, 1-3; B 8, 1-2; 7-8; 11; 20; 34; 35-37; 40 (DK); die Aussagen des Parmenides: τὸ γὰρ αὐτὸ νοεῖν ἐστίν τε καὶ εἶναι („Denn Gedachtwerdenkönnen und Etwas-sein sind dasselbe"), B 3 (DK) können und müssen trotz aller neuzeitlichen Einsprüche in der Prägnanz ihres Wortlauts verstanden werden, – wie es in der Antike auch nicht bezweifelt worden ist. S. v.a. Plotin, V, 1, 8, 17-20; VI, 4, 4, 24f.; Philop., in Aristoteles phys. 63,2 (CAG XVI, ed. H. Vitelli): ἴσμεν γὰρ ὅτι ὂν καλεῖ (sc. Parmenides) τὸ νοητόν („Wir wissen ja, dass er ‚seiend' das Denk- und Unterscheidbare nennt"). Noch Nicolaus Cusanus, spricht Parmenides' grundlegende Einsicht in beinahe gleicher Formulierung immer noch als die grundlegende Voraussetzung alles Erkennens aus: „Intellectus enim non dependet ab aliquo, ut intelligibilia intelligat, et nullo alio a se ipso indiget instrumento, cum sit suarum actionum principium. Intelligit enim hoc complexum: ‚quodlibet est vel non est', sine aliquo instrumento seu medio" (Comp. XI, 36, 22-26). Nur was „seiend", ein bestimmtes Etwas, ist, kann erkannt werden. Dass dies so ist, das wissen wir nicht von Dingen, die auf uns einwirken, sondern das weiß das Erkennen rein aus sich selbst. Deshalb ist es völlig korrekt, wenn Parmenides sagt, dass man

allem bereits gesehen, dass die Erkenntnis des Seins eine Fülle weiterer Erkenntnisse über das Sein einschließt. In der Sprache des Parmenides: auf dem allein denkbaren Weg, dass bestimmtes Sein ist, sind viele Zeichen (*sémata*):[292] Solche Zeichen sind, dass es ungeworden, unvergänglich ist, ganz, einheitlich, vollendet, ein Eines, dass es als Selbiges im Selbigen verharrend sein Sein allein in sich selbst hat, dass es nicht mehr oder weniger ist als bestimmtes Sein, dass es mit sich selbst in jeder Hinsicht gleich ist usw.[293]

Diese *sémata* (Zeichen) sind freilich nicht etwa Konsequenzen, die aus dem Begriff des Seins abgeleitet werden, sondern sie ergeben sich aus der Prüfung dessen, was man sagt und meint und also als gültig voraussetzt, wenn man sagt, dass nur bestimmtes Sein gedacht werden kann, denn Parmenides nimmt bei der Ausfaltung dieser Implikationen ständig Bezug auf das Prinzip, dass die Entscheidung darüber, als was das Seiende gedacht werden muss, in der Alternative liegt, dass nur bestimmtes Sein ist und schlechthin unbestimmtes Sein nicht sein noch gedacht werden kann, und wie allein dadurch die verschiedenen Bestimmungen des Seins notwendig sind.

b) bei Platon

Bei weitem präziser und ausdrücklicher als bei Parmenides wird bei Platon klar, dass die Hypothesis des Eidos eine in sich selbst voraussetzungsreiche Hypothesis ist, die zu ihrer Erklärung auf andere, höhere Hypotheseis zurückgeführt werden muss.[294] Diese Rückführung, für die der Ansatz von Ideen also nicht ein Letztes,

---

das Erkennen nicht ohne „Sein", in dem es ausgesprochen ist, d.h. seine artikulierte Form hat, antreffen wird: Immer wenn und nur wenn erkannt wird, wird bestimmtes Sein erkannt. Daher hat das Erkennen sein Wahrheitskriterium an der Artikuliertheit des Seins, die nichts „ontologisch" Vorgegebenes, sondern das Prinzip des Erkennens selbst ist. Das Problem, an dem Parmenides gescheitert ist, ist nicht, dass er die logische Komplexität des Widerspruchsaxioms nicht begriffen hätte, – davon hat er offenbar mehr erfasst, als je in die neuzeitliche Logik Eingang gefunden hat, – sondern, dass er nicht erklären konnte, wie die notwendige, und – wie er richtig gesehen hat – ganz und gar unverzichtbare Erkenntnisvoraussetzung des Widerspruchsaxioms mit der Tatsache der Veränderung vereinbar ist, ohne dass sie dabei ihre Stringenz und Notwendigkeit einbüßen müsste. S. Verf., Parmenides und der Ursprung der Philosophie, in: E. Angehrn (Hg.), Die Frage nach dem Ursprung, München/Leipzig 2008, 109-139.

[292] S. Parm. B 8, 2-3 (DK).
[293] Ebd. B 8, 3-6; 29; 23f.; 22 (DK).
[294] S. Phaidon 101d5-105c7; s. dazu: Verf. (1973), 243-287; Platon, Res publica, 511b3-c2, 531c9-535a1; s. dazu z.B. R. Marten, Platons Theorie der Idee, Freiburg/München 1975, 21-32 u.a. die Interpretation des Dialektikbegriffs bei Platon durch H.J. Krämer, Über den Zusammenhang von Prinzipienlehre und Dialektik bei Platon. Zur Definition des Dialektikers Politeia 534b-c, in: Das Problem der ungeschriebenen Lehre Platons, hg. v. J. Wippern, Darmstadt 1972, 394-448 (= Philologus 110, 1966, 35-70).

sondern ein Anfang ist,[295] endet, wie wir inzwischen durch die Interpretation der Zeugnisse der ungeschriebenen Lehre Platons genauer sehen gelernt haben, beim *hén* (das Eine), das als (*métron akribéstaton*, genauestes Maß)[296] Grund des Seins (also dafür, dass etwas ein einheitlich so und nicht anders bestimmtes Sein hat) und der Erkennbarkeit von allem ist.[297] Da dieses Problem in der Forschung ausführlich behandelt ist,[298] will ich nicht versuchen, nachzuweisen, dass dieser Rückgang das Prädikat systematisch verdient, damit dieser Rückgang aber nicht als ein abstrakt

---

[295] Diese Einsicht, die eines der wichtigsten Resultate von H.J. Krämer (1959) darstellt, steht zwar vielleicht in Widerspruch zu einem geläufigen Platon-Bild, aber nicht in Widerspruch zu einer philologisch pünktlichen Interpretation der Dialogtexte selbst. Dass der Ansatz von Ideen der zwar sichere und nicht zu Fall zu bringende Ausgangspunkt, aber eben nur der Ausgangspunkt der Methode ist, sagt Sokrates explizit Phaidon 100b5(-e7). S. dazu Verf. (1973), 228ff.

[296] S. Platon, Protag. 357b; Res publica 504b-e; Politik. 284d2; Leges 716c. S. dazu Krämer (1959), 546-549.

[297] S. außer H.J. Krämer (1959) und den zusammenfassenden und gegenüber Einwendungen abgrenzenden Darstellungen H.J. Krämers (v.a.: Die platonische Akademie und das Problem einer systematischen Interpretation der Philosophie Platons, Kant-Studien 55, 1964, 69-101; Die grundsätzlichen Fragen der indirekten Platonüberlieferung, in: H.G. Gadamer u.a. (Hg.), Idee und Zahl. Studien zur platonischen Philosophie (Abhandlungen der Heidelberger Akademie der Wissenschaften, Philosophisch-Historische Klasse, 1968,2), 106-150; Zum neuen Platon-Bild, Deutsche Vierteljahresschrift für Literaturwissenschaft und Geistesgeschichte 55, 1981, 1-18 und v.a. die Zusammenfassung der Prinzipientheorie in: Platone e i fondamenti della metafisica, Mailand 1982, 151-213) v.a. die systematische Rekonstruktion der platonischen Prinzipientheorie durch K. Gaiser, PUL (²1968), v.a. 3-204, 293-307. Die die eigentliche Problemstellung verfälschende Entgegensetzung zwischen der in den Dialogen überlieferten und der indirekt bezeugten Lehre Platons, wie sie die anfängliche Auseinandersetzung mit der sogenannten „Tübinger Position" prägte, kann inzwischen wohl als überwunden angesehen werden. Wie die argumentative Bewegung der Dialoge selbst so verläuft, dass deutlich wird, dass sie auf einen in ihnen angelegten systematischen Nexus verweist, belegt mit völliger philologischer Evidenz K. Gaiser (1982). – Die Tatsache, dass sich der systematisch-einheitliche Gedanke der platonischen Lehre auch durch eine korrekte Dialoginterpretation ermitteln lässt (so ist ja z.B. auch die neuplatonische Hypostasenlehre wesentlich aus einer Interpretation des Platonischen Parmenides entwickelt), sollte nicht dazu führen, die Hilfe, die die indirekten Zeugnisse dabei bieten können, abzulehnen. Wie wenig richtig es sein kann, den angeblich leeren Schematismus der indirekt bezeugten Prinzipientheorie Platons der Lebendigkeit des Philosophierens der Dialoge entgegenzusetzen (dass die Prinzipientheorie nicht leer und schematisch ist, soll das Folgende vom Grundsätzlichen her klarer herausbringen), beweist hinreichend allein ihre enorme Wirkungsgeschichte in der gesamten platonisch-akademischen Tradition der Antike und des Mittelalters, in der der Platon der Dialoge immer und ohne Vorbehalt auch im Licht der Prinzipientheorie verstanden worden ist. Für eine sachgerechte Kritik am sogenannten ‚Tübinger Platon' s. Radke (2003), 33-128.

[298] S. vorige Anm.

leerer Schematismus erscheint, ist es nötig, einige der Gegengründe, die aus dem neuzeitlichen Horizont eines kritischen Fundierungsanspruchs der Erkenntnis kommen, zu bedenken.

Aus diesem Horizont heraus erscheint der platonische Anfang bei dem Einen als ein mehr oder weniger beliebiger, weil nicht aus der Selbstbewegung des Denkens entwickelter Einsatz.[299] Dieser Schein entsteht, wenn man den spezifischen Charakter der platonischen Erkenntnisbegründung nicht beachtet. Denn wenn das Eine die nicht mehr weiter hintergehbare, voraussetzungslose Voraussetzung alles Erkennens genannt wird, so kommt das Wissen darum nicht aus einer äußeren Reflexion, sondern aus einer Reflexion auf die Bedingungen der Erkennbarkeit von etwas überhaupt. Erkennbar aber ist, wie das Denken aus der Reflexion auf seine eigenen Urteilsprinzipien weiß, nur das, was ein unterscheidbares Sein hat. Also ist die Frage nach den Bedingungen der Erkenntnis die Frage nach den Bedingungen des Seins. Von dieser Fragestellung her ist der Begriff des Einen die erste und auf keine Weise mehr aufhebbare, denknotwendige Bedingung, wenn überhaupt etwas als etwas soll gedacht werden können. Ohne den Begriff der Einheit kann auch der Begriff des Seins nicht mehr gedacht werden, während, wie Platon im *Parmenides* zeigt, sehr wohl das Eine selbst rein für sich ohne das Sein als intelligible Voraussetzung alles Denkbaren erschlossen werden kann.

Aber auch die übrigen Bestimmungen des Seins und des Einen, wie sie Platon etwa im *Parmenides* aufweist, sind nicht „rhapsodisch" aufgenommen,[300] sondern sind als denknotwendige Erkenntnisbedingungen systematisch entwickelt.

Dies möchte ich wenigstens an einem kurzen Textbeispiel vorführen: In der zweiten Hypothesis des *Parmenides*, in der es um die Frage geht, was sich ergibt, wenn das Eine als ein Seiendes (d.h. eine für sich unterscheidbare Einheit) gedacht wird, zeigt Platon, dass das ‚seiende Eine', d.h. wenn man es als etwas für sich Unterscheidbares erfassen will (und nur so ist es dem Denken zugänglich) nicht ohne den Begriff des Verschiedenen gedacht werden kann, auf folgende Weise auf:

> „Das Eine selbst, von dem wir sagen, dass es am (Etwas-)Sein teilhat, wenn wir es selbst im Denken allein für sich selbst begreifen, ohne dasjenige, woran es, wie wir sagen, Anteil hat, wird es sich uns so wenigstens nur als Eines darstellen oder als Vieles, eben dieses Selbe? Als Eines, glaube ich wenigstens. Lasst uns also sehen. Etwas anderes muss notwendig das (Unterscheidbar-)Sein von ihm sein, etwas anderes es selbst, wenn doch das Eine nicht das Sein ist, sondern als Eins am Sein Teil hat.

---

[299] S. dazu z.B. Kant, Kritik der reinen Vernunft B 107, der dort von den „ursprünglichen reinen Begriffen der Synthesis, die der Verstand a priori in sich enthält", betont, dass sie „systematisch aus einem gemeinschaftlichen Prinzip zu urteilen (welches eben soviel ist, als das Vermögen zu denken), erzeugt" und „nicht (wie in der vorkritischen Philosophie) rhapsodistisch, aus einer auf gut Glück unternommenen Aufsuchung reiner Begriffe entstanden" sind.

[300] S. z.B. Hegels Kritik am Platonischen Parmenides, Vorlesungen über die Geschichte der Philosophie II, 84-86 (Theorie-Werkausgabe 19).

Notwendig. Wenn also etwas anderes das Sein und etwas anderes das Eine ist, dann ist weder das Eine, sofern es Eines ist, vom Sein verschieden, noch ist das Sein, sofern es Sein ist, etwas anderes als das Eine, sondern durch das Verschiedene und Andere sind sie verschieden voneinander. So dass das Verschiedene nicht dasselbe ist, weder wie das Eine noch wie das Sein." (Platon, *Parmenides* 143a).

In dieser Argumentation Platons wird natürlich nicht gezeigt, wie sich der Begriff des Verschiedenen als eine subjektive Kategorie des Denkens, als ein Modus, wie das Denken sich eines Objekts überhaupt vergewissert, aus der Art der begreifenden Tätigkeit des Bewusstseins erst bildet, sie ist aber deshalb keineswegs ein sich unkritisch an einfach als gegeben vorausgesetzten idealen Gegenständen orientierendes Räsonieren,[301] sondern sie hat ihre kritische Legitimität darin, dass sie nach den Erkenntnisbedingungen fragt, unter denen allein der Begriff eines ‚seienden', d.h. als etwas Unterscheidbares erfassbaren Einen gedacht werden kann, – und dies ist gleichbedeutend damit, dass sie, sofern überhaupt nur, was ein bestimmtes Eines ist, ein möglicher Gegenstand der Ratio ist, dass sie nach den denknotwendigen Voraussetzungen der Rationalität überhaupt fragt, die – und das macht den eigentlichen Unterschied zur Neuzeit aus – das Denken nicht durch die Art seiner Tätigkeit erzeugt, sondern die es als das, wovon alle seine Handlungen geleitet und also auch ihrer Form nach bestimmt sind, in kritischer Wendung auf seine eigenen, ihm gewissen Urteilsprinzipien aufdeckt.

Es geht also auch hier um die kritische Aufhellung dessen, worauf sich das Denken unbemerkt bei jeder seiner begreifenden Handlungen stützt. Die Frage ist, was notwendig bereits vorausgesetzt wird, wenn der Begriff eines ‚seienden' Einen gedacht wird. Und da zeigt Platon, dass dieser Begriff notwendig einschließt, dass zwischen dem, was unter Sein, und dem, was unter Einheit gedacht wird, ein Unterschied gemacht ist, und dass dies seinerseits notwendig macht, dass auch der Begriff des Unterschiedenseins etwas Bestimmtes, nicht im Begriff des Seins und der Einheit schon Erfasstes meint.

Bei der kritischen Betrachtung des Grundaxioms allen rationalen Denkens (des Widerspruchsaxioms) wird so klar, dass das Begreifen des genauen Sinnes des Axioms selbst von der geistigen Erfassung einer Reihe weiterer Begriffe und ihres Verhältnisses zueinander abhängt. Diese Begriffe wie Einheit, Vielheit, Verschiedenheit, Sein, Identität, Gleichheit, Ähnlichkeit, Ganzes, Teil, Diskretheit, Kontinuität, Zahl, Größe usw. sind also zunächst einmal Begriffe, die das Denken aus der Betrachtung seines eigenen Grundes heraus erschließt, und zwar als Unterschiede, von denen das Denken erkennt, dass sie in dem vorausgesetzten Begriff des (bestimmten) Seins bereits „konfus" (d.h. noch nicht für sich unterschieden) mitge-

---

[301] S. dagegen z.B. Hegel, Vorlesungen über die Geschichte der Philosophie II, 68f.: „Es ist dabei (sc. bei der platonischen Dialektik) nicht ihre (sc. der Ideen) Entstehung aufgezeigt; sie erscheinen nicht als Resultat, sondern als unmittelbar aufgenommene Voraussetzung".

dacht sind, aber in ihrem jeweils distinkten Sinn und ihrem Verhältnis zueinander noch nicht begriffen sind, und in diesem Sinn sind es Reflexionsbegriffe, wie die Kategorien bei Kant oder Hegel auch. Diese Begriffe aber sind keine Produkte des Denkens, sondern sie werden im Gegenteil eingesehen, und zwar als etwas, was das Denken und unsere begreifenden Denkakte bestimmt, auch wenn es von uns nicht eingesehen wird (so wie wir ja auch im Prinzip des Widerspruchsaxioms immer schon verfahren bei allem Reden und Handeln, auch wenn wir uns über die Natur des Widerspruchsaxioms selbst noch keine Klarheit verschafft haben und es deshalb oft falsch anwenden. Aber wir wenden es an, selbst wenn wir es – mit schlechten Argumenten – bestreiten[302]).

Der Unterschied zwischen einer neuzeitlichen und der platonischen Erkenntnisbegründung, der hier sichtbar wird, ist allerdings kein historisch beliebiger Unterschied, der aus der geschichtlich bedingten Verschiedenheit der jeweiligen Systemansätze erklärt werden könnte. Die verschiedenen Weisen, wie hier jeweils die Bedingungen der Möglichkeit von Erkenntnis aufgedeckt werden, stehen vielmehr in einem nach ‚früher' und ‚später', ‚a priori' und ‚a posteriori' bestimmbaren Abhängigkeitsverhältnis zueinander.

Wenn Kant es für seine eigentliche Entdeckung hält, dass die Modi des Bewusstseins, in denen das Bewusstsein ein ihm gegebenes Mannigfaltiges einheitlich vorstellt, aus keiner Erfahrung entnommen, sondern von jeder Erfahrung vorausgesetzt werden und ihr vorhergehen, und darum jeden möglichen dem Denken gegebenen Inhalt, a priori – seiner Form nach – bestimmen, und wenn er in diesem Sinn von der Zeit als dem Begriff, von dem die Einheitlichkeit anschaulicher wie kategorial geordneter Vorstellungen abhängt, sagt: „Idea temporis non oritur, sed supponitur a sensibus",[303] so muss im Sinne eben dieses Prinzips gesagt werden, dass auch die Zeit nicht erfahren werden könnte, wenn sie nicht als *Etwas* erkannt würde, so dass der Begriff des Etwas-Seins bei jeder einzelnen Erfahrung der Zeit schon vorausgesetzt wird und dem Zeitbewusstsein also vorhergeht, da aus ihm auch begründet werden muss, was Zeit ist, während er seinerseits nicht aus dem Zeitbewusstsein ableitbar ist. Also müsste man ergänzend formulieren: notio entis (etc.) ab idea temporis non oritur, sed supponitur.

Was beim Begriff des Seins immer noch in einem bedingten Sinn gilt, das gilt vom Begriff der Einheit uneingeschränkt und absolut. Es wird ja, wie Descartes immer wieder aufzuweisen versucht hat, auch der verworrenste Gedanke nicht gedacht, ohne dass wenigstens das in ihm Vorgestellte irgendwie als ein Selbes und Eines vorgestellt würde.[304] Bevor man daher danach fragen kann, wie das Denken diese Einheit seiner Vorstellungen, die es bei allen seinen Vorstellungsakten voraussetzt, von diesem vorausgesetzten Prinzip der Einheit der Apperzeption her ausfal-

---

[302] S.o. S. 37ff; 111f.
[303] S. Kant, De mundi sensibilis atque intelligibilis forma et principiis, § 14, A$_2$ 15.
[304] S. z.B. Descartes, Med. quart. resp., AT 234f.

tet, muss gefragt werden, was eigentlich der genaue Sinn derjenigen Einheit ist, unter der alle Synthesis der Vorstellungen immer schon steht.[305]

Dies kann aber nicht dadurch geschehen, dass man in einer reflexiven Rückwendung auf die bewussten Handlungen des Denkens danach fragt, in welchen Modi des Verbindens und Trennens das Bewusstsein Einheit herstellt, da dabei das, was unter Einheit gemeint ist, niemals selbst zum kritischen Gegenstand der Untersuchung gemacht wird, sondern als eine selbstverständliche Gegebenheit ungeprüft so behandelt wird, als ob sie mit jedem beliebigen Akt des Denkens schon gegeben wäre.

Wenn es aber nicht dasselbe ist, ob das Denken etwa die Einheit einer Vorstellung dadurch herstellt, dass es auf die numerisch-quantitative Einheit eines ihm sinnlich gegebenen Gegenstands hinsieht, ohne die Konfusion des von ihm auf diese Weise Geeinten zu bemerken, oder ob sich das Denken an der wesensmäßigen Unteilbarkeit einer Sache selbst orientiert, wenn es das sinnliche Konfusum teilt und zu einer intelligiblen Form der Einheit zusammenschaut, dann ist bereits aus dieser einfachen Überlegung deutlich, dass das Denken überhaupt keinen Akt vollziehen kann, ohne dass die Art dieses Aktes wesentlich von dem Begriff von Einheit, auf den sich das Denken dabei stützt, bestimmt wäre, und zwar auch seiner Form nach bestimmt wäre.

Von einer ‚Nicht-Hintergehbarkeit' des Denkens kann also keine Rede sein, da das Denken selbst niemals mit sich selbst anfängt, sondern seinen eigenen Akt gerade so vollzieht, wie der Begriff von Einheit ist, den es dabei – ob es in klarer Reflexion davon weiß oder nicht – voraussetzt.

Wenn diese Bestimmtheit der eigenen Akte nicht unkritisch und in konfuser Zusammenmischung von Früherem und Späterem, von dem, was Bedingung der Möglichkeit des Erkennens überhaupt ist, und dem, was erst davon her seine Form erhält, hingenommen, sondern in reflexiver Rückwendung auf die eigenen Urteilsprinzipien erkannt werden soll, dann muss nach dem je verschieden möglichen Sinn von Einheit und also zuerst nach demjenigen Begriff von Einheit gefragt werden, der vor aller anderen Art je bestimmter Einheit immer schon vorausgesetzt wird.[306]

---

[305] Auch wenn dies oft nur implizit ist, weil wir, wie Descartes in seinem Gespräch mit Burmann sagt, nur auf das achten, was dem Bewusstsein unmittelbar gegenwärtig ist, nicht auf das, was dabei als Bedingung seiner Erkenntnis vorausgesetzt wird, s. Descartes, Corresp., AT Bd. V, 147. Dieses Nichtbeachten der Urteilsvoraussetzungen heißt aber nicht, dass sich das Denken nicht dennoch nach ihnen ausrichtet. Es beweist lediglich, dass das eigentliche erkennende Tun nicht Bewusstsein ist.

[306] Dass dieser in jedem Erkenntnisakt schon vorausgesetzte und ihm daher vorhergehende Begriff von Einheit, das eigentliche fundamentum inconcussum allen Erkennens ist, die sicherste ‚Hypothesis', bei der ein Zweifel schlechthin unmöglich ist (man könnte ja nicht einmal ansetzen zu denken, dass man alles bezweifeln kann, ohne bereits dabei vielfältigen Gebrauch vom Begriff der Einheit zu machen), ist vor der Wende zur ‚neuen Wissenschaft' zum letzten Mal begrifflich klar und konzise bei Nicolaus Cusanus ausgesprochen: „Huius autem absolutae unitatis praecisissima est certituso, etiam ut mens omnia in

5. Die Zahl als reines Paradigma der Erkenntnis von Einheit und Sein

Zur Hinführung auf die Erkenntnis des in allem Wissen vorausgesetzten und daher niemals als Gegenstand vergegenwärtigbaren Begriffs von Einheit dient nach Platon die Beschäftigung mit der Erkenntnis der Zahl, sofern im Begreifen des bestimmten Seins der Zahl überhaupt nichts anderes als Bedingungen der Möglichkeit des Seins von Einheit begriffen werden.

Nur um zu zeigen, wie im Begreifen der Zahl die apriorischen Urteilsprinzipien des Denkens überhaupt erfassbar sind, versuche ich wenigstens anzudeuten, worin eigentlich ‚dies Geringe' besteht, ‚eins, zwei, drei zu unterscheiden', d.h., wie im Begreifen der ersten Zahlen die Begriffsbedingungen des bestimmten Seins als solchem in ihrem Entstehen, d.h. in der Ordnung, wie sie der Reihe nach als zu unterscheidende Momente erkannt werden, aufgewiesen werden. Dabei erhebt das Folgende nicht den Anspruch, die Art der Zahlenerzeugung, wie sie aus den Dialogen, vor allem dem *Parmenides*, und aus den indirekten Zeugnissen erschließbar ist, interpretativ genau nachzuzeichnen,[307] – dies ist eine komplexe und in wenigen Sätzen gar nicht zu leistende Aufgabe; deutlich werden soll lediglich der Grundsinn der Entstehung der ersten Begriffe (primae notiones) aus der Betrachtung des Wesens der ersten Zahlen, in der rudimentären Form, wie er als weithin konstantes Gemeingut von Platon bis Nicolaus Cusanus gelten kann.

Was also setzt man voraus, wenn man diesen Unterschied nicht nur macht, sondern zu begreifen versucht, was ihn ausmacht? Der Anfang ist auch hier, dass auch die Zahl je bestimmte Einheit ist, noch nicht das, was als Einheit gedacht und unter Einheit gemeint ist selbst, sondern eine Verwirklichungsform von Einheit, Einheit in etwas anderem, wobei dieses andere – als Zahl – nichts anderes als Repräsentation, Ausfaltung von Einheit sein kann. Das heißt: Der Begriff der Zahl und bereits der Zahl ‚Eins' setzt die Möglichkeit der Verschiedenheit der bestimmten Einheit von der Einheit selbst und also die Möglichkeit des vom Einen Verschiedenen, d.h.

---

ipsa atque per ipsam agat. Omnis mens inquisitiva atque investigativa non nisi in eius lumine inquirit, nullaque esse potest quaestio, quae eam non supponat. ... Id igitur, quod in omni dubio supponitur, certissimum esse necesse est. Unitas igitur absoluta, ... in dubium trahi nequit. Sed post ipsum dubiorum est pluralitas." (Nicolaus Cusanus, De coniecturis V, 19).

[307] Zur Rekonstruktion der Erzeugung der Zahlen, wie sie für Platon erschließbar ist, s. jetzt die grundlegende Untersuchung von G. Radke (2003), v.a. 432 ff. S. auch die Auswertung der direkten und indirekten Zeugnisse bei K. Gaiser, PUL (²1968), 115-136; dort auf S. 170/71 ein Verzeichnis der wichtigsten älteren Literatur zur Frage. S. nun auch noch ders. (1986), Anm. 3. Im Unterschied zu Gaiser, der von dem Prinzip ausgeht, dass die wesensmäßige Analogie der verschiedenen Seinsdimensionen bei Platon eine Rekonstruktion der Zahlenerzeugung auch von unten her, d.h. von der Geometrie her möglich machen muss, versuche ich im Folgenden wenigstens vom Grundsätzlichen her erkennbar zu machen, dass das Verständnis der Genese der Zahl auch ‚von oben her', d.h. aus der Dimension der noetischen Erkenntnisbedingungen der Zahl, möglich ist.

des Vielen voraus. Damit ist aber erst die Möglichkeit der Verschiedenheit der bestimmten Einheit von der Einheit selbst begriffen, nicht, dass sie trotz dieser Andersheit auch selbst wieder ein Eines ist.[308] Voraussetzung dafür, dass dies gedacht werden kann, ist, dass die Vielheit, als das erste Andere der Einheit, auch selbst als (eine Form der) Einheit gedacht wird. Also ist eine weitere Erkenntnisbedingung der Zahl die Erkenntnis der Gleichheit der als das bloße Andere der Einheit begriffenen Zweiheit mit der Einheit selbst. Dies ist ein Begriff, genauer: ein einsehbarer Sachgehalt, in dem zum ersten Mal die Einheit von Gleichem, und das heißt Dreiheit, rein für sich selbst gedacht wird. In den Erkenntnisbedingungen von Eins, Zwei, Drei wird daher ausgefaltet, was als bestimmte Einheit, das heißt als Zahl überhaupt gedacht werden kann. Unter diesem Aspekt, d.h. als Begriffsbedingungen der Zahl, sind die Eins, die Zwei und die Drei, wenn man sie nicht als die Zahlen, mit denen man rechnet, betrachtet, sondern von ihren Erkenntnisbedingungen her, die reinsten Repräsentanten von **Einheit**, **Vielheit** und **Gleichheit** und damit die allgemeinsten Erkenntnisbedingungen begreifbarer Einheiten überhaupt.

So abstrakt solche Formulierungen beim ersten Hören klingen mögen, das, was in ihnen auf den Begriff gebracht ist, ist keineswegs etwas unserem alltäglichen Denken Fremdes, sondern wir handhaben es ständig und bemerken es nur deshalb nicht, weil wir darüber so sicher sind, dass es niemals als etwas Fragwürdiges und der Erkenntnis Bedürftiges in den Blick kommt.

Wenn man daher den Blick genau und nur auf die Erkenntnisbedingungen der Zahl richtet, dann muss man sich, um die Natur der verschiedenen Zahlen zu erfassen, mit nichts anderem beschäftigen, als mit den Voraussetzungen allen Erkennens überhaupt, mit dem also, was als Einheit rein für sich selbst gedacht wird, was Verschiedenheit als solche meint, was Einheit von Verschiedenem möglich macht, was der Unterschied von Selbigkeit und Gleichheit, von Gleichheit und Ähnlichkeit ist, usw., aber – und das ist das Auszeichnende des Zahlenwissens, man wird dabei – anders als etwa bei der Erkenntnis der Sinnesdinge – von keinem Mehr oder Weniger irritiert, das den Zahlen über dies hinaus, dass in ihnen, was das Eine in sich selbst ist, zum ersten Mal ins Viele hinein ausgefaltet ist, noch zukäme und so das Denken vom Begreifen des genauen Maßes des Wesens der Zahl selbst abhielte.

In diesem Sinn ist die Zahl die intelligible Voraussetzung alles rationalen, weil distinkten Seins,[309] ihre Erkenntnis liefert die Kategorien, von denen her das Den-

---

[308] Dass mit dem Begriff eines seienden, d.h. eines als etwas Bestimmtes gedachten Einen die Möglichkeit unendlicher Vielheit gegeben und – implizit – auch bereits gedacht ist, siehe Platon, Parmenides 142d1-43a3.

[309] Daher kommt es, dass man auch ohne zu zählen oder rechnerisch schematisch zu konstruieren, zahlenhaft strukturierte Ordnung herstellen kann, indem man nur auf die Einheitsbedingungen einer bestimmten Vielheit hinsieht, allein **auf das also, was zusammengehört**, damit eine bestimmte Gestalt oder ein bestimmter Sinn entsteht. Nur so ist es erklärlich, warum man in vieler großer Dichtung eine so konsequente Ordnung vorfindet, dass man sie sogar in Zahlenproportionen ausdrücken kann, obwohl doch niemand mit Überzeugungskraft behaupten könnte, dass solche Proportionalität mit Hilfe von Regeln

ken beurteilen kann, ob und wann es sich überhaupt mit etwas Einem und damit überhaupt mit einem Gegenstand beschäftigt.

Die platonische Lehre von den sogenannten Ideenzahlen, d.h. die theoretische Grundlegung der Arithmetik, ist daher das eigentliche Analogon der platonischen Erkenntnisbegründung zu den Kategorien Kants. Im Unterschied zu diesen Kategorien weist diese Lehre aber nicht auf, auf Grund welcher Bedingungen wir bereits gegebene Vorstellungseinheiten in ihrem Verhältnis zueinander so organisieren, dass wir wissen, wie wir sie in einem Bewusstsein – ihrer Form nach – zusammen haben vorstellen können, sondern sie lehrt, was überhaupt die Voraussetzungen sind, von denen her wir beurteilen, dass ein Inhalt des Denkens tatsächlich als *ein* Inhalt, d.h. überhaupt als ein Gegenstand des Denkens und nicht als bloße Mannigfaltigkeit begriffen werden darf. Sofern diese Voraussetzungen selbst inhaltlicher, nicht bloß formaler Natur sind, gehen sie dadurch weit über die Kategorien Kants hinaus, dass sie zugleich die ‚intelligiblen‘, d.h. von sich her begreifbaren Bedingungen enthalten, von denen her bei einer weniger abstrakten, weniger reinen Betrachtungsweise der Zahlen selbst sämtliche geometrischen Figuren in ihrem jeweiligen Sein begriffen und konstruiert werden können. Unter Berücksichtigung der Eigentümlichkeiten weiterer Dimensionen kann man – weiter fortschreitend – auch erfassen, was das der Erkenntnis zugängliche Sein der Gegenstände von Geometrie, Musik, Astronomie, Mechanik oder auch der physischen Körper ausmacht.

6. Die artes liberales als Wissenschaftstheorie – theoretisch und praktisch

Dass man durch die Reflexion auf die Bedingungen, die es dem Denken möglich machen, seine ihm eigene Aktivität, das Unterscheiden, auszuführen, ein ganzes, hochkomplexes Wissenschaftssystem genetisch erschließen kann, kann als eine

---

schematischer Konstruktion entstanden sei. Das Zählen ist immer etwas Nachträgliches. Nicht weil man gezählt hat, gibt es die und die Anzahlen, d.h. von anderen unterschiedene, untereinander gleiche Gegenstände, sondern weil man die und die Unterschiede gemacht hat, ist etwas gezählt. Das ausdrückliche Abzählen mit Hilfe von 1, 2, 3, ... oder a, b, c, ... ist nichts anderes, als dass man sich die Bestimmtheit der gemachten Unterschiede hinsichtlich ihres Wieviel vor das Bewusstsein bringt (d.h. gegenständlich-symbolisch vorstellt). Richtiges Zählen ist daher kein Abzählen oder die Durchführung anderer Rechenoperationen mit Zahlen oder Zahlbegriffen, sondern die Herstellung von Ordnung, d.h. von Einheit einer bestimmten Vielheit. Allerhöchste Formen solcher Ordnung sind etwa das Konstruktionsprinzip gotischer Dome (s. z.B. P. Booz, Der Baumeister der Gotik, Berlin 1957, 37-66; E. Panofsky, Gothic Architecture and Scholasticism, Latrobe Pennsylvania 1951, 7f., 20, 37-64) oder Bachscher Fugen (s. die exakten Nachweise und Analysen bei L. Czackes, Analyse des wohltemperierten Klaviers, Form und Aufbau der Fugen bei Bach, Wien 1956, v.a. 9-42), die ja, wie man stringent nachgewiesen hat, exaktesten Zahlenentsprechungen und Übereinstimmungen folgen, ohne dass jemand nachweisen hätte können, diese Übereinstimmungen seien aus Berechnung hervorgegangen.

der folgenreichsten Entdeckungen Platons bezeichnet werden, durch die er mehr als 1000 Jahre europäischer Geistesgeschichte beeinflusst hat. Denn über die Vermittlung des Neuplatonismus verbreitete sich das im 7. Buch der *Politeia* entwickelte System der ‚communis mathematica scientia' im Rahmen der Artes liberales-Tradition von der Spätantike über das arabische und lateinische Mittelalter bis in den Beginn der Neuzeit.

Dass diese ‚allgemein mathematische Wissenschaft' zugleich eine eminent praktische Bedeutung hat, da man, wie Platon behauptet, bei jeder Erkenntnis, jedem Handlungsakt von ihr Gebrauch macht, kann man durch eine Reflexion auf diese Akte überprüfen. Wenn man auch nur einen Ton hören, ein Stück geraden Wegs gehen will, muss man darauf achten, wann dieser Ton, dieser Weg *anfängt*, wie lange er *dauert*, ob er der *gleiche* bleibt, ob er *kontinuierlich* ist, wann er *endet*, usw.

In der Mathematik tut man grundsätzlich das Gleiche, aber man untersucht nicht, ob irgendetwas identisch ist, sondern was Identität, Anfang, Mitte, Ende, Gleichheit, Ähnlichkeit, Kontinuität usw. sind, d.h., was zu ihrem Begriff gehört. Die platonische Mathematik ist daher sowohl eine besondere wie eine allgemeine Wissenschaft. Für sich besteht sie in einer Analyse der Begriffsbedingungen möglicher Einheiten überhaupt, als allgemeine Wissenschaft ist sie Anwendung dieser Einheitskriterien auf alle möglichen Erkenntnisgegenstände.

Die Arithmetik entwickelt ihr System, indem sie reflexiv prüft, welche Unterschiede gedacht werden müssen, wenn begriffen werden soll, was diskrete, d.h. gegeneinander unterschiedene Einheiten zu einer (neuen) Einheit machen kann. So kann eine Einheit aus mehreren Einheiten nur durch die Einheit selbst ‚gemessen', d.h. in ihrer besonderen Form begriffen werden. Das sind die sogenannten Primzahlen. Andere Einheiten können auch in Gruppen von einander gleichen Einheiten unterschieden werden. Diese Einheiten werden traditionell ‚gerade' Zahlen genannt. Andere Einheiten können als die Summe ihrer möglichen Teile verstanden werden. Diese Einheiten gelten als vollkommene Zahlen, wie z.B. die 6, die sich sechsmal durch die 1 und zweimal durch die 3 messen lässt. Diese möglichen ‚echten' Teiler ergeben in ihrer Summierung 6 ($1 + 2 + 3 = 6$).

Bereits die Geometrie unterliegt anderen Einheitsbedingungen als die Arithmetik oder die Musik (als Theorie der Zahlverhältnisse). Die grundsätzliche Erklärung für diese Differenzen kann man vielleicht so zusammenfassen: Die Arithmetik bedenkt, welche Unterschiede erschlossen werden können, damit aus diskreten Einheiten Formen rationaler, d.h. exakt als Einheit unterscheidbarer, Einheiten gebildet werden können.

Was als eine Einheit aus Vielem, d.h. als ein Ganzes gedacht werden soll, muss als eine Einheit, deren Teile zugleich gleich (als Teile ein und desselben Ganzen) und ungleich (als Teile gegeneinander) sind, gedacht werden. Da es diese Unterschiede gibt, können sie auch für sich, d.h. isoliert gedacht werden, z.B. kann man auf den Aspekt achten, dass alle Teile eines Ganzen als Teile derselben Einheit einander gleich sind, und den Aspekt der Ungleichheit ausklammern. In einer solchen Betrachtungsweise wird die Einheit als eine kontinuierliche Einheit (als ‚Größe') gedacht, deren Teile immer wieder beliebig geteilt werden können. Diese Betrachtungsweise ist das Prinzip der Geometrie, die Einheiten untersucht, sofern sie Größen, d.h. kontinuierlich zusammenhängende Ganzheiten sind. Bei dieser Betrachtungsweise erscheinen die Zahlenreihe als Gerade und die Binnenverhältnisse der Zahlen als Figuren. So kann man z.B. die Zahl 4 arithmetisch als Synthese aus vier gleichen Einheiten betrachten. Nimmt man die Zahl 4 als ganze und betrachtet dieses Ganze als Einheit, ohne die Unterschiede unter den einzelnen diskreten Einheiten mitzuthematisieren, erscheint sie als eine sich von der 1 bis zur 4 erstreckende Einheit, bei der die 1 den Anfangs-, die 4 den Endpunkt bildet. So entsteht die Vorstellung einer ununterbrochen sich von 1 bis 4 erstreckenden Ausdehnung, d.h. die Vorstellung einer geraden (weil jeweils im kürzesten, auf eine Einheit beschränkten Abstand fortschreitenden) Linie. Betrachtet man die 4 als eine Bildung aus 2 plus 2, d.h. als Synthese aus zwei bereits synthetisierten Einheiten, die in geometrischer Betrachtung jeweils eine Gerade (aus 1 + 1) bilden, entsteht die Vorstellung eines Quadrats. Denn wenn die Vorstellung der arithmetischen Vorgabe folgt und ein ‚Schema' ihrer Tätigkeit bildet, muss sie die beiden Geraden so zusammensetzen, dass nicht nur der Binnenabstand zwischen 1 und 2 und 3 und 4 genau eine Einheit ist, auch der Abstand zwischen den beiden Geraden muss genauso groß sein.

In arithmetischer Betrachtung kann man die 4 auch als Synthese aus 3 plus 1 begreifen, und die 3 ihrerseits als eine Synthese aus 2 plus 1. Die Vorstellung, die diese Vorgaben geometrisch, d.h. in kontinuierlichen Einheiten ‚schematisiert', muss dann die 3 als Zusammensetzung der Geraden 2 mit der 1 als Punkt bilden, d.h. ein gleichseitiges Dreieck. Setzt man zu diesem Dreieck die 4 als einzelne Einheit, d.h. als Punkt dazu, entsteht zwingend ein neuer Dimensionswechsel, nach der Länge und Breite in die Höhe und es entsteht ein gleichseitiges Tetraeder.[310]

7. Wie erkennt man Einzeldinge? – Grundsätzliches

Die Grundzüge der Herleitung möglicher Unterschiede unter Zahlen und Figuren machen bereits ein elementares Verständnis der Bedingungen der Erkenntnis von Einzeldingen möglich.

Verfolgt man die Beschreibung der Bildeprozesse mathematischer ‚Gegenstände' kann man die Bedeutung der Unterscheidung von Materie und Form oder Substanz für die Genese dieser ‚Gegenstände' erkennen. ‚Materie' ist hier genau das, was bei Descartes ‚Substanz' heißen würde: das immer Gleiche, Konstante, gegenüber den unterschiedlichen Einzelgestalten Unbestimmte. Bei der Zahl ist dies die

---

[310] Wie in dieser Abhängigkeit der mathematischen Dimensionen voneinander das System des Quadrivium im Rahmen der sieben Freien Künste begründet ist, belegt und begründet überzeugend und in Abgrenzung gegen ein hellenistisches Verständnis der Freien Künste Radke (2003), 129-199.

‚Monas': Alle Zahlen sind homogene Einheiten. Diese Monaden sind aber nicht das Wesen der Zahl, sondern ihre Materie als Grundlage differenzierter Synthesemöglichkeiten. Aus der Anwendung dieser unterscheid- und bestimmbaren Möglichkeiten, z.B. der Teilbarkeit in gleiche Einheiten, auf die Zahlmaterie entstehen ‚spezifische Differenzen', z.B. gerade Zahlen.

Analog ist es in der Geometrie. Das gleichseitige Dreieck z.B. ist eine Figur, die in bestimmter Weise aus Kreis und Gerade bildbar ist. Als bereits gebildete Figur kann es zur Materie für weitere Bildevorgänge werden, etwa wenn man es zu einem regelmäßigen Tetraeder zusammensetzt, um nur auf die allereinfachsten Prozesse zu verweisen (die sogenannten ‚platonischen Körper' sind ja insgesamt Synthesen aus Dreiecken).

Am Beispiel der Entstehung von Graphit und Diamant aus Kohlenstoffatomen, auf das ich oben schon hingewiesen habe (s. oben S. 24), kann man die Relevanz dieser Unterscheidung zwischen festen Materieelementen und unterscheidbaren Möglichkeiten ihrer Formung für die Erklärung empirischer Gegenstände erkennen. Bei der Analyse eines Kohlenstoffatoms müssen die Elektronen bzw. ihre Orbitalbereiche als Materie gelten, das Tetraeder als die Bedingung der Möglichkeit der Art der Bewegung der Elektronenbahnen. Diese Kohlenstoffatome können ihrerseits wieder Materie für eine hexagonale Anordnung in ebenen Schichten sein, durch deren Formung aus Kohlenstoffatomen Graphit wird.

Diese Erklärung des Zusammenwirkens von Materie und Form bei der Genese einzelner Gegenstände ist zwar richtig, sie ist aber, wenn ich eine platonische Argumentationsfigur benutzen darf, nicht genau genug. Denn sie ist in dieser Abstraktheit noch konfus und macht eine Reihe von Missverständnissen möglich.

Da es diese Missverständnisse in der Geschichte der Philosophie tatsächlich gegeben hat, und zwar nicht nur in einer Phase, sondern mehrfach, teils durch Übernahme traditioneller Positionen, teils in neuer, eigener Auslegung des sogenannten ‚Hylemorphismus' müssen sie etwas genauer diskutiert werden. Descartes selbst hat seine eigene neue Leistung gerade in der Überwindung des vermeintlich scholastisch-aristotelischen Hylemorphismus gesehen und findet in dieser Hinsicht bis in die Gegenwart Zustimmung. Der ‚Hylemorphismus' hat allerdings, wenn er aus der von Descartes (mit-)vollzogenen Umkehr von Materie und Substanz beurteilt wird, eine völlig andere Aussage als in der Konzeption von Platon und Aristoteles.

8. Wie erkennt man Einzeldinge? – platonisch-aristotelisch und cartesianisch

a) Problemstellung

In einer grundlegenden Abhandlung über die cartesianische Erkenntnistheorie fasst Dominik Perler die Forschungsmeinung über die „Grundannahmen der aristotelischen Erkenntnistheorie und Metaphysik" konzise und verständlich zusammen.³¹¹ Ich zitiere die entscheidenden Formulierungen, aus denen die Problemstellung klar hervorgeht:

> „(1) Die aristotelisch-scholastische Erklärung geht von der hylemorphistischen These aus, dass jeder Gegenstand sich aus Form und Materie zusammensetzt. Der Erkenntnisvorgang besteht hauptsächlich darin, die Form von der konkreten Materie abzutrennen und in immaterieller Weise aufzunehmen. Doch ist es theoretisch sinnvoll und empirisch gerechtfertigt, der hylemorphistischen These zuzustimmen? Descartes verneint diese Frage ausdrücklich und beruft sich dafür auf physikalische Experimente. Alles, was wir in einem Gegenstand feststellen, sind Materieteilchen mit einer bestimmten Ausdehnung und einer bestimmten Bewegung. Wir können hinreichend erklären, was ein Gegenstand ist und wie er sich von anderen Gegenständen unterscheidet, wenn wir die Anordnung dieser Materieteilchen beschreiben. Die Form ist lediglich eine obskure kleine ‚Seele', die irrtümlicherweise zusätzlich zu den Materieteilchen angenommen wird.
> (2) Zudem geht die Erklärung der scholastischen Schulphilosophen von der physikalisch-physiologischen These aus, dass im Erkenntnisvorgang etwas vom Gegenstand zum Erkennenden übertragen und dann irgendwie im Wahrnehmungsvorgang, im Gehirn und schließlich im Intellekt weiterverarbeitet wird. Auch diese These, so behauptet Descartes, lässt sich empirisch nicht erhärten. Wenn jemand beispielsweise einen Gegenstand wahrnimmt und dabei eine Hitzempfindung hat, wird nicht eine *species* zum Erkennenden übertragen und weitergeleitet. Vielmehr haben die sich äußerst schnell bewegenden Materieteilchen des Gegenstandes die Fähigkeit, die Haut zu reizen. Diese Reizung wird durch den ganzen Körper zum Gehirn weitergeleitet. Und der Körper ist derart mit dem Geist koordiniert, dass der Geist genau dann eine Hitzempfindung hat, wenn eine körperliche Reizung vorliegt. In diesem ganzen Vorgang kommen keine Entitäten mit einer besonderen intentionalen Existenz vor, sondern nichts anderes als (a) Materieteilchen im Gegenstand und im Körper des Erkennenden sowie (b) ein Geist, der mit dem Körper koordiniert ist und eine Idee bildet.
> Angesichts der beiden fragwürdigen Annahmen, auf der das aristotelisch-scholastische Modell beruht, bemüht sich Descartes nicht, Detailprobleme zu diskutieren und zu lösen, sondern er lehnt das ganze Modell radikal ab. Zur Erklärung des Erkenntnisvorgangs ist weder die Annahme von obskuren Formen noch die Postulierung von ebenso obskuren *species*³¹² erforderlich. Es genügt, die Einwirkung von

---

311 D. Perler (1996), 6f.; zu Recht kritisiert Perler die bei Descartes vorliegende Rezeption des Hylemorphismusgedankens mit dem Hinweis darauf, dass bei Aristoteles selbst (und auch vielen Scholastikern) die Form keine zur Materie hinzutretende ‚Substanz' ist, sondern „die charakteristischen Fähigkeiten und Eigenschaften des funktionierenden Ganzen" meint. S. D. Perler, René Descartes, München 2006, 92. Diesem funktionalen Formverständnis versuche ich im Folgenden konsequent nachzugehen.
312 Die Diskussionen über die sog. Speciestheorien sind gut dokumentiert bei Leen Spruit, Species intelligibilis: from Perception to Knowledge, Vol. I: Classical and Medieval Dis-

Materieteilchen auf den Körper und die Bildung von Ideen im Geist zu beschreiben (sc. die dem entsprechen, was auf den Körper eingewirkt hat. - Erg. A.S.)."

Die beiden Thesen, die Perler hier als aristotelische Lehre beschreibt, der die Scholastiker gefolgt seien, wurden in der antiken Philosophie tatsächlich vertreten, allerdings nicht von Aristoteles (oder Platon). Die These (1), d.h. die Grundlehre des ‚Hylemorphismus', jeder Gegenstand bestehe aus Materie und Form, die Materie sei inaktive, zu allem formbare Masse, die Form das aus der (göttlichen) Vernunft stammende Prinzip der Veränderung und Ordnung dieser Masse, gehört zur Stoa. Die These (2), beim Wahrnehmungs- und Erkenntnisvorgang rezipiere der Erkennende ‚species', kleine, fast immaterielle ‚Bildchen', die von den Gegenständen (wie der Rauch vom Feuer) ausströmen, die dann von der Vernunft weiter zu allgemeinen Urteilen verarbeitet werden, wird von den Epikureern vertreten.

Beide Thesen haben eine gewisse verbale Ähnlichkeit mit aristotelischen oder platonischen Positionen. Vor allem manche Stoiker waren überzeugt, ihre Lehre sei in grundlegender Übereinstimmung mit den großen Klassikern der Philosophie.[313]

Bevor man Descartes in eine Gegnerschaft zu Aristoteles und der Scholastik bringt, ist es daher sinnvoll, die unterschiedlichen antiken Ausformungen des Hylemorphismus genauer zu betrachten. Da Seneca sich in seinem 65. Lucilius-Brief besonders ausführlich mit dem Verhältnis von Materie und Form befasst und sich dabei ausdrücklich an Platon und Aristoteles anlehnt, soll in einem ersten Schritt die in diesem Brief formulierte Ursachenlehre mit der Aristotelischen verglichen werden. Danach kann auch die sogenannte ‚species'-Lehre zutreffender beurteilt werden.

b) Der Hylemorphismus in der Stoa und bei Aristoteles

Die Stoiker, so beginnt Seneca (ep. 65, §2-4), erklären das Entstehen aller Dinge aus zwei Prinzipien, aus Materie und Form. Die Materie sei träge (iners), (vor-)bereitet zu jeder Veränderung, aber nicht aktiv, wenn sie von nichts bewegt werde. Die Ursache aber, d.h. die Vernunft (ratio), forme die Materie und gestalte sie, wie immer sie wolle. Diese eine wirkende Ursache reiche im Sinn der stoischen Lehre aus, Aristoteles habe diese aktive Ursache noch weiter differenziert und drei zusätzliche Ursachen angenommen, Platon habe sogar noch eine fünfte hinzugefügt.

Zur Erklärung benutzt Seneca das Standardbeispiel, an dem Aristoteles öfter seine Differenzierung der Ursachen erläutert: das Verfahren, in dem eine Statue hergestellt wird (z.B. *Metaphysica* 1029a3-5). Bei diesem künstlerischen Prozess kön-

cussions, Leiden 1994; Vol. II: Renaissance Controversies, Later Scholasticism, and the Elimination of the Intelligible Species in Modern Philosophy, Leiden 1995. Die Bände demonstrieren auch sehr gut die fortschreitende Konfusion zwischen species intelligibiles und sensibiles seit dem späten Mittelalter.

[313] S. z. B. Antiochos von Askalon bei Cicero, Lucullus. S. dazu M. Clausen (2008), 115-122.

ne man unterscheiden zwischen dem Erz als Materie (causa materialis), die bearbeitet wird, dem Künstler als dem Bearbeiter, der diesen Prozess durchführt (causa efficiens), der Form, in die die Statue gebracht wird (causa formalis), und dem Zweck, für den die Statue geschaffen wird (causa finalis).

In eben dieser noch groben Erklärung übernimmt Seneca die aristotelische ‚Ursachenlehre' und übergeht dabei vor allem bei der *causa formalis* und *finalis* Differenzen, die für Aristoteles substantiell sind.

Für den Vergleich mit Descartes kommt es vor allem auf den Begriff der ‚forma' an, die (bereits) Seneca einfach mit der äußeren Form und deren Umriss identifiziert. Man könnte nicht eine Statue als *Doryphóros*, eine andere als *Diadúmenos* (das sind berühmte Statuen Polyklets) erkennen, wenn sie nicht deren Aussehen hätten (Seneca, *ep.* 65, 5).

In antiken und mittelalterlichen Kommentaren zur Erklärung der Ursachenlehre am Beispiel der Statue durch Aristoteles kann man, z.B. bei Thomas von Aquin, lesen, dass dieses Beispiel nicht wörtlich genommen werden dürfe, denn die ‚figura', die äußere Form und Struktur, seien nach Aristoteles nur Akzidenzien, sie könnten nicht als die ‚species' oder ‚substantia' eines künstlichen oder natürlichen Gegenstands verstanden werden.[314]

Tatsächlich legt Aristoteles an Stellen, an denen er das, was das Wesen und das *eídos* (species) von etwas ist, genauer erklärt, großen Wert darauf, dass es weder in einer Materie als solcher noch in irgendeiner Form oder Anordnung dieser Materie gesucht werden dürfe.[315] Wenn Demokrit z.B. die Dinge nach der Formung, Stellung und Anordnung der Materieelemente unterscheide, dann bedenke er im Einzelnen nicht, dass es noch viele andere Gründe gibt, die zu unterschiedlichen Materieorganisationen führen, vor allem aber nicht, dass die Materie ihre Form nicht aus sich selbst und ihren Elementen haben könne. Wenn man z.B. das *eídos*, die ‚species', eines Hauses, das, was ein Haus zu einem Haus macht, bestimmen wolle, könne man nicht einfach Steine, Ziegel und Balken, auch nicht Steine, Ziegel und Balken in einer bestimmten Anordnung anführen.[316] Denn ein Haus erhält (auch)

---

[314] Siehe z.B. Thomas v. Aquin, In duodecim libros metaphysicorum Aristotelis expositio, hg. M.-R. Cathala, R. M. Spiazzi, Turin 1964, Nr. 1277, S. 321.

[315] Siehe v.a. Aristoteles, Metaphysica VIII, 2. (Diesem Kapitel folgt die Darstellung in diesem Abschnitt, aus der ich Teile in den Aufsatz ‚Symmetrie und Schönheit. Plotins Kritik an hellenistischen Proportionslehren und ihre unterschiedliche Wirkungsgeschichte in Mittelalter und Früher Neuzeit', in: V. Olejniczak Lobsien u. C. Olk (Hgg.), Neuplatonismus und Ästhetik. Zur Transformationsgeschichte des Schönen, Berlin/New York 2007, 59-84, hier: 69-74, übernommen habe.)

[316] Siehe v.a. ebd. 1043b5-14: „Dem, der die Sache überprüft, scheint die Silbe nicht aus Buchstaben und ihrer Anordnung zu bestehen, auch nicht das Haus aus den Ziegeln und deren Anordnung. Denn die Anordnung oder auch die Mischung haben ihren Ursprung nicht in den Elementen, deren Zusammensetzung oder Mischung sie sind. ... Und auch der Mensch ist nicht Lebewesen und etwas Zweifüßiges, sondern, sofern dies die Materie ist, muss er etwas sein, was verschieden von diesem ist ..."

seine Form nicht von bestimmten auch für vieles andere brauchbaren (und in diesem Sinn ‚allgemeinen') Materien, auch nicht von allgemeinen Formgesetzen, nach denen diese Materien geordnet werden können. Dies alles ist, wie Aristoteles terminologisch formuliert, nur *der Möglichkeit nach* (*dynámei*) Haus (*Metaphysica*, 1042b10). Man kann diese Materialien und die Möglichkeiten ihrer Formung benutzen, um daraus ein ‚wirkliches' Haus zu bauen, man kann mit denselben Materialien und ihren Formgesetzen aber auch vieles andere ‚verwirklichen', Brücken, Türme usw. Auch dabei folgt man den Gesetzen dieser Materialien und der Materie überhaupt.

Der Baumeister, der ein Haus bauen will, wählt vielmehr bestimmtes Material aus und bringt es in eine bestimmte Form, weil er sich dabei nach dem richtet, was *seinem Akt nach* (*enérgeia*) ein Haus ist (ebd. 1043a12-29). Den Akt oder die *enérgeia* von etwas nennt Aristoteles in Anlehnung an Platon an anderen Stellen häufig auch das *érgon*, das ‚Werk' von etwas. Diese *enérgeia* ist also nicht, wie viele deuten, die Wirklichkeit, d.h. der Zustand, in dem ein nur Mögliches wirklich vorhanden ist. Aus den Möglichkeiten, wie man Steine, Ziegel und Balken anordnen kann, kann vieles und verschiedenes ‚Wirkliche' entstehen.

Sie ist aber auch nicht, wie Seneca dies deutet, der Zweck, für den etwas verwendet oder wofür etwas nützlich sein kann. Seneca denkt bei der Statue daran, dass der Künstler sie schafft, um Geld oder Ruhm zu erwerben oder um einen Gott zu ehren (Seneca, *ep.* 65, 6). Alle diese Motive könnten auch Gründe sein, warum ein Haus Wirklichkeit wird. Dass diese und ähnliche ‚Gründe' an der Entstehung eines Hauses beteiligt sind, hat gerade Aristoteles in differenzierter Weise untersucht. Wenn es aber um die Frage geht, wodurch ein Haus gerade ein Haus und nichts anderes ist, geht es nach Aristoteles um etwas von allen diesen Gründen Verschiedenes (*Metaphysica*, 1043b11: *pará taúta*).

Die Art von Zwecken, wie Seneca sie nennt, Geld oder Ruhm erwerben, der Repräsentation dienen usw., sind alle nicht von der Art, dass ihre methodische Verfolgung gerade zur Konstruktion eines Hauses führen würde. Auch die Beachtung der Materialien und ihrer möglichen Formen und Strukturen reicht nicht hin, um genau das zu erfassen, was ein Haus zu einem Haus macht. Es gibt auch ganz andere Materialien als Steine, Balken und Ziegel, aus denen man ein Haus bauen kann, und auch wenn diese anderen Materialien, z.B. Glas oder Schnee, in eine völlig andere Form als die allgemein beobachtbare Form von Häusern gebracht sind, können wir erkennen, dass es sich um ein Haus handelt. Diese Angaben sind also, wie Aristoteles sagt, zu allgemein, zu ‚gattungshaft', sie treffen immer auch auf anderes als auf ein Haus zu, bzw. schließen etwas als zu den Häusern gehörend aus (z.B. ein Iglu), obwohl es dazu gehört.

Einen Zugang zu dem, was ein Haus seinem Begriff nach ist, muss man also über die ‚spezifischen Differenzen' (ebd. 1043a20) suchen, d.h. über etwas, was nur auf ein Haus als Haus zutrifft und nicht zugleich auf vieles andere.

Die Frage nach den spezifischen Differenzen setzt auch nach Aristoteles eine Wende voraus, allerdings nicht eine Wende des Blicks von ‚hier' nach ‚dort', vom Diesseits ins Jenseits, – eine solche Wende würde ja vom Begreifen der unterschiedlichen ‚wirklichen' Häuser wegführen –, sondern eine *metábasis*, einen Übergang von einem bloßen Beobachten und vorstellenden Ordnen sinnlicher Merkmale und ihrer Strukturen zu wenigstens einer Meinung über das, welche Aufgabe ein Haus, wenn es ein Haus sein soll, erfüllen muss. Eine solche Meinung ist nach Aristoteles etwa, dass ein Haus ein „*Behältnis, das Schutz für Personen und Sachen bieten kann*" (ebd. 1042a16f.) sei.

Die vorläufige Unbestimmtheit und Abstraktheit dieser Aristotelischen Erklärung einer Sachidentität aus dem ‚Werk' oder dem ‚Akt' bei diesem und vielen ähnlichen Beispielen hat dazu geführt, dass ihre Bedeutung unterschätzt wurde. Immerhin gewinnt Aristoteles bereits aus diesen vorläufigen Meinungen über das ‚Werk' von etwas eine interessante Analyse des common sense, die von vielen Theoretikern des common sense (auch der Neuzeit) übersehen wird. Denn (nicht nur Descartes, sondern auch) der common sense ist es, der glaubt, ein Haus an seiner Materie und deren Form oder Struktur zu erkennen. Er widerspricht mit dieser theoretischen Erklärung aber seiner eigenen täglichen Erkenntnispraxis. Denn offenbar fühlt sich niemand an bestimmte Materien und einen bestimmten Schematismus ihrer Form gebunden, wenn er einen Gegenstand aus anderen Materien und in völlig anderer Form wahrnimmt, etwa ein Gebilde aus Glas oder Schnee in Kugelform. Sobald man bemerkt, dass dieses Gebilde ein Ort ist, in dem man wohnen, sich gegen Witterungseinflüsse schützen, seine Sachen aufbewahren kann, nennt man es ein Haus. Und nicht nur bei vielen Alltagsdingen verhält man sich so – bei Stühlen, Tischen, Schuhen, Scheren –, auch der Naturwissenschaftler beschränkt sich nicht auf beobachtbare Eigenschaften und Strukturen, wenn er etwas als etwas Bestimmtes identifiziert. Ein unbekanntes Organ an einem unbekannten Lebewesen wird er als Seh- oder Hörorgan identifizieren, wenn man ‚experimentell' feststellen kann, dass es Farben bzw. Töne unterscheidet, auch wenn diese Organe ganz anders gebaut sind und aus anderen Elementen bestehen als bei bereits bekannten sehenden oder hörenden Lebewesen.

Es gibt also ein verbreitetes falsches Bewusstsein beim Erkennen durch Wahrnehmung. Man meint, sich ganz nach außen, auf das sinnlich Gegebene zu richten, um auf dieses Gegebene die Kategorien des Denkens anzuwenden. Sofern man aber nicht nur etwas Rotes oder Weißes, Lautes oder Leises erkennen will, sondern wissen will, was das sinnlich Gegebene ist – Haus, Schere, Auge, Ohr –, richtet man sich nach etwas, was man beim Wahrnehmen begreifen muss und aus der Wahrnehmung für sich gar nicht entnehmen kann.

Und man urteilt auch über das, was man schon begriffen hat und nicht über seine Wahrnehmungen. Von einem Weberschiffchen etwa weiß man genau so viel, wie man von seinem ‚Werk' innerhalb des Webvorgangs begriffen hat. Das kann ganz elementar und abstrakt sein, etwa: Es trennt Kette und Einschlag, es kann aber auch so detailliert und genau sein, dass man es richtig zu gebrauchen und selbst herzustellen in der Lage ist.

Bei Beispielen aus der modernen Naturwissenschaft tritt diese Differenz noch deutlicher auf. Von einem genau gesehenen Gehirngewebe weiß man genauso viel, wie man von der Aufgabe, die es erfüllt, erfasst hat, und kann auch nur dies zur Grundlage weiterer Forschung machen.

Im Sinn der Wortbedeutung des lateinischen ‚fungi': etwas verrichten, durchführen, eine Aufgabe erfüllen, könnte man sagen: Man erkennt etwas an seiner Funktion.

Die Tatsache, dass dieser Aussage wohl auch sehr viele Wissenschaftler, die ihr Vorgehen für empirisch, d.h. am Beobachtbaren orientiert halten, zustimmen würden, macht aber eine genauere Differenzierung nötig. Die *enérgeia*, von der Aristoteles spricht, kann, wie sich gezeigt hat, nicht als eine Funktion der Materie verstanden werden, da die Materie von sich aus nur die Möglichkeit, bestimmte Funktionen zu erfüllen, hat, nicht aber von sich aus die Bedingungen für genau eine bestimmte Funktion enthält. Diese spezifischen Differenzen aber, die die allgemeinen Möglichkeiten bestimmter Materien so einschränken, dass sie nur noch Bedingungen für etwas Bestimmtes und nicht auch noch für anderes sind, sucht Aristoteles. Sie sind deshalb in einem von den Möglichkeiten der Materie verschiedenen Sinn etwas Mögliches: Was Schutz bieten kann, kann Haus werden, was von ein und demselben ein und dieselbe Differenz einhalten kann, kann rund, Kreis oder ein Rad werden, usw. ‚Möglich' meint in diesem Fall: das Vermögen zu etwas Bestimmtem, eine ganz bestimmte Fähigkeit. Die Verwirklichung, Aktualisierung einer solchen Fähigkeit ist das, was das wesentliche Sein eines Gegenstands ausmacht: „Das wesentliche Sein und die ‚Form' (*eídos*, species) ist *‚enérgeia'*" (*Metaphysica* 1051b2).

c) Vermögen und Akt als Bedingung der Erkenntnis des ‚Was etwas ist' bei Platon und Aristoteles

Wie man ein Vermögen (*dýnamis*) erkennt, erklärt Platon an einer zentralen Stelle seiner *Politeia*:

> „Von einem Vermögen sehe ich weder Farbe noch Form noch etwas derartiges, wie bei manchem anderen, das ich nur beobachten muss, um bei mir zu unterscheiden, dass das eine dies, das andere etwas anderes ist. Bei einem Vermögen achte ich ausschließlich auf das, worauf es sich richtet und was es leistet. Und auf diese Weise gebe ich jedem einzelnen Vermögen eine bestimmte Bezeichnung. Das Vermögen, das auf dasselbe gerichtet ist und dasselbe leistet, nenne ich auch dasselbe, was aber auf etwas anderes gerichtet ist und etwas anderes leistet, von dem sage ich, dass es nicht dasselbe ist." (Politeia 477c6-d5)

Es wäre ein Missverständnis, wenn man aus solchen Äußerungen Platons schließen wollte, er halte Beobachtung und Wahrnehmung im Allgemeinen für überflüssig bei der Erkenntnis eines Gegenstands. Natürlich muss jemand, der einen Stein ins Wasser wirft, Form und Farbe des dabei entstehenden Gebildes sehen. Ob dieses Gebilde aber ein Kreis ist, dass ‚sieht' er nicht, sondern das begreift er beim Sehen daran, dass alle Teile der begrenzenden Außenlinie von einem Zentrum denselben Abstand einhalten. Zum ‚Sehen' eines Gegenstands gehört also immer mehr als das bloße Sehen, ja er wird überhaupt erst durch dieses Mehr als Gegenstand ‚gesehen', richtiger: erkannt. Bei diesem Erkennen nimmt man nicht einfach das Ganze der Sinneserscheinungen auf, sondern wählt unter ihnen aus, indem man auf etwas Nichtsichtbares achtet, auf das, was etwas leistet, und worauf sich diese Leistung richtet. Wenn man wissen will, ob etwas eine Schere ist, muss man prüfen, ob sie schneidet. Diese Prüfung fragt nicht, ob das, was zerschnitten wird, weiß oder rot ist, sondern bezieht sich nur auf das, was an einem Material macht, dass es schneidbar ist. Man erkennt ein Vermögen also daran, dass man das, was es allgemein kann, in einem Einzelfall ‚in Aktion setzt', und daran, dass man prüft, worauf genau sich diese Aktion bezieht: Was Schneidbares schneidet, ist eine Schere, was Farben sieht, ist ein Auge, usw.

Das Zusammenwirken der beiden Möglichkeitsformen, der abstrakten, zu vielem bildbaren Möglichkeiten der Materie und der bestimmten Möglichkeit eines Vermögens, genau Bestimmtes zu verwirklichen, erläutert Aristoteles an einigen gelungenen Definitionen des Archytas.[317] So definiert Archytas z.B. Meeresstille als „Ebenheit des Meeres" und versteht dabei ‚Meer' als Materie, als das zu vielem Bildbare, und die Ebenheit als den Akt und das *eídos*, das das zu vielem Mögliche auf eine bestimmte Form einschränkt. Aufschlussreich ist, dass ‚Ebenheit' nach Aristoteles in dieser Definition das *eídos* und die *enérgeia* ist. Ebenheit ist im Sinn der antiken Geometrie ein begrifflich mögliches Verhältnis. „Was in der Länge die Gerade ist, ist in der Breite die Ebenheit",[318] d.h. sie ist der kürzestmögliche Abstand zweier Geraden in der Breite. Diesen Abstand hält das Meer bei Meeresstille ein, die eben daran erkannt wird.

Diese Beispiele reichen schon hin, um noch einmal daran zu erinnern, dass die Orientierung am *eídos* und an der *enérgeia* zu einem gänzlich anderen Erkenntnisresultat führt als die Orientierung an der Materie, ihren (mit dem Auge oder dem Mikroskop) sichtbaren Teilen und Elementen und deren Strukturgesetzen. Sie legt nicht auf bestimmte Elemente und deren Strukturgesetze fest, sondern macht möglich, dass auch ganz andere ‚Gesetze' als die der Anordnung bei anderen Elementen dazu führen, dass etwas Bestimmtes entsteht, z.B. auch durch Mischung (etwa ein Honigtrank), durch die Lage (z.B. bei einer Schwelle), durch die zeitliche Folge (Morgen- und Abendmahlzeit) usw.[319]

Wer sich nach einem Begriff oder auch nur nach einer Meinung über das *eídos* eines Hauses richtet, wird den Reichtum oder den Ruhm des Architekten nicht für einen Sachgrund des Hauses halten, d.h. er wird nicht teleologisch (in einem neuzeitlichen Sinn, als Zweck für den etwas gebraucht werden kann) denken. Er wird

---

[317] Aristoteles, Metaphysica 1043a21-29.
[318] S. ebd., 1093b19f.
[319] S. ebd., 1042b15-25.

auch nicht ein Iglu aus Schnee vom Haussein ausschließen, weil er nur bestimmte, aus der Erfahrung bekannte Konstruktionen als Haus erkennt, d.h. er wird nicht an fixierte Regeln und Normen gebunden sein, sondern er wird alle Elemente, Regeln, Konstruktionsprinzipien, Zwecke usw. daran beurteilen, ob sie der Aufgabe, die ein Haus erfüllen muss, dienen oder nicht, und wird daran entscheiden, ob er in diesen Materien mit dieser Form ein Haus vor sich hat oder etwas anderes.

Aristoteles' allgemeine Lehre: „Alles wird auf Grund seines Vermögens und dessen Vollzug definiert"[320], d.h. in seinem wesentlichen Sein bestimmt, ist nicht nur eine Zusammenfassung seiner eigenen Analysen (etwa in *Metaphysica* VIII,2), sondern bringt auch analoge Argumentationen Platons auf den Begriff. Eine der zentralen Stellen bei Platon findet sich im ersten Buch der *Politeia* (352a-354a). Die Feststellung, dass eine jede Sache ein ihr eigentümliches ‚Werk' hat und von diesem und ihrer *dýnamis* her verstanden wird, führt Sokrates dort noch weiter, um daran den Zusammenfall des Wahren und des Guten zu demonstrieren.

> „Würdest du nicht dies als das ‚Werk' des Pferdes und eines jeden anderen Dinges ansetzen, was es durch es entweder allein oder am besten durchführt?" „Das verstehe ich nicht", sagte er. „Aber so <wirst du es verstehen>: Ist es möglich, dass du mit etwas anderem siehst als mit den Augen?" „Sicher nicht." „Und wie: dass du mit etwas anderem hörst als mit den Ohren?" „Auf keine Weise." „Also würden wir dies zu Recht die Werke dieser <Organe> nennen?" „Natürlich." „Und weiter: Mit einem Schlachtmesser könntest du doch eine Weinrebe abschneiden und auch mit einem Schnitzmesser und mit vielem anderen?" „Warum denn nicht?" „Aber doch wohl mit nichts so gut wie mit dem ‚Zurückschneidemesser', das eigens dafür gemacht ist?" „Das ist wahr." „Wollen wir das also als das Werk des ‚Zurückschneidemessers' ansetzen?" „Das wollen wir." „Nun also, denke ich, verstehst du schon besser, was ich eben gefragt habe, als ich wissen wollte, ob das das Werk eines jeden sei, was es allein oder am besten von allem ausführen kann?" ... „Gut", sagte ich, „meinst du folglich nicht auch, dass es für ein jedes, zu dem ein bestimmtes Werk gehört, auch eine optimale Verfassung gibt? Lass uns noch einmal auf dieselben Beispiele zurückkommen. Zu den Augen, sagen wir, gehört ein bestimmtes Werk?" „Ja." „Gibt es also auch eine beste Verfassung der Augen?" „Die gibt es." ... „Wie steht es mit allem anderen? Nicht genauso?" „Genauso." ... „Könnten die Augen wohl ihr Werk gut ausführen, wenn sie nicht in der ihnen gemäßen besten Verfassung sind, sondern stattdessen in einem schlechten Zustand?" „Wie könnten sie das?", sagte er; die Blindheit meinst du doch wohl statt der Sehkraft." „Was immer", sagte ich, „ihre beste Verfassung ist. Denn nicht das frage ich, sondern ob in dem ihm gemäßen Bestzustand, das, was etwas tut, sein Werk gut verrichtet, im schlechten Zustand aber schlecht." „Das sagst du richtig", sagte er. ..."

---

[320] Siehe Aristoteles, Politik I,2, 1252a23; siehe auch Meteorologica 390a10-15; Metaphysica 1049b29ff.; de anim. 403a29ff.; 412 a19-29.

Nicht durch eine bloße Spekulation, dass alles Wirkliche auch wahr, und alles Wahre auch gut ist, kommt, wie man sieht, Platon zu der Überzeugung, dass etwas dann, wenn es wirklich etwas ist, auch gut ist, sondern deshalb, weil er einen dynamischen Seinsbegriff hat. ‚Sein' heißt, ein bestimmtes ‚Werk', einen bestimmten Akt ausführen: Etwas ‚ist' ein Auge, wenn es sieht, ein Ohr, wenn es hört, eine Schere, wenn es schneidet, usw.

Bei diesem Seinsverständnis ergibt es sich ebenso natürlich wie zwingend, dass es so etwas wie einen ‚ontologischen Komparativ'[321] gibt. Wenn Sein zuerst meint: vorhanden sein, existieren, kann es keine Grade des Seins geben. Es gibt etwas oder es gibt es nicht, ein schlechtes Haus existiert nicht weniger als ein gutes. Wenn ‚Sein' aber meint: ein bestimmtes Vermögen zu Bestimmtem ausführen, verwirklichen, dann kann dieses Vermögen besser oder schlechter realisiert werden. Auch wenn man einmal einen Blecheimer als Trommel benutzen kann, er ‚ist' keine Trommel. Trommel ist etwas erst dann, wenn es das ‚Werk' einer Trommel möglichst exakt, d.h. in optimaler Weise ausführt. So folgt: Etwas ist nur dann eine Trommel, wenn es eine gute Trommel ist.

Gerade die scheinbar so spekulative Aussage Platons, dass Sein und Gutsein, Sein und Wahrsein zusammenfallen, hat eine empirische Basis, deren wissenschaftlich exakte Erklärung allerdings den Rückgang auf rationale Bedingungen nötig macht.

Um zunächst bei der empirischen Basis zu bleiben: Platon selbst sagt, dass es der ‚Gebrauchende' ist, d.h. der Praktiker, der etwas davon versteht, welche Leistung etwas verwirklichen muss, der für das richtige Urteil zuständig ist. Es ist der Winzer, der weiß, wie man die Rebschösslinge zurückschneidet, und der deshalb darüber Bescheid weiß, dass man seine Arbeit nicht mit einem riesigen Schlachtmesser, aber auch nicht mit einem Schnitzmesserchen, sondern mit dem ‚Zurückschneidemesser' (*drépanon*) ausführt. Weil er diesen ‚Akt' genau kennt und beschreiben kann, weiß er, was wirklich ein ‚Zurückschneidemesser' ist, und er weiß es, weil er die beste Ausführung seines Aktes beurteilen kann.

Auch der Musiker, der etwas vom Trommeln versteht, weiß, was eine Trommel können muss. Er kann deshalb dem Instrumentenbauer beschreiben, was er herstellen soll, und kann das Hergestellte beurteilen. Auch der Hersteller einer Trommel oder Pauke kann sich empirisch an der möglichst besten Ausführung des ‚Trommelakts' orientieren. Wenn eine bestimmte Spannung eines als Schwingungsmembran geeigneten Materials über einem bestimmten Resonanzkörper die rhythmischen und lautlichen Vorgaben gut erfüllt, dann hat er richtig gearbeitet. Er hat etwas hergestellt, was tatsächlich eine Trommel ist, weil er eine gute Trommel gebaut hat.

Die Kenntnis des *eídos*, d.h. des optimalen Leistungsakts von etwas, ist in diesem Sinn ein eminent praktisches Wissen, das weit mehr als eine bloße Sammlung und

---

[321] Zur Kritik an der platonischen Lehre, dass es im Sein ein Mehr und Weniger gibt, siehe Bröcker (1959).

Ordnung von Sinnesdaten in der Lage ist, Auskunft über das geben kann, was ein der Beobachtung zugänglicher Gegenstand tatsächlich ist.

Wenn man mehr will und z.B. eine technische Produktion von Trommeln oder Pauken entwickeln möchte, kann man sich nicht nur auf praktische Erfahrungen beschränken, sondern muss die allgemeinen Bedingungen, z.B. die Bedingungen der Erzeugung einer richtigen Spannung der Schwingungsmembran ermitteln, z.B. dass das Material glatt und eben sein muss, und dass es das nur kann, wenn es den kürzesten Abstand zwischen den jeweiligen Grenzpunkten einhält, wenn es zu bestimmten regelmäßigen Schwingungen fähig ist, oder noch konkreter, wenn man die Spannung so verändern kann, dass das Material und seine Formung eine Quint- oder Quartstimmung (z.B. bei einer Pauke) möglich macht, usw.

Das heißt: Der Weg von einem praktischen Wissen zurück zu den allein dem Verstand und der Vernunft zugänglichen Möglichkeitsbedingungen ist keine spekulative Erschließung idealer Gegenstände, sondern ist geleitet von der Suche nach größerer Genauigkeit durch die Ermittlung der allgemeinen Bedingungen, die die nötigen empirischen Qualitäten: die Glattheit der Trommelspannung, die Schärfe des Messers, die Beweglichkeit der Schere usw., möglich machen. Bei dieser Form der Erschließung rationaler Bedingungen trifft man nicht auf ins ideale gesteigerte Gegenstände: die Trommel an sich, das ideale Haus oder die ideale Viereckigkeit, man trifft nicht einmal auf ideale Dreiecke oder Kreise. Auch ein ideales Dreieck, heute würde man es einen ‚Ideator' nennen, ist ein bestimmtes Dreieck, z.B. ein gleichseitiges. Das begreifbare Sein eines Dreiecks aber enthält die Vielfalt der Möglichkeiten, wie etwas Dreieck sein kann. Ein ‚Ideator' ist nach der klaren Aristotelischen Lehre ein in der Materie des Denkens (der *hýle noetē*), d.h. der Vorstellung, repräsentiertes Dreieck. Auch von einem solchen Dreieck weiß man erst, dass es wirklich ein Dreieck und welches Dreieck es ist, wenn man die vorgestellte Repräsentation am Begriff selbst des Dreiecks und er in ihm liegenden Unterschiede überprüft.

Nimmt man – wie auch Descartes – diese Repräsentation für den Begriff, dann entsteht ein radikal neues Problem, das Problem, wie man verifizieren kann, dass es über das ‚nur gedachte' Dreieck hinaus auch in der ‚Wirklichkeit' ein Dreieck gibt.

Exkurs: Zur Differenz zwischen dem, was etwas wirklich und in der Wirklichkeit ist.

Auch in Bezug auf die Frage, wann etwas wirklich etwas Bestimmtes ist, und wann etwas über seinen Begriff oder seine Vorstellung hinaus auch in der sinnlichen Wirklichkeit vorhanden ist,[322] nimmt Descartes eine lehrreiche Zwischenposition ein. Denn er hält einerseits an der alten aristotelisch-scholastischen Auffassung fest, dass das Dreieck deshalb keine bloße Fiktion subjektiven Denkens ist („a me non

---

[322] Zur Diskussion dieser Problematik in der Descartes-Forschung s. A. Danto, The Representational Character of Ideas and the Problem of the External World, in: M. Hooker (Hg.), Descartes. Critical and Interpretive Essays, Baltimore/London 1978, 287-297.

efficta est", Descartes, *Med. V*, AT 64) und in seinem Sein auch nicht vom subjektiven Denken abhängt („nec a mente mea dependet", ebd.), weil seine Eigenschaften auf Grund eines *Beweises* gewusst werden („patet ex eo quod *demonstrari* possent variae proprietates de isto triangulo", ebd.). Alles aber, was klar und deutlich erkannt werde, sei eben deshalb etwas Bestimmtes, kein bloßes Nichts. Denn alles, was wahr sei, sei auch etwas („patet enim illud omne quod verum est esse *aliquid*", ebd. AT 65).

Die existentielle Bedeutung dieser Charakterisierung des Etwas-Seins des Dreiecks zeigt sich daran, dass der Beweis der über jeden Zweifel erhabenen Existenz des Denkens selbst in der *zweiten Meditation* auf dem gleichen Argument beruht: Das Sein des Denkens werde noch viel distinkter und evidenter erkannt als das Wesen des Wachses, weil es offenkundig nicht sein könne, dass „ich, der ich denke, nicht etwas Bestimmtes bin" („ego ipse cogitans non aliquid sim", *Med. II*, AT 33). Dieser Schluss auf das distinkte Etwas-Sein ist aber in dieser Argumentation zugleich, ja der eigentliche Beweis, dass das Ich als Denken existiert („me ipsum etiam existere", ebd.).

Abgesehen davon, dass Aristoteles die wissenschaftliche Sicherheit des Beweises nicht in Evidenzkriterien sucht, folgt Descartes mit diesen Argumenten tatsächlich einer langen aristotelisch-scholastischen Tradition. Dasjenige (Etwas-)Seiende, von dem bewiesen werden kann, dass es ‚von sich selbst her, als es selbst und unabhängig von anderem, d.h. primär ist, was es ist', ist zwar niemals ein konkretes, wahrnehm- oder vorstellbares Einzelding, es ist aber wirklich das, was es ist, und hat in diesem Sinn, wie Aristoteles sagt, mehr Sein als die Einzeldinge, von ihm weiß man genauer als von den Einzeldingen, dass es es wirklich gibt, auch wenn seine Seinsweise nur ‚intelligibel' (*noetón*) ist. Es existiert als ein sicher erkennbarer Gegenstand des Denkens[323].

Da gerade das ‚Ich denke' für Descartes nicht sinnlich wahrnehmbar ist, kann auch für ihn die Existenzgewissheit des Denkens nur auf der Sicherheit, mit der es gedacht werden kann, beruhen. Das ‚Ich denke' hat also eine nicht sinnliche, immaterielle Existenz bei Descartes.

Diese Sicherheit ruht nicht auf der Möglichkeit, zu verifizieren, ob das ‚Ich denke' irgendwo „außer mir existiert" (*Med. V*, AT 63), sondern darauf, dass man vom Denken wie von den mathematischen Gegenständen, etwa dem Dreieck, weiß, dass es wirklich das ist, was es ist, und nicht die Gefahr besteht, es könnte auch irgendetwas anderes sein.

Im Zuge der Unterscheidung der Idee von Gott von allen anderen möglichen Ideen unseres Denkens kommt Descartes allerdings zu einem anderen Begriff von ‚wirklichem Dreieck'. Denn hier wie anderen ähnlichen Zusammenhängen gesteht er einem Begriff erst dann und nur dadurch ‚Realität' zu, dass er unabhängig vom Denken in der ‚äußeren' Wirklichkeit existiert.

[323] S. Verf. ([2]2008), 407-415.

In seinem Gottesbeweis möchte Descartes ja zeigen, dass nur in der Idee Gottes Wesen und Dasein identisch sind. Nur von Gott weiß man, dass man dann, wenn man sein Wesen erkannt hat, zugleich weiß, dass er auch existiert. Bei allen anderen Dingen ist in ihrem Begriff nur ein mögliches oder vielleicht sogar nur zufälliges Dasein enthalten.[324] Man weiß vom Dreieck, dass seine Innenwinkelsumme notwendig so groß ist wie zwei rechte Winkel, das Dreiecksein ist also immer mit dieser Winkelsumme verbunden. Von einem Berg weiß man, dass zu seinem Begriff sein Gegenteil, das Tal gehört. Ob aber ein bestimmter Berg tatsächlich von einem Tal umgeben ist, folgt nicht aus dem Begriff, man muss es empirisch überprüfen. Nur bei Gott weiß man, dass ihm nicht nur bestimmte Eigenschaften notwendig zukommen, sondern dass zu diesen Eigenschaften auch die Existenz gehört.

Aus dieser Argumentation ergibt sich, dass man vom Begriff des Dreiecks genauso wenig wie von der Idee der Kälte, die man gerade empfindet, weiß, ob ihm ‚in der Wirklichkeit' außerhalb unseres Denkens etwas entspricht, ob es also in diesem Sinn wirklich ein Dreieck ist.

Bei dieser Problemstellung ergibt sich eine Nivellierung der Unterschiede unter den Begriffen, Meinungen, Vorstellungen, die man haben kann. Die ‚Idee des Dreiecks' hat keine größere Sicherheit als die ‚Idee der Kälte'. Der Probierstein, ob die Idee der Kälte, die man gerade hat, tatsächlich wahr ist, ist der Nachweis, dass sie einer Kälte ‚außer mir' entspricht. Diese Nachweispflicht gilt dann auch für den wissenschaftlichen Begriff des Dreiecks. Auch ihm muss eine korrespondierende Wirklichkeit nachgewiesen werden, sonst bleibt er ein bloßer Gedanke.

Auch wenn Descartes diese Korrespondenz nicht von einer empirischen Verifizierung abhängig macht, da er überzeugt ist, durch seinen Gottesbeweis gesichert zu haben, dass jeder klaren und deutlichen Idee in uns auch eine äußere Wirklichkeit entspricht, weil ein guter Gott uns über das klar Eingesehene nicht täuschen kann, der Beweis für die Wirklichkeit des Dreiecks beruht nun auf der garantierten Korrespondenz von Vorstellung und Ding, nicht, wie in der von Descartes ausdrücklich nachvollzogenen Argumentation des Aristotelismus auf der Anwendung rationaler Kriterien.

Man kann bei Descartes also unterscheiden zwischen zwei Wirklichkeitsbegriffen: ‚Wirklich' ist einerseits das, von dem man beweisen kann, dass es genau das ist, als was es erkannt ist, und nichts anderes. ‚Wirklich' ist aber anderseits nur das, was eine vom Denken unabhängige Existenz hat und von dem diese Existenz nachgewiesen oder beglaubigt werden kann.

Beide Wirklichkeitsbegriffe verwendet Descartes nicht selten konfus. Das ist auch daran ablesbar, dass er eben das nicht mehr zu überprüfen sucht, was man im alten aristotelischen Sinn überprüfen müsste, wenn man von einem bestimmten Dreieck wissen möchte, ob es in oder außerhalb des Denkens existiert. Denn zu einem in diesem Sinn wirklichen Dreieck kann es grundsätzlich keine Korrespondenz im Denken geben. Man hat, wie Aristoteles wohl zu Recht sagt, nicht den

---

[324] S. v.a. Descartes, Med. sec. resp., AT 166f.

Stein in der Seele. D.h., ein wahrnehmbares Ding hat über sein begriffliches Sein hinaus zusätzliche Eigenschaften. Ein Dreieck im Sand z.B. ist braun, hat viele kugelförmige Teile, die fest und glatt sind, usw. Diese Eigenschaften kommen nicht als bloße Empfindung zum begrifflichen Sein des Dreiecks hinzu, das ansonsten identisch mit ihnen ist, sondern sie sind zusätzliche Eigenschaften, die der Begriff überhaupt nicht hat, die aber für die sinnliche Existenz der begrifflichen Eigenschaften die Ursache sind.

Die Aufgabenstellung, ob einem Begriff von einem ‚Ding' ein wirkliches Ding entspricht, ist also gerade umgekehrt, wie sie bei Descartes mit der Frage, ob einem nur möglichen ein wirkliches Ding entspreche, formuliert ist. Die Frage, ob ein wahrgenommener Gegenstand wirklich ein Dreieck ist, ist nicht damit beantwortet, dass man auf irgendeine empirische Weise realisiert, dass dem subjektiven Begriff tatsächlich etwas Äußeres entspricht. Wer z.B. zwischen Trapez, Parallelogramm und Raute nicht oder nicht genau unterscheiden kann, der wird, auch wenn er empirisch zuverlässig feststellen kann, dass seinem ‚Begriff' etwas Äußeres entspricht, nicht wissen, ob das, was ihm durch ‚Empfindung' beglaubigt ist, wirklich eine Raute oder (nur) ein Trapez ist.

Der Nachweis einer sinnlich empirischen Existenz ist also von zwei zu unterscheidenden Erkenntnisakten abhängig: Die Sinne müssen, z.B. durch eine von Farbe abgegrenzte Form, einen bestimmten Gegenstand zeigen. Dies zu überprüfen ist und bleibt eine Aufgabe der Sinne und einer Kritik ihrer Leistungsfähigkeit. Ob das durch Farbe abgegrenzte und in dieser Form sichtbare Gebilde ein Dreieck oder eine Raute ist, muss durch Anwendung begrifflicher Kriterien auf dieses Gebilde geprüft werden: Sind alle vier Seiten gleich lang, sind die gegenüber liegenden Seiten parallel und die gegenüber liegenden Winkel gleich groß?

Sind diese Bedingungen erfüllt und ist die Sicherheit der Sinneswahrnehmung geprüft, dann ist das der Wahrnehmung zugängliche Gebilde wirklich eine Raute im doppelten Sinn des Wortes: Es ist tatsächlich und nicht nur auf Grund einer falschen Meinung oder Einbildung eine Raute, und es hat hier und jetzt eine konkrete sinnliche Wirklichkeit.

d) Die Konfusion von innerer und äußerer Form und die Einebnung von Vernunft und Vorstellung bei Descartes

Bereits die kleine Skizze der platonisch-aristotelischen Lehre vom Verhältnis von Materie und Form im letzten Kapitel macht deutlich, dass es sich bei diesem sogenannten Hylemorphismus um eine differenzierte Lehre mit vielen Kriterien für eine methodisch geleitete Erkenntnis auch von sinnlichen Einzeldingen handelt. Im späten Mittelalter wurde sie, vor allem durch den sogenannten Nominalismus, in einem ähnlichen Sinn umgedeutet, wie es bereits die antike Stoa, etwa Seneca in seinem 65. Luciliusbrief, getan hatte. Die Form erscheint in diesem ‚neuen' Verständnis als die strukturelle Anordnung der Materieteile, die sich im äußeren Umriss zeigt. Diese zum Gegenstand selbst gehörende (äußere) Form löst, so ist die in der Frühen Neuzeit wieder verbreitete Vorstellung, das Denken von der Materie ab und vergegenwärtigt sie vor sich selbst. Dominik Perler beschreibt diese vermeintlich aristotelisch-scholastische Auffassung prägnant und zutreffend:

> „Wenn ich die Form des Hauses aufnehme, gibt es nicht eine Form im Haus und zusätzlich eine Form in meiner Seele. Was ich in der Seele habe, ist nichts anderes als die Form des Hauses, freilich nicht in materieller Art und Weise (d.h. so wie die Form im Haus mit den zehn Fenstern und dem spitzen Dach existiert), sondern in immaterieller Weise (d.h. so wie sie mir durch die intentionale species vergegenwärtigt wird)."[325]

Die Form wird hier, wie Perler richtig erklärt, als die äußere Gestalt, die durch die Anordnung der Teile zustande kommt, verstanden (die zehn Fenster und das spitze Dach), die Immaterialität dieser Form besteht darin, dass sie im Denken ohne die materiellen Eigenschaften der Dichte, Schwere usw. lediglich in ihrem vorstellbaren Umriss vergegenwärtigt wird.

Gegenüber Aristoteles liegt hier also eine doppelte Abweichung vor: Die Form (species, *eídos*) ist nicht die *enérgeia* oder das *érgon*, das etwas erfüllt, sondern lediglich das ‚Schema' einer bestimmten, einzelnen Verwirklichung des *eídos*. Ihre ‚Immaterialiät' ist deshalb nur noch die Präsenz des Schemas in der Vorstellung, die nach Aristoteles gerade eine ‚geistige Materie' (*hýle noeté*) ist, die Immaterialität besteht nicht mehr in der Unabhängigkeit der unterscheidbaren Möglichkeiten von jeder Art ihrer Verwirklichung.

Interessanterweise ist gerade die ausdrückliche Unterscheidung zwischen der Vorstellung (imaginatio) und der reinen Vernunft (pura intellectio), die Descartes in der *sechsten Meditation* erklärt, ein besonders markanter Beleg dafür, dass auch er die Dimension der Vorstellung nicht mehr grundlegend überschreitet. Ein Dreieck, so erläutert Descartes, könne er sich klar und deutlich vorstellen, bei einem Tausend- oder Zehntausendeck dagegen sei nur noch eine konfuse Repräsentation („confuse mihi repraesentem", *Med. VI*, AT 72) möglich. Um zu wissen, dass eine Figur ein Tausendeck ist, muss man die Seiten zählen und im Zahlbegriff auf sie (symbolisch) verweisen. Dies sei ein rein geistiger Akt, dessen Unabhängigkeit von der Vorstellung auch daran erkennbar werde, dass die Vorstellung eine zu diesem Denkakt hinzukommende Leistung sei, wie man daran bemerken könne, dass man einfach durch ein geistiges Verstehen begreifen könne, dass eine Figur fünf Ecken habe, während die Vorstellung eines Fünfecks zu diesem reinen Denken dazukommen müsse, wenn man sich die fünfeckige Figur auch noch bildlich vergegenwärtigen möchte (*Med. VI*, AT 72f.).

Descartes unterscheidet also zwischen einer klaren und deutlichen Vorstellung, die die Form eines äußeren Gegenstands möglichst genau repräsentiert, dies allein

---

[325] S. D. Perler (1996), 5.

nennt er Vorstellung, und der Fähigkeit, auch Gegenstände, deren komplexe Form nicht mehr in einer klaren und deutlichen Vorstellung vergegenwärtigt werden kann, durch eine reine inspectio mentis dennoch in ihrer Besonderheit erkennen zu können. Auch wenn das durch einen solchen unmittelbaren ‚Einblick des Denkens' Erfasste mathematisch nachkonstruiert werden kann, weil das klar und deutlich Erkannte das ist, was Objekt reiner Mathematik ist („quae clare et distincte intelligo ... in purae Matheseos objecto comprehenduntur", *Med. VI*, AT 80), dieses mathematische (Nach-)Verstehen (comprehensio) bezieht sich auf die äußere Form eines Gegenstandes, auf die unendlich vielen Ecken einer Figur, auf die unvorstellbar vielen quantitativen Veränderungen eines Stückes Wachs, usw.

Die für Platon und Aristoteles so wichtige Differenz zwischen dem ‚Werk' von etwas und seiner materiellen und strukturellen Realisation bleibt gänzlich ausgeblendet. Der Intellekt ist eine ins Unendliche gesteigerte Vorstellungskraft, eine Art intellektueller Anschauung, die (wie eigentlich nur Gott) das Ganze der Gegenstände in seiner unendlichen Vielfalt auf einmal umgreift. Die Voraussetzung ist offenkundig die Überzeugung, dass eine dem wahrgenommenen Gegenstand genau entsprechende Vergegenwärtigung zugleich die vollkommene Erkenntnis dieses Gegenstands wäre.

Ein in dieser Weise ‚ganzheitliche' Erkenntnis enthält immer Substantielles und Akzidentelles in uneinheitlicher Mischung und gibt grundsätzlich nicht zu erkennen, mit welcher Sache man es zu tun hat. Wer zwischen Raute und Trapez nicht unterscheiden kann, kann auch aus der durch die klarste und deutlichste Vorstellung unterstützten ‚mentalen Repräsentation' eines Trapezes nicht erkennen, ob die repräsentierte Figur eine Raute ist oder nicht.

Beim Dreiecksatz, den Descartes immer noch in Nachfolge aristotelischer Tradition als Hauptbeispiel sicherer Erkenntnis benutzt, hat schon Aristoteles nachdrücklich gezeigt, dass er sich nicht in einer Figur repräsentieren lässt. Er gilt für jede Art von Dreieck in jeder Art von Realisierung. Er ist daher nicht nur ungenau vorstellbar wie ein Tausendeck, sondern gar nicht.

Obwohl der Unterschied zwischen einer Sacherkenntnis und einer vollständigen Gegenstandserkenntnis, wie die von Platon und Aristoteles beigebrachten Beispiele dokumentieren, zusätzlich zu seiner wissenschaftlichen Begründung eine unmittelbare Plausibilität hat, möchte ich noch auf einige oft diskutierte und aussagekräftige Beispiele aus dieser Tradition etwas genauer eingehen, weil die Hin- und Herbewegung zwischen einer ganzheitlichen und einer auf die Elemente reduzierten Erkenntnis gerade durch Descartes eine starke Breitenwirkung erhalten hat, so dass die ursprüngliche Differenz zwischen Sach- und Gegenstandserkenntnis (und einer darauf bezogenen Unterscheidung von Substanz und Akzidenz) immer wieder unberücksichtigt geblieben ist.

Das vielleicht berühmteste Beispiel, das vor Augen führt, wie wenig die äußere Erscheinung, die man in sinnlicher Ganzheit vor sich hat, ihr wesentliches Sein zu erkennen gibt, bietet Sokrates. Alkibiades sagt von ihm bekanntlich am Ende des platonischen *Symposions*, er gleiche äußerlich einem Satyrn, von innen gesehen aber zeige er eine göttliche Erscheinung.[326]

Ein noch aufschlussreicheres Beispiel für die ungenügende Erkenntnisleistung, die eine auch noch so genaue Repräsentation eines den Sinnen (klar und deutlich) gegebenen Gegenstands erbringt, bietet eine andere Sokratesanekdote, weil sie von einer wissenschaftlichen Erfassung und Beschreibung des äußeren Gegenstands ausgeht. Ein berühmter Physiognom namens Zopyros sei nach Athen gekommen und habe die Leistungsfähigkeit seiner neuen Wissenschaft gerühmt. Er sei in der Lage, aus dem Körperbau, den Augen, den Gesichtszügen, der Stirn den Charakter und das Wesen eines Menschen ganz genau erkennen zu können (pernoscere).[327] Die Probe seiner Kunst soll er an Sokrates geben. Sein abschließendes Urteil ist, er sei dumm und stumpfsinnig (stupidus et bardus) und frauentoll (mulierosus), und er belegt dies an empirisch geprüften Merkmalen, z.B. daran, dass bei ihm die Kehle nicht konkav sei, die Teile seien blockiert und verhärtet (ebd.). Die Schüler lachen natürlich, aber Sokrates nimmt den Physiognomen, wie Cicero an anderer Stelle berichtet,[328] in Schutz. Was Zopyros als seine Natur beschreibe, die er aus seiner ‚Form' klar erschließen (ex forma perspicere) könne, das sei tatsächlich in ihm angelegt, mit seiner Ratio aber habe er es zurückgedrängt (ratione a se deiecta diceret).

Diese Geschichte wird schon in der Antike meist als Beispiel für den möglichen Sieg der Vernunft über die angeborenen Eigenschaften eines Menschen angeführt. Das ist auch richtig. Sie hat aber eine erkenntnistheoretische Basis. Denn sie setzt voraus, dass Sokrates' Wesen nicht aus seinem Äußeren abstrahiert werden kann, auch nicht in wissenschaftlicher Beobachtung und Verarbeitung des Beobachteten, sondern aus der Art und Weise, wie er seine spezifisch menschlichen und individuellen Vermögen verwirklicht hat. Da das den Menschen unterscheidende Vermögen im Allgemeinen und bei Sokrates in besonderer Weise die Vernunft ist, kann nur der, der etwas von der Art, wie Sokrates diese *dynámeis*, diese Vermögen aktualisiert, d.h. ins ‚Werk' gesetzt hat, tatsächlich etwas über Charakter und Wesen dieses Sokrates aussagen.

Sokrates ist aber nicht der einzige und nicht der erste bei dem diese Diskrepanz von außen und innen bemerkt und literarisch dargestellt worden ist. Berühmt ist Homers Darstellung des Odysseus in der *Ilias* (3, 204-224). Zu Beginn des Krieges, so berichtet Antenor, ein älterer Trojaner, während der sogenannten ‚Mauerschau', seien Menelaos und Odysseus als Verhandlungsführer nach Troia gekommen. Von seiner äußeren Gestalt her habe ihnen Odysseus den Eindruck eines einfältigen Menschen gemacht, griesgrämig und stumpfsinnig, als er aber seine Stimme hören ließ und seine Worte dichtem Schneetreiben im Winter glichen, da schien ihnen, dass es niemanden gebe, der sich ihm vergleichen könne. Seither habe sie der Anblick des Odysseus nicht mehr so sehr in Erstaunen versetzt (ebd. 3, 219-224).

---

[326] S. Platon, Symposion, 215 a-b.
[327] S. Cicero, De fato, 5, 10.
[328] S. Cicero, Tusculanae disputationes, 4, 80.

Auch Odysseus steht einem erst als Odysseus vor Augen, wenn man etwas von seinem charakterlichen Potential begreift, und das ist erst möglich, wenn man ihn dabei ‚beobachten' kann, wie er es verwirklicht.[329]

Die schon von Descartes vertretene und bis heute verbreitete Deutung, der sogenannte Hylemorphismus der Antike und des (Früh- und Hoch-)Mittelalters verstehe unter ‚Form' die die wahrnehmbare Gestalt eines Gegenstands prägende Form und erkläre Erkenntnis deshalb als eine Art immaterieller Abstraktion dieser im Gegenstand materialisierten Form, übergeht, wie deutlich geworden ist, grundlegende Einsichten und Differenzierungen, die man in vielen Texten finden kann.[330] ‚Form' (*eídos*, species) ist nicht die äußere Struktur und der Umriss eines Gegenstands, sondern das sich in ihm verwirklichende Vermögen zu einem bestimmen ‚Seinsakt'. Wer wissen will, wer Sokrates oder Odysseus ist, muss nicht die äußere Gestalt (wissenschaftlich) erfassen und beschreiben, sondern muss ‚beobachten', wie sie reden, argumentieren, sich verhalten, usw. Erst für den, der Odysseus' Redegabe beim Hören begreift, gewinnt die Wahrnehmung, in diesem Fall das Hören, Bedeutung. Er hört nicht bloße Laute, sondern begreift die in ihnen liegende Fähigkeit des Redenden. Die Beispiele, bei denen das Äußere und Innere beinahe ganz auseinanderfallen, sind natürlich Extremfälle. Sie verweisen aber besonders markant auf die Differenz, die man beachten muss. Ein Haus, ein Auge, eine Schere müssen nicht genau eine bestimmten Form und Struktur haben und auch nicht nur ein bestimmtes Material. Aber sie können auch nicht beliebige Formen und Materien haben, sondern solche, die die Ausführung ihres ‚Werks' möglich machen. Dieses Werk aber wird nicht am Äußeren erkannt, sondern das Äußere wird als Ausführung des Werks, das man begreifen muss und nicht wahrnehmen kann, erkannt.

e) Die ‚species intermediae' – Theorie: epikureisch und platonisch

Mit der Unterscheidung des ‚Werks' oder des ‚Akts' von etwas als seiner inneren Form von der äußeren, gewinnt auch die Diskussion über die sogenannte ‚species-Theorie' eine neue Ebene.

Die Meinung, beim Erkennen würden gleichsam immaterielle oder feinmaterielle Bildchen vom Gegenstand zum Wahrnehmenden übertragen, der diese ‚Formen'

---

[329] Bei Odysseus passt das unschöne Äußere nicht zur inneren Größe. Es gibt bei Homer auch das Umgekehrte: den Glanz äußerer Schönheit, dem keine gleiche innere Schönheit und Gutheit entspricht. Die Hauptfiguren für diese Diskrepanz sind Paris, bei dem der herausragenden Schönheit keine herausragende Tapferkeit entspricht (Ilias 3, 39-57), und in gewissem Sinn auch Helena, die sich selbst für ihr ‚hündisches Wesen' anklagt (Ilias 6, 344-358). Davon dass bei den Griechen das Ideal der ‚Kalokagathia', des Zusammenseins von innerer und äußerer Schönheit, in der Unfähigkeit, innen und außen zu unterscheiden, seinen Grund habe, kann keine Rede sein.

[330] S. Perler (1996), 68ff.

dann in seiner Vorstellung sich möglichst getreu vergegenwärtigen und in einem weiteren Prozess noch abstrakter denken kann, hat mit dem ursprünglichen Konzept dessen, was eine species ist und wie sie erkannt wird, fast nur noch den Namen gemein. Man erzeugt keine ‚immaterielle' Vorstellung der Viereckigkeit eines Tisches im ‚Denken' , um von hier zu einer abstrakten Vorstellung von Viereckigkeit überhaupt fortzuschreiten,[331] die Immaterialität der Erkenntnis der species von etwas besteht vielmehr darin, dass die species die Möglichkeitsbedingungen umfasst, die in einem Gegenstand realisiert sind. In der markanten Formulierung von Aristoteles lautet diese Lehre: „Alles wird an seinem (bestimmten) Vermögen und an dessen Verwirklichung erkannt."

Mit dieser funktionalen Deutung des aristotelischen *eídos* (species) verliert die neuzeitliche Kritik an den sogenannten ‚species intermediae' (die zwischen dem Gegenstand und dem Wahrnehmenden vermitteln) ihren Gegenstand. Sie vermischt eine epikureische Lehre mit der aristotelischen. In der Wiedergabe der Wahrnehmungstheorie des Epikur durch Lukrez kann man tatsächlich lesen, dass sich ‚species et forma'[332] wie kleine Bildchen (simulacra) von den Dingen ablösen und als feine, luftige Atomgebilde auf den Wahrnehmenden treffen, bei dem sie eine Gleichheit zwischen seiner Wahrnehmung und der wahrnehmbaren Beschaffenheit des Gegenstands herstellen.[333]

Diese Lehre wurde wie so viel Hellenistisches in der Frühen Neuzeit, die in der hellenistisch-römischen Antike ‚die' Antike zu finden glaubte, mit dem scheinbar gleichlautenden species-Theorien der aristotelischen Scholastik vermischt. Sie trifft aber, wie ich schon zu zeigen versucht habe, nur auf die Spätscholastik, v.a. seit dem sog. Nominalismus Ockhams, zu, die von sich aus eine Aristotelesinterpretation entwickelt hat, die zu den hellenistischen Lehren kongenial war.

Durch diese Vermischung ändert sich auch die alte Wahrheitsformel, Wahrheit sei ‚adaequatio rei et intellectus' grundlegend. Sie wird nun gedeutet als Übereinstimmung des Vorstellungsbildes mit den Eigenschaften der ‚äußeren' Gegenstände. ‚Res' bedeutet aber in dieser Formel noch bei Thomas von Aquin nicht ‚Ding', sondern Sache (griechisch: *prágma*), und ‚intellectus' ist nicht die Vorstellung, sondern das noch über der ratio liegende Erkenntnisvermögen einer die Diskursivität der Ratio einheitlich umfassenden Erkenntnisweise (*noús*). Der Intellekt (*noús*, Vernunft bzw. im Mittelalter Verstand) ist das Vermögen, dass nach der diskursiven Beweisführung in einem Verstehensakt die einheitliche Zusammengehörigkeit des Bewiesenen begreift. Das zur Erläuterung immer wieder benutzte Beispiel ist der auch von Descartes so oft erwähnte Satz von der Innenwinkelsumme des Dreiecks. Wenn man die Entwicklung der Dreieckssätze etwa im ersten Buch von Euklid durchlaufen hat und insbesondere die Eigenschaften der Wechselwinkel von Parallelen kennt, kann man, wenn man über der Dreiecksspitze eine Parallele zur Basis

---

[331] S. Perler (1996), 70f.
[332] S. Lukrez, De rerum natura IV, 38.
[333] S. ebd. v.a. IV, 1-200.

zieht, ‚sehen', dass sich die beiden den Winkeln ‚Alpha' und ‚Beta' gleichen Winkel mit dem dritten Winkel zu 180 Grad, ergänzen.[334]

Der Intellekt erfasst also – am Ende eines rationalen Erschließungsprozesses der Möglichkeitsbedingungen einer Sache – diese Bedingungen in ihrer zusammengehörenden Einheit und wird dabei gleichsam zu dieser Sache selbst, die gerade in ihrer Intelligibilität besteht.

Auch die exakteste und vollständigste Übereinstimmung eines Vorstellungsbildes mit einem äußeren Gegenstand ermöglicht keine Erkenntnis dieses Gegenstands. Wer ein Facettenauge bei einem Lebewesen sieht und kongruent vorstellt, weiß dennoch so lange nicht, was das Gesehene ist, bis er die Bedingungen kennt, die zusammenkommen müssen, damit dieses Gebilde zur Unterscheidung von Farbe und Form fähig wird. Kennt er sie und begreift auf Grund dieser Kriterien, was dieses Gebilde kann und leistet, hat er eine Erkenntnis eines Facettenauges als Facettenauge, seine Erkenntnis stimmt mit dem Gegenstand, genauer: mit dem in ihm verwirklichten *eídos* (species) überein. Da dieses *eídos* etwas Immaterielles, weil nur Begreifbares ist, gibt es keine Differenz zwischen Innen und Außen. Die Kluft, die jede Vorstellung zwischen sich und ihrem Gegenstand hat, spielt für diesen Erkenntnisvorgang keine Rolle. Wer begriffen hat, was einen Kreis zu einem Kreis macht, hat in eben diesem Begriff die Sache Kreis erkannt, und wer diesen Begriff in einem Kreis im Sand verifiziert, verifiziert etwas auch begrifflich Erfassbares an diesem Sandkreis.

So führt der Versuch, empirische Gegenstände wissenschaftlich zu erfassen, von sich her auf die Notwendigkeit, die ‚Bedingungen der Möglichkeit' empirischer Verwirklichungsformen von Einheit auf ihre begrifflichen Voraussetzungen zu überprüfen. Das eben ist der Anfang einer ‚communis mathematica scientia', wie sie Platon zu Beginn des siebten Buchs seiner *Politeia* grundgelegt hat.

---

[334] S. Aristoteles, Metaphysica 1051a24-33.

IV. Zum Verhältnis von Sein und Denken bei Platon

Die genaue systematische Ableitung der Theorie der Arithmetik, Geometrie, Musik und Astronomie, d.h. der sogenannten communis mathematica scientia, aus der Reflexion auf die im Begriff des Seins und des Einen liegenden intelligiblen Implikationen nachzuzeichnen, konnte in dieser Untersuchung nur vom Grundsätzlichen, ohne die konkrete Differenziertheit dieser reflexiv generierbaren Wissenschaften zu belegen,[335] geleistet werden. Deutlich werden sollten aber wenigstens zwei Aspekte:

1. Das aus der Reflexion auf den Begriff des Seins entwickelte hierarchische System intelligibler, und d.h. erkennbarer, einsehbarer Sachgehalte ist (einerseits) eine Seinsordnung, und zwar eine dem Denken vorgegebene Seinsordnung, eine Ordnung des Unterschiedenen und Unterscheidbaren. Denn das Denken bringt diese Ordnung nicht durch seine Akte hervor, sondern es richtet sich in seinen Akten nach dem vom Begriff des Seins Geforderten. Dadurch unterscheidet sich diese Ordnung von einer bewusstseinsphilosophischen Genesis von Reflexionsbegriffen, die allein aus einer Reflexion auf die ‚reinen' Akte des Bewusstseins hervorgehen. Deshalb ist diese Ordnung kein Produkt subjektiv oder intersubjektiv gültigen Denkens, ist nicht nur Abfolge von Bewusstseinsgestalten, sondern etwas vom subjektiven Denken Unabhängiges, ihm Vorgegebenes.

Dieser Unterschied wird vielleicht durch nichts klarer erfassbar als durch die Beachtung der von der Bewusstseinsphilosophie immer wieder betonten Tatsache, dass der Inhalt der reinen Seinsgewissheit des Denkens (als einer reinen Aktgewissheit) völlig leer ist, so dass etwa Hegels Logik mit der Gleichsetzung von Sein und Nichts beginnen kann. Durch die reflexive Erkenntnis dagegen, dass das Denken sich in allen seinen Akten am Begriff des Seins orientiert, wird der Blick von den apriorischen Akten des Denkens auf die inhaltlichen apriorischen Voraussetzungen des Denkens gelenkt. Diese Inhalte hat das Denken nicht bereits in sich. Denn wenn man sich auch etwa bewusst ist, dass man sich bei allem Denken an dem Begriff des Seins und des Einen orientiert, weiß man vom Sein und vom Einen nicht mehr, als dass das Sein das Sein und das Eine das Eine ist. Als Inhalt des Bewusstseins sind diese Begriffe notwendig leer. Deshalb hat das Denken die inhaltlichen Implikationen intelligibler Begriffe auch nicht aus sich. Die Reflexion auf einen leeren Begriff schafft keine Änderung des Inhalts, nur der Form, in der dieser

---

[335] S. dazu v.a. aber Radke (2003). Wichtige Aspekte auch bei P. Merlan, From Platonism to Neoplatonism, Den Haag ²1960 und I. Hadot, Arts libéraux et philosophie dans la pensée antique, Paris 1984.

(leere) Inhalt gedacht wird, und bringt nur in diesem Sinn ‚synthetisch' etwas zum Begriff hinzu.

So ist im Grunde allein die Tatsache, dass der Begriff des Seins implikationenreich ist, hinreichender Beweis dafür, dass diese Implikationen nicht Produkt subjektiven Denkens, sondern etwas vom Denken Unabhängiges, Ontologisches sind.

Außerdem geschieht die Erkenntnis dieser Implikationen nicht dadurch, dass das Denken seine allen aposteriorischen Inhalten vorausliegenden allgemeinen (d.h. bei jedem Inhalt gleichen) Grundakte vollzieht, sondern durch die Ausrichtung des Denkens auf die spezifischen Erkenntnisbedingungen des Seins selbst. Dies ist dem Denken möglich, wenn es aufdeckt, dass es alle seine Inhalte im Licht des Seins erkennt, dadurch befähigt wird, den Begriff des Seins selbst zum methodischen Kriterium des Erkennens zu gewinnen und diese Kriterien auf die rationale Ausfaltung des im Begriff des Seins selbst Vorausgesetzten anzuwenden.

Erst die in dieser Weise durchgeführte Frage nach dem im Begriff des Seins Gemeinten führt dazu, dass das Denken darauf stößt, dass auch der einsehbare Sachgehalt des bestimmten Seins selbst gar nicht begriffen werden könnte, wenn er nicht im Lichte anderer Begriffe wie der Einheit, Vielheit, Identität, Verschiedenheit, Gleichheit, des Ganzen und des Teils usw. gedacht würde. Und erst aus der in diesen Begriffen selbst liegenden Ordnung wird deutlich, wie in ihnen zunächst die Begriffsbedingungen der Zahl, dann der Figur, dann des Tons usw. enthalten sind.

2. Wenn auf diese Weise klar ist, dass die in der platonischen ‚communis mathematica scientia' genetisch entwickelte Wissenschaftshierarchie zugleich eine Seinsordnung, keine Bewusstseinsproduktion ist, so ist aber andererseits ebenso nachdrücklich zu betonen, dass diese Seinshierarchie dem Denken nicht in dem Sinne ‚ontologisch' vorgegeben ist, wie dies traditionell behauptet wird. Denn diese Seinsordnung ist nichts dem Denken äußerlich Vorgegebenes, sie ist nicht eine Ordnung von Gegenstandsklassen (Ideen, Zahlen usw.), die sich dem Denken darbieten, wie man meinen kann, dass sich ihm sinnliche Gegenstände darböten. Nicht durch eine ‚unbefleckte Empfängnis' sich selbst gebender intelligibler Gegenstände kommt das Denken – in einem Akt intellektueller Anschauung – zu einem Wissen von Sein, Einheit, Zahl usw., sondern nur durch eine kritische Rückwendung auf die axiomatischen Voraussetzungen seiner selbst. In diesem Sinn kann man mit Recht sagen, dass die Genese dieser ‚Seinsordnung' von subjektiv zu leistenden Erkenntnisakten abhängt und dass diese Erkenntnisakte nicht weniger reflexiv kritisch abgesichert sind als etwa die transzendentale Deduktion der Kategorien bei Kant. Nur durch eine Rückwendung auf sich selbst gelangt das Denken zu einem Wissen von Einheit, Sein, Zahl usw. Außerdem sind Einheit, Sein und Zahl keine Gegenstände, sondern einsehbare Sachgehalte, so dass zwischen dem vom Denken korrekt eingesehenen Sachgehalt und dem einsehbaren Sachgehalt in sich selbst kein ‚realer' Unterschied besteht. Dieser Unterschied liegt vielmehr darin, dass der intelligible Begriff des Seins alle seine Implikationen schon in sich hat, während das subjektive rationale Denken des Menschen diese Implikationen erst je für sich unterscheiden und in ihrer inneren Ordnung begreifen muss und daher immer nur

Einzelaspekte des Begriffs des Seins, nie diesen als ganzen erfassen kann. Sofern diese Aspekte aber richtig erkannt sind, gibt es keinen Grund, zwischen dem eingesehenen und dem einsehbaren Aspekt zu unterscheiden, sondern hier herrscht wie schon Aristoteles ausdrücklich sagt, Identität zwischen dem subjektiven Denken und seinen objektiven Inhalten.[336]

Wenn man von hier aus zurückblickend fragt, wie es kommen konnte, dass diese hochdifferenzierten Implikationen des Widerspruchsaxioms so vollständig aus dem Blick geraten sind, dass Descartes es nur noch zur überflüssigen, weil keinen Erkenntnisfortschritt ermöglichenden Feststellung von Tautologien für brauchbar hielt, dann liegt die Antwort wohl in dem Missverhältnis von Beweistheorie und Beweispraxis bei Descartes, auf das ich im ersten Teil dieser Untersuchung habe aufmerksam machen wollen: Wenn man die Sicherheit des Denkens darauf gründet, dass man sich der Identität seiner selbst und seiner Vorstellungen doch gewiss sei, dann hat das Widerspruchsaxiom keine Funktion mehr, weil man sich der gegebenen Einheit bereits gewiss ist, die dann lediglich im Fortgang des Denkens nicht durch den Einbruch der Reflexion zerstört werden darf. Diese Änderung der Blickrichtung weg von der beurteilenden Erkenntnis der Bedingungen der Einheit selbst hin auf die Bedingungen, unter denen sich das Bewusstsein ein ihm Gegebenes einheitlich vorstellt, ist letzten Endes nur aus einer Reduzierung der spontanen Akte des Denkens auf die Handlungen des Bewusstseins und Selbstbewusstseins zu erklären, durch die die aktiv-aufmerksamen, unterscheidenden Erkenntnisformen, durch die das Bewusstsein überhaupt erst zu seinen Gegenständen kommt, zu Weisen bloß passiv-rezeptiver Empfänglichkeit herabgesetzt werden, – aber dies zu begründen, ist Aufgabe einer eigenen Untersuchung.

Exkurs: Zur Vorgeschichte des ‚Cogito-Arguments'

Die Frage nach den möglichen Vorläufern Descartes' stellt sich grundsätzlich anders, wenn man nach der sogenannten ‚Letztbegründung' des Erkennens durch eine kritische Reflexion des Denkens auf die Bedingungen seiner Sicherheit, als wenn man nach der Sicherung der Erkenntnis in der sogenannten reinen Aktgewissheit fragt, – auch wenn beide Fragen sehr oft nicht unterschieden werden. Zielt die Frage auf die kritische Absicherung des Erkennens in einem allem Zweifeln enthobenen fundamentum inconcussum, das das Denken aus sich selbst gewinnt, dann hat Descartes den eigentlichen ‚Vorläufer' ohne Frage bereits in Platon. Zielt die Frage dagegen darauf, warum Descartes diese Sicherheit gerade in der unmittelbaren Evidenz der Aktgewissheit des Denkens gesucht hat, – und allein diese Frage hat man in der bisherigen Forschung fast immer gestellt (in der bereits von Descartes beeinflussten Überzeugung, allein auf diese Weise ein fundamentum inconcussum des Denkens finden zu können), dann kann man zwar auf eine ganze Fülle von Einzeläußerungen (in Antike und Mittelalter) verweisen, in denen gesagt wird,

---

[336] Siehe Aristoteles, de anim. 430a34.

dass das Denken sich seiner Akte unmittelbar gewiss sei, und insbesondere, dass diese Gewissheit auch allem Zweifel überhoben sei, da man gar nicht zweifeln könnte, ohne den Akt des Zweifelns auszuführen, es gibt aber, soweit ich sehe, – zumindest von Aristoteles bis Thomas von Aquin – keinen systematischen Versuch, auf diese Gewissheit die Sicherheit des Erkennens zu gründen. So hat schon Arnauld in seinen *Objectiones* Descartes selbst auf Augustinus, *De libero arbitrio* II, 3 verwiesen und behauptet, Descartes habe „genau dasselbe als Grundlage seiner ganzen Philosophie aufgestellt wie der heilige Augustinus."[337] Verweisen konnte man inzwischen insbesondere auch auf Augustinus' *Soliloquien* II, 1, wo Augustinus ausdrücklich betont, dass allein das Wissen des Denkens von sich selbst sicher sei. Ähnliche, vor allem gegen den Skeptizismus gerichtete Äußerungen gibt es auch in *De Civitate Dei* XI, 26 oder *De Trinitate* X, 1-11.[338]

Wenn es allein um den Nachweis geht, dass es schon vor Descartes ein Wissen um die Gewissheit des Denkens von sich selbst gibt, kann man freilich schon auf Aristoteles verweisen, z.B. auf *de anima*, III, 2, 425b12-25[339]. Aristoteles behandelt hier die Frage, ob es ein reflexives Wissen der Wahrnehmung und des Denkens von sich selbst gibt. Die Stelle zeigt, dass die Aktgewissheit bei Aristoteles ganz anders begründet wird.[340] Verwiesen hat man auch auf *Nikomachische Ethik* IV, 9, 1170 a 18-b1 und 1168b34-69a2, eine Stelle, aus der man zusätzlich ablesen kann, dass allein mit dem Denken eine wirkliche Existenzgewissheit gegeben sei.[341] Außerdem behauptet Aristoteles hier, dass der Mensch allein durch seinen *noús* und in der Betätigung seines *noús*, d.h. dem Organ, in dem er souverän über seine Unterscheidungsfähigkeit verfügt, wirklich er selbst sei.

Dass die notwendige Verbindung von Denken und Existieren auch dem Mittelalter bekannt war, ist oft gesagt worden – z.B. mit Hinweis auf Thomas von Aquin, *de veritate* 10,8 oder 10,12 ad 7: „in hoc enim quod cogitat aliquid, percipit se esse" („dadurch dass man etwas denkt, erkennt man, dass man existiert").[342]

---

[337] S. Descartes, Med. quart. obj., AT 197f.

[338] S. dazu J. Veitch, The Method, Meditations, and Selections from the Principles of Descartes, with a New Introductory Essay, Historical and Critical, Edinburgh 1884, XXII; H. Gouhier, Cartésianisme et augustinisme au XVII siècle, Paris 1978; G.B. Matthews, Thought's Ego in Augustine and Descartes, Ithaka/London 1992 u.v.a. S. Menn, Descartes and Augustine, Cambridge ²2002.

[339] S. dazu W. Bernard (1988), 201-220; s.a. die wichtige Interpretation dieser Stelle durch Philoponos, in Aristoteles de anim., 464,30-565,5 (CAG XV ed. M. Hayduck).

[340] S. dazu auch W. Bernard, Philoponus and Self-Awareness, in: R. Sorabji (Hg.), Philoponus and the Rejection of Aristotelian Science, London 1987, 154-163.

[341] S. dazu z.B. I.E.C. Waldon, The Nicomachean Ethics of Aristotle, London 1923, 307.

[342] S. dazu z.B. J. de Finance, Cogito cartésien et réflexio thomiste, Archives des philosophie 16,2, 1946, 1-185; A. Hayen, La présence a soi de la pensée chez Descartes et Saint Thomas d'Aquin, in: Congrès Descartes. Travaux du IXᵉ Congrès International de Philosophie, Paris 1937, 144-152. Zum Verhältnis von Thomas von Aquin zu Descartes in dieser Frage siehe v.a. H.-D. Gardeil, La perception expérimentale de l'ame par elle-

Wieviel von diesen Texten Descartes gekannt hat, ist schwer auszumachen, wahrscheinlich ist eine authentische Lektüre nicht. Wichtiger für die Frage nach den Vorläufern Descartes' ist daher die Tatsache, dass die Überzeugung von der Evidenz der eigenen Akte des Denkens bereits im späten Mittelalter zu einem allgemein verbreiteten Topos geworden war und dass diese Evidenz bereits hier eine zentrale Rolle zur Abwehr einer möglichen Täuschungsgefahr durch einen omnipotenten Gott spielt. So formuliert z.B. Ockham:[343] „si quis dubitet regem sedere, potest certitudinaliter scire vel cognoscere se dubitare (wenn einer zweifelt, ob der König sitzt, kann er mit Sicherheit wissen oder erkennen, dass er zweifelt)"; oder ähnlich:[344] „haec est mihi evidenter nota: ego intelligo (das ist mir mit Evidenz bekannt: ich denke)".[345]

Auch die Übernahme in die Philosophie der Renaissance ist in der Forschung gut dokumentiert, einen wichtigen Vorgänger hat Descartes z.B. in Campanella.[346] Die Abhängigkeit von Descartes' ‚neuer' Methode von der Renaissancephilosophie scheint Wolfgang Risse[347] so stark, dass er Descartes selbst nur die essayistisch geschickte Verbreitung, nicht aber die Originalität des Denkens zubilligt.

Im Unterschied zu den antiken und mittelalterlichen Vorformen des Cartesischen Cogito-Gedankens kann man davon ausgehen, dass Descartes in La Flêche mit den Grundströmungen der Philosophie des späten Mittelalters und der Renaissance tatsächlich vertraut wurde. In deren Positionen wird die Existenzgewissheit des Denkens strikt auf die subjektive Aktgewissheit gegründet, was. z.B. bei den angeführten Aristoteles-Stellen durchaus zweifelhaft ist,[348] zudem erhält sie erst hier die systematische Funktion, fundamentum inconcussum des Erkennens zu sein, während diese Sicherheit von Platon und Aristoteles an bis ins hohe Mittelalter in den axiomatischen Voraussetzungen des Denkens gesucht wird. Es ist daher vor allem die Umformung antiken Denkens im späten Mittelalter und in der frühen

---

même d'après Saint Thomas, Bibliothèque Thomiste Vol. III, Mélanges Thomistes, Kain 1923, 221-236; P. Hoenen S.J., La théorie du jugement d'après St. Thomas d'Aquin, Analecta Gregoriana Vol. XXXIX, Rom 1953, chapitre 12: Le „cogito ergo sum" de St. Thomas, 325-339.

[343] W. Ockham, Sent. II, q. 21 B.
[344] W. Ockham, Sent. prol. q 1 H H.
[345] S. dazu E. Hochstätter, Studien zur Metaphysik und Erkenntnislehre Wilhelms von Ockham, Berlin/Leipzig 1927, v.a. 16, 51f. Zur weiten Verbreitung dieser Denkhaltung im späten Mittelalter s. A. Maier, Das Problem der Evidenz in der Philosophie des 14. Jahrhunderts, in: dies., Ausgehendes Mittelalter II, Rom 1967, 367-418 (= Scholastik 38, 1963, 183-225). S. auch die wichtigen Untersuchungen zu Buridan bei Krieger (2003 und 2009).
[346] S. v.a. L. Blanchet, Les antécédents historiques de ‚Je pense donc je suis', Paris 1920, Neudruck Paris 1985, der v.a. bei Campanella bereits die zentralen Grundgedanken Descartes' vorformuliert sieht.
[347] S. W. Risse (1963), 70-84.
[348] S. Klaus Oehler (²1985), 255.

Neuzeit (die sich – zu Recht oder Unrecht – nicht selten auf Augustinus beruft), durch die die Grundlegung des Erkennens von aller Ontologie frei und auf eine rein subjektive Ausgangsposition gestützt wird.[349]

---

[349] S. dazu v.a. die wichtige Arbeit von L. Honnefelder, Ens inquantum ens. Der Begriff des Seienden als solchen als Gegenstand der Metaphysik nach der Lehre des Johannes Duns Scotus, Münster 1979; Honnefelder kann überzeugend aufweisen, wie wichtige Grundaspekte einer transzendentalen Erkenntnisfundierung bei Duns Scotus bereits vorbereitet sind. Die Einsicht, dass sich von hier eine konsequente Traditionslinie, v.a. über Suarez und die Schulphilosophie der Aufklärung, bis zu Kant ziehen lässt, hat Honnefelder umfassend belegt und begründet in: Scientia transcendens. Die formale Bestimmung der Seiendheit und Realität in der Metaphysik des Mittelalters und der Neuzeit (Duns Scotus – Suárez – Wolff – Kant – Peirce), Hamburg 1990.

V. Rekapitulation und Ausblick

1. Sein als Erkenntniskriterium des Denkens bei Platon

‚Sein' ist für Platon kein Inbegriff ‚ontologisch' vorgegebener Gegenstände, sondern – das vor allem sollte der Platon-Teil dieses kleinen Buches belegen – ein Erkenntniskriterium. Der Weg zu dieser Einsicht ist ein Weg der Reflexion des Denkens auf sich selbst. Anlass für diese Selbstreflexion ist bei Platon wie bei Descartes der Zweifel, die ‚Aporie'. Man kann es als das Grundanliegen vieler, v.a. der sogenannten frühen Dialoge Platons bezeichnen, von sinnlichen Anschauungen und Meinungen zu zeigen, dass sie sich nicht als etwas Beständiges und Identisches festhalten lassen. Wer meint, ‚tapfer-sein' heiße, im Kampf standzuhalten, muss sich von Sokrates belehren lassen, dass es Situationen gibt, in denen die Flucht die größere Tapferkeit erfordert (Platon, *Laches*). Wer eine bestimmte Farbe, bestimmte Materialien, eine bestimmte symmetrische Anordnung für das hält, woran man die Schönheit von etwas erkennt, muss sich darauf aufmerksam machen lassen, dass die gleiche Farbe, das gleiche Material, die gleiche Symmetrie von uns auch als Kriterium dafür benutzt wird, etwas für unschön, ja hässlich zu halten (Platon, *Hippias maior*). Wer meint, die Lüge grundsätzlich für etwas moralisch Verwerfliches halten zu sollen, wird von Sokrates mit einer Situation konfrontiert, in der die Lüge geradezu zur moralischen Pflicht wird, etwa wenn jemand im Zustand des Wahnsinns wissen möchte, wo man das Mittel aufbewahrt, mit dem er sich selbst töten könnte (*Politeia* I).

Der Grund, weshalb es Sokrates gelingt, seine Gesprächspartner in Zweifel über das, was denn nun Tapferkeit, Schönheit, Wahrheit usw. sind, zu bringen, kommt nicht aus den jeweiligen Anschauungen oder Meinungen selbst. Die Meinungen, zur Tapferkeit gehöre das Standhalten, zur Schönheit eine bestimmte Symmetrie, usw., treffen oft, in bestimmten Fällen meistens, das Richtige, und die Zwei ist sogar immer ein Doppeltes. Ursache des Zweifels ist ein bestimmtes Verhältnis unserer Meinungen über ein und dasselbe zueinander. Wenn wir genötigt sind, die Lüge sowohl für etwas moralisch Verwerfliches wie für etwas moralisch Gebotenes zu halten, fühlen wir uns in einer Zweifelsituation und glauben nicht mehr sicher über das moralisch Richtige zu sein, jedenfalls dann nicht, wenn wir, wie Sokrates immer wieder in penibler Genauigkeit dazu setzt, über dasselbe Gegensätzliches zur selben Zeit, in derselben Hinsicht und in Relation zu demselben meinen.

Der Zweifel kommt also offensichtlich aus einem Wissen, dass wir schon vor der Auseinandersetzung mit den einzelnen Erfahrungserkenntnissen selbst haben und das wir auf sie anwenden, wenn wir über sie urteilen. Die Frage, wie man vom

Zweifel zu diesem Wissen kommt, und welchen Inhalt dieses Wissen hat, behandelt Platon an vielen Stellen seiner Dialoge, besonders konsequent und ausdrücklich in einer Partie der *Politeia* und einer des *Phaidon*, die ich in dieser Untersuchung ausführlicher zu interpretieren versucht habe.

In einer Analyse nicht täuschender, sondern verlässlicher, klarer und deutlicher Wahrnehmungen zeigt er am Beispiel von Wahrnehmungen, die sich je nach Relation zu ändern scheinen, dass das, was man auf Grund einer Wahrnehmung weiß, nicht hinreicht, um diesen Unterschied der Relation zu erfassen (und schon gar nicht, ihn zu erklären).

Wir nennen heute einen Menschen, der 1,70 Meter groß ist, nicht deshalb klein, weil sein Körper genau diese – beobachtbare und messbare – Länge hat, sondern weil diese Länge in Relation zur Durchschnittsgröße heutiger Menschen nicht mehr als Merkmal von Größe gilt. Seine ‚Größe' von 1,70 Metern, d.h. das, was wir im gewöhnlichen Sprachgebrauch ‚Größe' nennen, ist nur das Merkmal seiner Kleinheit. Dasselbe Merkmal wäre im Jahr 1920 ein Merkmal für einen großen Menschen gewesen.

Zu dem Urteil, dieser Mensch sei klein oder groß, gelangt man, indem man einen Relationsbegriff von Größe, etwa dass groß ist, was der Quantität nach mehr messbare Einheiten enthält als etwas anderes, auf diese bestimmte Länge anwendet.

Genauso wie die tatsächlich gesehene ‚Größe', aber anders als die unseren Sprachgebrauch prägende Meinung, man sehe, dass etwas groß ist, ändert sich dieser Begriff von Größe nicht. Nur weil man unter Großsein nicht immer etwas Anderes meint, wird man von der Wahrnehmung nicht irritiert, sondern man nennt ein und dieselbe ‚Größe', etwa eines Jugendlichen, klein in Relation zu heutigen, aber groß in Relation zu zeitgenössischen Jugendlichen.

Die unvermerkte Voraussetzung, die man bei dieser Art zu urteilen macht, ist offenbar, dass wir unter ‚Großsein' etwas für sich Unterscheidbares, Identisches meinen.

Diese vom Alltagsdenken unvermerkt gemachte, aber nicht reflexiv thematisierte Voraussetzung thematisiert Platon: Erkennbar ist nur, was sich für sich selbst unterscheiden lässt, was also ein bestimmtes, distinktes Sein hat.

Dieses Wissen hat das erkennende Subjekt offenbar nicht aus der Wahrnehmung, denn man korrigiert die Wahrnehmung und das an ihm orientierte Meinen von diesem Wissen her. Quelle dieses Wissens ist daher nicht die Wahrnehmung, sondern das urteilende Denken selbst.

2. (Etwas-)Sein als Voraussetzung der korrekten Anwendung des principium contradictionis

Bereits diese und zugleich erst diese einfache, noch ganz abstrakte Einsicht macht eine korrekte Anwendung des Satzes vom Widerspruch möglich, weil sie erst erklären kann, wie man dabei zur Unterscheidung von Hinsichten kommt. Auf die (mehr oder weniger klar artikulierte) Einsicht, dass etwas nicht zugleich es selbst und nicht es selbst sein kann, stützt man sich ständig bei jedem Erkenntnisvorgang und in jeder Argumentation. Die Sophisten vor Platon hatten sie schon ausdrücklich als logisches Kriterium des Beweisens und Widerlegens formuliert. Ein an der Wahrnehmung orientiertes Denken ist aber nur zu leicht geneigt, dieses Erkenntnisprinzip auf die Einheiten, d.h. die Gegenstände, die die Wahrnehmung vor sich hat, unmittelbar anzuwenden. „Glaubst Du wohl, es sei möglich, dass irgendeines von den seienden Dingen eben das, was es gerade ist, als eben dieses selbe nicht ist?", fragen die Sophisten (Platon, *Euthydemos*, 293b9-c1). Weil es unmöglich sei, dass „etwas, was Gold ist, auch nicht Gold, was Mensch ist, auch nicht Mensch ist" (ebd. 298c4f.), halten sie auch die Behauptung für logisch zwingend, dass ein Vater nicht zugleich Nicht-Vater sein könne, und akzeptieren deshalb, dass ein und derselbe Vater Vater aller Menschen, ja sogar von Hunden und Ferkeln sein müsse (ebd. 298d-e).

Die (absichtliche) Lächerlichkeit dieser Beispiele darf nicht darüber hinwegtäuschen, dass es um ein grundlegendes Problem der richtigen Anwendung des (Nicht-)Widerspruchsaxioms geht. Auch nach den Sophisten (und ihren Vorgängern, den Vorsokratikern) haben die Stoiker, Skeptiker und Epikureer und nach ihnen wieder die Nominalisten des Spätmittelalters die Auffassung vertreten, dass das Einzelding diejenige ‚wohlbestimmte (omnimode determinatum)' Einheit sei, der der Begriff, in dem es erfasst werden soll, gemäß sein müsse, und das heißt nichts anderes, als dass vom empirischen Gold und vom empirischen Menschen gelten soll, dass er eben das, was er gerade ist (d.h. Mensch), nicht zugleich nicht sein kann. Die Folge ist, dass das Widerspruchsaxiom überflüssig erscheint – das ist auch die Auffassung von Descartes –, denn dass der Mensch Mensch und das Gold Gold ist, weiß man auch ohne Anwendung des Widerspruchsaxioms, diese (vermeintliche) Gewissheit ist ja die Voraussetzung der Anwendbarkeit des Widerspruchsaxioms in dieser ‚empiristischen' Denkhaltung. Teilt man diese Voraussetzung nicht, dann scheint das Widerspruchsaxiom Ausdruck einer zweiwertigen Logik und daher unanwendbar auf die Welt der empirischen Dinge zu sein, die niemals exakt unter einen Begriff fallen oder nicht fallen, sondern wegen ihrer Veränderlichkeit und pluralen Offenheit immer auch in vielfacher Hinsicht mehr und anderes sind, als der Begriff umfassen kann. Die Welt scheint in dieser Hinsicht von vielen Widersprüchen zu zeugen, die sich nicht auf die Eindeutigkeit von Begriffen reduzieren lassen.

Platon löst das Problem, dass jeder Mensch in vieler Hinsicht auch nicht Mensch (z.B. Primat, Pflanze, Kohlenstoff, oder auch: nicht menschlich) ist, dass jeder gute Vortrag auch nicht gut, jede gerechte Handlung auch ungerecht, jedes große Ding auch klein, jedes Doppelte auch eine Hälfte ist, auf eine andere Weise.

Er geht davon aus, dass es überhaupt nur dann möglich ist, dass etwas Mensch, gerecht, doppelt ist, wenn Menschsein, gerecht sein, doppelt sein, etwas Bestimmtes meint, d.h. etwas, das für sich unterschieden werden kann. Wenn man daher feststellt, dass dieser Mensch auch nicht Mensch, dieser Vater auch nicht Vater, dieses Doppelte auch eine Hälfte, dieses Große auch klein ist, wird man nicht einen logischen Widersinn oder eine grundsätzliche Unlogik in der Welt feststellen, sondern man wird zum Maß an der Stelle dieses Menschen oder dieses Doppelten das Menschsein oder Doppeltsein ‚selbst' nehmen.

Auch wenn man noch gar nicht weiß, was Doppeltsein ist, reicht diese Voraussetzung aus, um der Fehlkonstruktion von Widersprüchen zu begegnen. Denn man wird dann ein bestimmtes Doppeltes, z.B. eine Zwei, nicht mit dem Doppeltsein identifizieren und sich wundern, wie ein Doppeltes auch ein Halbes sein kann. Denn nur die Zwei ist außer doppelt auch halb (und vieles andere mehr, z.B. Zahl, Vielheit, gerade, usw.), nicht aber das Doppeltsein selbst und auch nicht die Zwei unter dem Aspekt, unter dem sie doppelt ist. Unter diesem Aspekt ist sie widerspruchsfrei ein Doppeltes, das Doppelte von Eins. So ist auch dieser Mensch vielleicht Mensch und Affe, aber unter dem Aspekt, unter dem er Mensch ist, etwa weil er über eine bestimmte Art von Rationalität verfügt, ist er widerspruchsfrei Mensch.

Man kann also festhalten, dass überhaupt erst die ‚Hypothesis des Eidos', d.h. die Voraussetzung, dass etwas nur dann etwas ist, wenn und sofern es etwas ist, möglich macht, bei der Anwendung des Widerspruchsaxioms Aspekte korrekt zu unterscheiden.

3. Von der Voraussetzung des Seins als Erkenntniskriterium zur Erschließung der Inhalte des Seins

Von der Voraussetzung, dass etwas nur etwas ist, sofern es etwas ist, machen, wie Platon sagt, alle bei jedem Denken, Reden, Handeln und Machen Gebrauch, wenn auch einen unaufgeklärten Gebrauch – mit der Folge, dass bei der Anwendung viele Fehler entstehen.

Hat man sich aber darüber, dass man diese Voraussetzung beim Erkennen macht, Aufklärung verschafft, dann ist der nächste methodische Schritt, dass man sich auch über die Voraussetzung selbst reflexive Aufklärung zu verschaffen sucht.

Dabei ist die Frage nicht nur, was denn Doppeltsein, Menschsein ist, sondern zuvor noch, was denn überhaupt unter dem Etwas-sein selbst verstanden werden muss. Wann ist Etwas etwas?

Erstaunlicherweise deckt die Reflexion auf diese Frage auf, dass Etwas-sein kein abstrakt leerer Sachgehalt ist, sondern eine Fülle von Inhalten hat, die sich methodisch immer weiter differenzieren lassen und zur Bildung immer neuer Begriffe befähigen. Denn man könnte, wie Platon insbesondere in den ‚Hypothesen' des Dialogs Parmenides zeigt, etwas niemals als Etwas denken, wenn man es nicht als etwas Eines denken könnte. Wenn man etwas Eines für sich soll unterscheiden können, muss es etwas Identisches, von anderem Verschiedenes sein, ein Ganzes aus Teilen, die als Teile eines Selben gleich, gegeneinander ungleich sind, das ein diskret Vieles (= Zahl, Arithmetik) oder ein kontinuierlich Großes (= Figur, Geometrie) ist, usw. Diese Ableitungen konnten in dieser Untersuchung nicht behandelt werden, sie bilden bei Platon aber die Grundlage eines Systems mathematischer

Wissenschaften, das er eine *koiné mathematiké epistéme* (lateinisch: communis mathematica scientia) nennt.

Dieses Wissenschafts- und Bildungssystem hat die europäische Geistesgeschichte mehr als eineinhalbtausend Jahre beherrscht, es bildet, wenn auch in erheblicher Umformung seit dem späten Mittelalter, auch noch das Vorbild, an dem Descartes sein eigenes Wissensideal einer mathematisch begründeten Erkenntnis ausrichtet.

4. Denken als Begründung des Seins bei Descartes

Descartes' Begründung des Seins des Denkens („cogito, ergo sum") hat von den Begriffen und Methoden her, die er ausdrücklich anwendet, noch eine auffallende Ähnlichkeit mit der Platonischen Begründung des Denkens im Sein. Wie für Platon ist für Descartes Ausgangspunkt der Zweifel an der Art von Wissen, das wir aus sinnlichen Anschauungen und Meinungen gewinnen. Wie Platon nennt er dieses Wissen konfus und bedient sich der Methode der Analysis, um aus diesem konfusen Meinen etwas distinkt Wissbares herauszulösen. Und wie Platon leitet er aus dem Unterschied von konfusen und distinkten Erkenntnissen den Unterschied zwischen Wahrnehmung und rationalem Denken ab.

Descartes' Zweifel ist aber trotz der beanspruchten Universalität weniger radikal als der Zweifel bei Platon. Denn Descartes stellt anders als Platon die mögliche Distinktheit und Identität der Erfahrungsgegenstände (und sogar unserer vorurteilsbehafteten Meinungen) nicht in Frage, sondern lediglich unsere Fähigkeit, sie in ihrer Distinktheit (oder in der wahren Bedeutung, die ihnen zugrunde liegt) zu erkennen. Das hat sich besonders klar am Wachsbeispiel aus der *zweiten Meditation* zeigen lassen. Die Sinne gefährden die Erkenntnis nicht deshalb, weil sie etwas, was vielleicht gar nicht etwas Distinktes, Identisches ist, als eine Einheit darstellen, sondern deshalb, weil sie diese Identität nicht erkennbar machen. Sie erfassen nur das immer wieder Andere an ihren Gegenständen. Das ihnen (verborgen) zu Grunde liegende Identische erfasst nur das reine, von aller Sinneserfahrung abstrahierende Denken. Mit der Möglichkeit, dass ein Gegenstand der Erfahrung vielleicht kein einfacher Unterschied, keine ‚res simplex' ist, rechnet Descartes nicht mehr. Auch für ihn ist das (der Beobachtung zugängliche) Gold Gold und der Mensch Mensch. Vom Zweifel ausgenommen oder gar nicht bedacht ist nicht nur der mögliche synthetische Charakter von Einzeldingen – Platons anschauliches Beispiel war der Kreis im Sand oder aus Erz, der immer mindestens aus zwei ‚einfachen Sachen', aus Kreissein und Sand- oder Erzsein besteht –, unbedacht bleiben auch akzidentelle Verbindungen, etwa wenn ein Blatt von einem Pilz überzogen ist. Dass das Wachs in allen seinen sinnlichen Erscheinungsformen immer ein und dasselbe bleibt („remanet ... eadem"), ist für Descartes jedem Zweifel überhoben: „nemo negat, nemo aliter putat."

Wenn Descartes dennoch auch den intuitus mentis, die intellektuelle Anschauung des Wachses selbst, der „cera ipsa" (dem „Ding an sich"), einem Zweifel unterwirft, dann nur unter einem angenommenen Zweifel. Ähnlich wie bei den ganz leicht und ohne möglichen Anlass zur Täuschung erkennbaren einfachsten mathematischen Sachverhalten, etwa dass die Addition von zwei und drei fünf ergibt, ist der Zweifel an diesem intuitus mentis nur hypothetisch. Er soll auf den Gegenstand hinführen, bei dem ein möglicher Zweifel noch geringer, ja völlig ausgeschlossen ist: auf den Akt des Zweifels oder Denkens selbst.

Die Erkennbarkeit dieses Gegenstands, der „res cogitans", hat bei Descartes zwei Aspekte: sie gilt ihm als unmittelbar evident, weil dieser Gegenstand einfach als er selbst, ohne jeden denkbaren Anlass, ihn mit etwas anderem zu verwechseln, erkannt werden kann. Anders als bei den anderen ‚einfachen Gegenständen', etwa bei den vier Seiten des Quadrats, ist die Erkenntnis des Denkens selbst aber nicht der einfache, leicht zugängliche Ausgangspunkt des Denkens, von dem aus es in kleinen Evidenzschritten zu komplexeren Gegenständen fortschreiten kann, das Denken als es selbst wird vielmehr durch Descartes in aufwendigen „analytischen" Verfahren erst ermittelt: Es bleibt bei allem Wandel seiner Inhalte immer ein und dasselbe, weil ohne es überhaupt kein Inhalt gedacht werden könnte, weil es in jedem Denkakt schon vorausgesetzt wird, usw.

Die methodischen Verfahren, zur Ermittlung des einfachen Seins einer Sache, d.h. zu prüfen, ob etwas in etwas anderem schon vorausgesetzt wird, und ob es sich auch für sich selbst ohne etwas anderes denken lässt, sind auch Verfahren der alten, platonischen Analysis. Descartes führt diesen analytischen Rückgang in vielen umständlichen Beweisgängen durch, etwa durch den Nachweis, dass in blauen Augen das Auge überhaupt, im Auge das Körpersein, im Körper die Ausdehnung, in der Ausdehnung die mathematischen Größen usw. vorausgesetzt werden bis hin zum Denken selbst, ohne das auch die „generalissima res" der Mathematik nicht gedacht werden könnten.

Descartes ist allerdings nur am Ergebnis seiner Beweis- oder richtiger: Beispielgänge interessiert. Er möchte etwas finden, von dem sich der Erkennende sicher ist, dass es genau das ist, als was er es erkannt hat und das nicht irgendwann als etwas ganz Anderes erfahren werden kann. Diese Sicherheit findet er im Denken, wenn es als bloßer Träger, ‚Subjekt' seiner ‚Eigenschaften', d.h. seiner immer wieder anderen Gedanken, betrachtet wird. Von ihm weiß man, dass es immer dasselbe bleibt, auch wenn alle seine Akzidenzien sich ändern: „etsi enim omnia eius accidentia mutentur ... non idcirco ipsa mens alia evadit."

5. Die Wende des Denkens von den Erkenntnisakten selbst zu den durch sie repräsentierten Gegenständen bei Descartes

Mit dieser ‚Entdeckung', dass das Denken der Gegenstand ist, von dem man sicher sein kann, dass er ein bestimmtes, nicht immer wieder anderes Sein hat, weil es immer als ein und dasselbe erfahren wird, hat Descartes tatsächlich (nach analogen Vorgängen in der hellenistischen Antike) wieder eine Wende ‚vom Sein zum Denken' bewirkt. Diese Wende besteht aber nicht in einer Wende von äußeren, empirischen oder idealen, Gegenständen nach innen, auf das Denken selbst, auch wenn der entdeckte Gegenstand, das Denken, den Anschein erweckt, als ob in dieser Entdeckung das Denken seiner selbst gewahr geworden sei. Nicht zu Unrecht hat man Descartes von Kant her kritisiert, weil er das Denken ‚immer noch' als eine Substanz (genauer: als subiectum, als Träger) und nicht von seinen Akten her verstanden habe. Dies heißt aber nicht, dass er unter diesem Aspekt noch dem mittelalterlichen Aristotelismus verhaftet geblieben sei, im Gegenteil: er weicht gerade durch diese Substantialisierung und Vergegenständlichung des Denkens von der alten platonisch-aristotelisch geprägten Tradition ab. Denn die Erkenntnisakte, mit deren Hilfe er den Aufweis geführt hat, dass das Denken etwas über jeden Zweifel sicher Erfassbares ist, werden von ihm an keiner Stelle mehr reflexiv zum Thema gemacht. Dass er sich auf sie stützt, wird dadurch ausgeblendet, dass er das Denken selbst für einen unmittelbar durch sich selbst evidenten Gegenstand hält. Er gilt ihm als so evident, dass er auch ohne Hilfe Gottes (der das klar und deutlich Erkannte als wahr garantiert) und selbst gegen eine göttliche Täuschung erfasst werden kann.

Trotz der Überzeugungskraft, die dieser Gedanke für viele hatte, lassen gerade die im konkreten Argument von Descartes wiederholt durchgeführten, ‚analytischen' Beweisgänge kaum eine Unsicherheit bei der Interpretation darüber, dass er in diesen Beweisen und nicht in einer unmittelbaren Evidenz die Garantie für die sichere Erkennbarkeit des Denkens zu haben glaubte. Das heißt aber nicht weniger, als dass er an die Stelle einer Reflexion auf die Akte des Denkens selbst, mit denen es sich der Verlässlichkeit seiner Erkenntnisse vergewissert, den Blick ganz auf den mit Hilfe dieser Akte erkannten Gegenstand gerichtet hat.

Die Richtungsänderung ‚vom Sein zum Denken' ist also eine Wende vom Denken selbst, d.h. von den vollzogenen Erkenntnisakten, zu den Produkten des Denkens. Dass das Denken als Träger, Subjekt, aller seiner Akte von Descartes als das einzige verlässliche Produkt des Denkens erklärt wird, kann nicht darüber hinwegtäuschen, dass es gerade von ihm als ein Produkt des Denkens (des Zweifels) aufgefasst wird und nicht als das Denkens selbst. Denn es wird von ihm deshalb als sicher und selbstevident ausgegeben, weil es den Bedingungen des Erkennens genügt, weil es sogar der einzige Gegenstand ist, der diesen strengen Forderungen genügt.

Diese Erkenntnisbedingungen sind bei Descartes allerdings auf ihr äußerstes Rudiment reduziert. Für Platon war der Zweifel Anlass, auf die Bedingungen der Erkennbarkeit zu reflektieren und dabei aufzuweisen, dass das Denken immer dann in Zweifel gerät, wenn es etwas nicht als etwas für sich Unterscheidbares festhalten kann. Das so entstandene Wissen um die Grundbedingung, die das Denkens selbst von sich aus an die Sicherheit seiner Erkenntnisse stellt, war für Platon der Ausgangspunkt, nach der genauen Bedeutung dieser Bedingung selbst zu fragen und dabei festzustellen, dass in dieser Bedingung ein ganzes, vom Denken aus sich selbst entwickelbares Kriteriensystem enthalten ist.

Descartes macht von allen diesen Kriterien keinen oder nur einen unausdrücklichen Gebrauch und konzentriert sich allein auf die Suche nach einem Gegenstand, von dem man sicher sein kann, dass er sich nicht ändert, sondern immer identisch bleibt, so dass von ihm das sichere Wissen möglich ist: er ist etwas (Distinktes, Bestimmtes, aliquid). Dadurch ändert sich auch der Begriff des Seins fundamental.

Von Platon her gesehen ist Sein ein Unterscheidungskriterium. Man kann nur erkennen, was sich als etwas ‚Distinktes' für sich erfassen lässt. In der Reflexion auf die Frage, wann etwas als etwas Distinktes gelten kann, deckt das Denken seine eigenen Unterscheidungskriterien und die Möglichkeit, sie systematisch zu entwickeln (‚generieren'), auf. Bei Descartes ist ‚Sein' nur noch das Symbol dafür, dass sich etwas im Prozess der Erfahrung als etwas Unterschiedenes, ‚Distinktes' hat festhalten lassen. Das Denken, das sich dieses Inhalts vergewissert, weiß: ‚es ist etwas (aliquid)'. Über dieses blanke Faktum des Denkens hinaus hat dieses Etwas keinen Inhalt, so wird es zur bloßen Anzeige, dass es etwas wirklich gibt: sum aliquid sive existo: „Ich bin etwas oder ich existiere." ‚Sein' wird dadurch aber nicht nur inhaltsleer, es gewinnt die Bedeutung, vom (jeweiligen) Denken und seinen besonderen und in besonderer Weise zustandegekommenen Inhalten unabhängig zu sein. Es wird zum Zeichen einer vom Denken unabhängigen und (zunächst) in diesem Sinn äußeren Existenz: Etwas ist nicht nur ein Gedanke, sondern existiert wirklich.

Das Denken selbst wird zugleich zu einem Gegenstand besonderer Art. Es ist einerseits ein Gegenstand, denn es ist verschieden von allen gedachten und denkbaren Inhalten des Denkens und kann nur als etwas, das es gibt (d.h. als etwas Faktisches, Existierendes), erschlossen werden. Es ist aber andererseits kein Gegenstand, da es ja keine Inhalte oder Akzidenzien hat. Als das allen diesen Inhalten zu Grunde Liegende, ‚Subiectum', ist es ein Nichts von allem, dessen Subjekt es ist, und in diesem Sinn, wie ich zu zeigen versucht habe, das, was im platonischem Sinn die Materie des Denkens ist (s. oben S. 62-68).

So wird es zum ‚Faktum des Bewusstseins, zum ‚absoluten Grund', aus dem ohne jede Möglichkeit einer rationalen und reflexiven Kontrolle alle Gegenstände des Denkens hervorgehen.

Die spätere Bewusstseinsphilosophie hat der Ungegenständlichkeit des Gegenstands ‚Denken' viele Reflexionen gewidmet. In gewissem Sinn kann man feststellen, dass fast alle Kritik verschiedener Positionen gegeneinander ihre Spitze in der Kritik, das Denken vergegenständlicht zu haben, hatte. Auch dort, wo man diese Ungegenständlichkeit des Denkens als den reinen Akt des ‚percipere' im Unterschied zu den einzelnen Inhalten, die von diesem Akt erfasst werden können (‚esse est percipi') ausgelegt hat, heißt diese ‚reine Vernunft' eben deshalb ‚rein', weil diese Akte keine eigene Formbestimmtheit haben.

Descartes hat die Selbstevidenz des Denkens auch auf seine Inhalte übertragen. Alles das, was man genauso klar und deutlich erkenne wie das Denken selbst, sei wahr. Dafür bürgt ein guter, zu Täuschung unfähiger Gott. Auf diese Weise werden auch die (klaren und deutlichen) Inhalte des Denkens zu existierenden Gegenständen. Auch von diesen Gegenständen aber weiß man nur, was man vom Denken selbst weiß: sie sind das von allen ihren Eigenschaften befreite und deshalb in ihnen allen identische Substrat, das ihre Existenz gewährleistet.

Eine viel beklagte Folge dieses ‚rationalistischen' Zugangs zur Welt der empirischen Dinge ist, dass sie durch diese ‚Vernunft', wie Descartes selbst formuliert, aller ihrer Kleider beraubt und auf das der ‚reinen Mathematik' Zugängliche, und das heißt hier: auf das messbar Identische in ihnen reduziert werden.

6. Die Privatisierung der Bewusstseinsinhalte durch Descartes

Vielleicht noch problematischer als die sogenannte epistemische Reduktion der Bewusstseinsinhalte durch Descartes ist, dass durch die Konzentration auf die subjektive (subjektiv im neuzeitlichen Sinn) Evidenz die Rationalität selbst subjektiviert und privatisiert wird. Dass die Gegenstände des Traums und des Wahnsinns uns genauso klar und deutlich gegenwärtig sein können wie das im wachen Zustand klar und deutlich Erkannte ist der Ausgangspunkt des cartesianischen Zweifels. Die von Descartes vorgeschlagene Lösung (in der *Meditatio* VI), es sei die ununterbrochene Verbindung einer Wahrnehmung mit dem ganzen Leben, die die Wachevidenz von der Traumevidenz unterscheide, hat zwar viele überzeugt, sehr viele aber nicht überzeugt. So bleibt die subjektive Evidenz als Erkenntniskriterium. Über dieses Kriterium kann nur jeder bei sich selbst entscheiden, er kann andere ‚intersubjektiv' über die Merkmale, auf die er sein Evidenzbewusstsein baut, informieren und auf ihre Zu- oder Übereinstimmung hoffen, ein verlässliches Wissen über einen gemeinsam rational erschlossenen Gegenstand gibt es nicht. Eine fast paradoxe Folge ist, dass das Bewusstsein mit seinen klaren und deutlichen Vorstellungen heute für viele und besonders für viele Naturwissenschaftler geradezu in Gegensatz zur Wissenschaft geraten ist. Die Klarheit und Deutlichkeit des Bewusstseins galt dem 17. Jahrhundert noch als die Auszeichnung der rationalen Wissenschaftlichkeit der Moderne, vor allem in der Physik. Da Klarheit und Deutlichkeit für Descartes vor allem Evidenzkriterien sind, Evidenz aber nur subjektiv erlebt und auch nur im Erlebnis nachvollzogen werden kann, entstand der Eindruck, dass das Bewusstsein etwas nur Innerliches, Privates ist. Es kann nur als Basis der Geisteswissenschaften gelten, in denen sich der Geist nur mit sich selbst und seinen Produkten beschäftigt, die Wissenschaften, die objektive Erkenntnis anstreben, müssen sich dagegen nach außen wenden und in rational kontrollierter und verarbeiteter Beobachtung der Dinge selbst ihre Ergebnisse gewinnen.

Man wird nicht leicht bestreiten können, dass sich Urteile dieser Art auf einen zentralen Aspekt des Bewusstseinsbegriffs bei Descartes beziehen und dabei sogar auf den Grund hinweisen, weshalb das Denken durch und seit Descartes fast nur noch als Bewusstsein ausgelegt wurde.

Descartes beginnt seinen Denkweg in den *Meditationes* mit der Feststellung, dass wir uns der falschesten Traum- und Wahnvorstellungen genauso gewiss sein können wie einer genuinen Erkenntnis der Wirklichkeit, weil sie die gleiche Klarheit und Deutlichkeit aufweisen können. Klarheit und Deutlichkeit sind in diesem Sinn Kriterien subjektiver Gewissheit. Da seit Christian Wolff klare und deutliche Vorstellungen einheitlich unter dem Begriff des Bewusstseins gefasst werden, beginnt die neuzeitliche ‚Subjektivitätsphilosophie' also mit einer Subjektivierung des Denkens. Gemeint ist damit, dass das Denken als Bewusstsein zuerst und primär ein privates Erlebnis ist, das höchstens nachträglich eine intersubjektive oder gar objektive Verbindlichkeit gewinnen kann.

7. Primäre, präsentische Erkenntnisakte bei Platon, nachträgliche, repräsentative Denkakte bei Descartes

Durch die Berücksichtigung der platonischen Form der Erkenntniskritik, an deren Hauptanliegen sich Descartes immer noch orientiert, konnte der Grund der Privatisierung des Denkens durch Descartes, der es nur noch als Bewusstsein (conscientia) versteht, sichtbar gemacht werden. Im Unterschied zu den direkten Erkenntnisakten des Unterscheidens, in denen das Denken seinen Gegenstand kontrolliert herstellt, findet das Bewusstsein seine Gegenstände in sich bereits vor, sie sind ihm, wie die Formulierung in langer neuzeitlicher Tradition lautete, (rezeptiv) gegeben, ohne dass ihm der Grund ihrer Gegebenheit und ihres Zustandekommens bekannt wäre, es ist sich ihrer nur gewiss. Die dem Bewusstsein selbst bewussten (spontanen) Akte sind die einer Ordnung der ihm gegebenen Gegenstände, es verbindet und trennt und fasst seine Teilvorstellungen in einer Vorstellung zusammen.

Dies alles sind nachträgliche Akte, Akte einer Re-Präsentation (genauso werden die Akte des Denkens auch bis heute meist bezeichnet, selbst dort, wo der Begriff des Bewusstseins ausdrücklich vermieden wird), im Unterschied zu den Erkenntnisakten im platonisch-aristotelischen Sinn, die mit Erkenntnisakten, die unmittelbar bei der Sache sind, beginnen und enden. Sie sind deshalb auch anders als das bewusste Denken gefühls- und willensrelevant. Wer einen Stich fühlt, ist nicht nur in der Erkenntnis unmittelbar bei der Sache, er fühlt den Stich auch im Sinn unseres Gefühlsbegriffs und hat eben deshalb die Tendenz, das schmerzliche Gefühl zu meiden. ‚Wissen' hat in dieser Auslegung immer auch einen Willens- und Wertaspekt.

Wenn man das Verhältnis dieses primären, präsenten Erkenntnisbegriffs zu dem sekundären, nachträglichen, re-präsentativen Bewusstseinsbegriff zu erklären versucht, wird man nicht nur eine historische Erklärung suchen können. Der von Platon und Aristoteles geprägte Erkenntnisbegriff war nicht an das vierte Jahrhundert und seine historischen Bedingungen gebunden. Die griechisch-römische Spätantike, aber ebenso die arabischen und lateinischen Philosophen des Mittelalters griffen auf eben diesen Erkenntnisbegriff zurück, um ihn von ihren besonderen historischen Voraussetzungen her neu zu formulieren, zu differenzieren und anzuwenden. Er erwies dabei eine erstaunliche Elastizität, die seine Rezeption in räumlich wie zeitlich weit getrennten und von sehr verschiedenen Religionen geprägten Kulturen möglich machte.

Aber auch die Identifizierung des Denkens mit einer ausgezeichneten Form des Vorstellens, eben mit den klaren und deutlichen Vorstellungen (von den durch Wahrnehmung gegebenen Gegenständen) ist keine Erfindung Descartes' und ist nicht an die historischen Bedingungen seiner Epoche gebunden. Wir finden sehr verwandte und in der Hauptsache kaum abweichende Positionen schon vor Platon, mit besonders ausdrücklicher Reflektiertheit aber in der Stoa der Antike (von ca. 330 vor bis 200 nach Christus), und in langsam sich durchsetzender Tendenz auch wieder seit dem späten Mittelalter und in der beginnenden Renaissance, von der Descartes erheblich beeinflusst ist.

Trotz den jeweiligen historischen Einfärbungen und Veränderungen der Grundpositionen sind sie selbst daher kaum an genau bestimmte historische Bedingungen gebunden, sondern müssen als Grundmöglichkeiten menschlichen Erkennens verstanden werden.

Aristoteles machte einen Unterschied zwischen Erkenntnissen, die er ‚früher für uns' und solchen, die er ‚früher der Sache nach' nannte. Früher für uns ist das Anschauungsdenken, das meint, in den Gegenständen der Anschauung die zu erkennende Sache zu finden, weil uns diese Gegenstände unmittelbar klar und deutlich (unterschieden) zu sein scheinen. Deshalb ist das unkritische Denken geneigt, in der Klarheit und Deutlichkeit der Vorstellung der Wahrnehmungsgegenstände (und jede Repräsentation eines Wahrnehmungsgegenstands ist eine Vorstellung, denn Vermögen und Akte kann man nicht vorstellen) das Kriterium der Wahrheit zu suchen.

Das kritisch prüfende, analysierende Denken macht dagegen offenbar, dass diese Anschauungsgegenstände noch konfus – eine Mischung aus mehreren Sachen – sind, aus dem es daher durch Anwendung seiner eigenen Kriterien möglicher Einheit erst einheitliche Sachbegriffe bilden muss, die dann tatsächlich klar und distinkt sind.

Vielleicht ist es nicht ganz falsch, diese Unterscheidung auch zur Unterscheidung der antiken ‚Seinsphilosophie' von der modernen Philosophie des Subjekts mit anzuwenden.

Literaturverzeichnis

1. Primärliteratur

Alexander v. Aphrodisias, in Aristotelis Metaphysica commentaria, ed. M. Hayduck, Commentaria in Aristotelem Graeca I, Berlin 1891.

Aristoteles: Analytica Priora et Posteriora, rec. W.D. Ross (praefatione et appendice auxit L. Minio-Paluello), Oxford 1964 u.ö.

ders.: De anima, rec. W.D. Ross, Oxford 1961 u.ö.

ders.: Ethica Nicomachea, rec. I. Bywater, Oxford 1894 u.ö.

ders.: Metaphysica, rec. W. Jaeger, Oxford 1957.

ders.: Metaphysica, Translatio Iacobi sive ‚Vetustissima' cum scholiis et Translatio Composita sive ‚Vetus' (AL XXV 1-1a), ed. G. Vuillemin-Diem, Bruxelles/Paris 1970.

ders., (Meteorologica) Météorologiques, Texte établi et trad. par P. Louis, 2 vols., Paris 1982.

ders.: Physica, rec. W.D. Ross, Oxford 1936 u.ö.

ders.: Politica, rec. W.D. Ross, Oxford 1957.

ders.: Topica et Sophistici Elenchi, rec. W.D. Ross, Oxford 1958.

Asclepii in Aristotelis meteaphysicorum libros A-Z Commentaria, ed. M. Hayduck, Commenatria in Aristotelem Graeca VI.2, Berlin 1888.

Augustinus: De civitate dei, ed. B. Dombart, A. Kalb, Corpus Christianorum Series Latina 47 & 48, Turnhout 1955.

ders.: Ennarationes in psalmos, ed. E. Dekkers, J. Fraipont, Corpus Christianorum Series Latina 38 & 40, Turnhout 1956.

ders.: De libero arbitrio, ed. W.M. Green, K.D. Daur, Corpus Christianorum Series Latina 29, Turnhout 1970.

ders.: Soliloquiorum libri duo, in: Corpus Scriptorum Ecclesiasticorum Latinorum LXXXIX: Opera, Sect. I, Pars IV, rec. W. Hörmann, Wien 1986.

ders.: De trinitate, ed. W.J. Mountain, F. Glorie, Corpus Christianorum Series Latina 50, Turnhout 2001 (= 1968); 50A, Turnhout 1968.

Buridan, Johannes: in Metaphysicen Aristotelis quaestiones, Frankfurt a.M. 1964 (= Paris 1518).

Bruno, Giordano: De la Causa, Principio et de l'uno, dt.: Von der Ursache, dem Prinzip und dem Einen, übers. v. A. Lasson, Einl. v. W. Beierwaltes, Erläuterungen von P.R. Blum, Hamburg 1977.

Calcidius: Commentarius in Platonis Timaeum, ed. J.H. Waszink (Plato Latinus IV), London/Leiden 1962.

Cicero, Marcus Tullius: De divinatione, De fato, Timaeus, ed. R. Giomini, Leipzig 1975.

ders.: Tusculanae Disputationes, ed. M. Pohlenz, Leipzig 1995 (= 1918).

Commentarii Collegii Conimbricensis in octo libros physicorum Aristotelis, Hildesheim 1984 (= Coimbra 1592).

Cusanus, Nicolaus: Compendium, Opera omnia. Iussu et auctoritate Academiae Litterarum Heidelbergensis, vol. XI,3, ed. B. Decker, C. Bormann, Hamburg 1964.

ders.: Idiota de mente, Opera omnia. Iussu et auctoritate Academiae Litterarum Heidelbergensis, vol. V, ed. R. Steiger, Hamburg 1983.

ders.: De coniecturis, Opera omnia. Iussu et auctoritate Academiae Litterarum Heidelbergensis, vol. III, ed. J. Koch, C. Bormann, 1972.

ders.: De ludo globi, Opera omnia. Iussu et auctoritate Academiae Litterarum Heidelbergensis, vol. I, Frankfurt a.M. 1962, (= Unveränderter Nachdruck von Paris 1514).

Descartes, René: Œuvres, 11 Bde., ed. Ch. Adam, P. Tannery, Paris 1983:

    Bd. I-V: Korrespondenz (= Corresp.)

    Bd. VI: Discours de la Méthode (= Disc.)

    Bd. VII: Meditationes de prima philosophia I-VI (= Med. I-VI); primae obiectiones – septimae obiectiones (= Med. prim. obj. – Med. sept. obj.); primae responsiones – septimae responsiones (= Med. prim. resp. – Med. sept. resp.); Synopsis (= Med. syn.)

    Bd. VIII: Principia philosophiae (= Princ.)

    Bd. X: Regulae ad directionem ingenii (= Reg.), Appendix (= App. ad. reg.)

Descartes, René: Meditationen über die Grundlagen der Philosophie. Mit den sämtlichen Einwänden und Erwiderungen, übers. und hg. von A. Buchenau, Hamburg 1915 u.ö.

Euclid: Opera Omnia, ed. J. L. Heiberg, H. Menge, M. Curtze, 9 Bde, Leipzig 1883-1916.

Eustachius a Sancto Paulo: Summa philosophica quadripartita, Paris 1609.

Fichte, Johann Gottlieb: Gesamtausgabe, ed. R. Lauth, H. Jakob, Stuttgart-Bad Cannstatt 1962ff.

Francisco de Toledo: Commentaria una cum quaestionibus in octo libros de physica auscultatione, Venedig 1573.

Goethe, Johann Wolfang: Goethes Werke, Hamburger Ausgabe in 14 Bänden, mit Kommentar und Registern, ed. E. Trunz, München 1982–2008 [zum Prometheus-Fragment s. Bd. 1].

Gregorii Nysseni Opera, ed. W. Jaeger et al. Leiden 1960ff.

Hegel, Georg Wilhelm Friedrich: Vorlesungen über die Geschichte der Philosophie I-III, in: Werke 18-20, hg. v. E. Moldenhauer und K. M. Michel, Frankfurt 1971 (Theorie-Werkausgabe).

ders.: Phänomenologie des Geistes, ed. J. Hoffmeister, Hamburg ⁶1952.

ders.: Wissenschaft der Logik, ed. G. Lasson, Hamburg 1963 (= 1934).

Hobbes, Thomas: Leviathan, ed. Iring Fetscher, Frankfurt a. M. 1984.

Homeri Opera, recognoverunt brevique adnotatione critica instruxerunt D. B. Monro, Th. W. Allen, 5 Bde., Oxford 1954 u.ö.

Hume, David: A Treatise of Human Nature, ed. by D. F. Norton, Oxford 2007.

Hume, David: Ein Traktat über die menschliche Natur. (A Treatise of Human Nature.) Bd. 1, übers. u. ed. v. Th. Lipps, Hamburg 1989.

Iamblichus: De communi mathematica scientia, ed. N. Festa, neu bearbeitet v. U. Klein, Stuttgart 1975.

Ioannis Philoponi in Aristotelis Physicorum libros octo commentaria, 2 Bde. ed. H. Vitelli, Commentaria in Aristotelem Graeca XVI & XVII, Berlin 1887 & 1888.

Ioannis Philoponi in Aristotelis De anima libros commentaria ed. M. Hayduck, Commentaria in Aristotelem Graeca XV, Berlin 1897.

Ioannis Philoponi in Aristotelis Analytica posteriora commentaria ed. M. Wallies, Commentaria in Aristotelem Graeca XIII.3, Berlin 1909.

Kant, Immanuel: Werke, 12 Bde., ed. W. Weihschedel, Frankfurt a. M. 1956-1964.

Lipsius, Iustus: Manuductionis ad Stoicam philosophiam libri tres, L. Annaeo Senecae, aliisque scriptoribus illustrandis, Antwerpen 1604.

Locke, John: An Essay Concerning Human Understanding, ed. with a foreword by P.H. Nidditch, Oxford 1979.

Locke, John: Versuch über den menschlichen Verstand, 2 Bde., übers. v. C. Winckler, erw. um eine Bibliographie v. R. Brandt, Hamburg ⁴1981.

Lucreti De rerum natura, libri sex recognovit brevique adnotatione critica instruxit C. Bailey, Oxford ²1922 u.ö.

Nicomachi Geraseni introductionis arithmeticae libri II, rec. R. Hoche, Leipzig 1866.

Nietzsche, Friedrich: Sämtliche Werke. Kritische Studienausgabe in 15 Bänden, ed G. Colli, M. Montinari, München/New York, 1980. [Zu ‚Jenseits von Gut und Böse' s. Bd. 5].

Pappi Alexandrini collectionis quae supersunt, ed. F. Hultsch, Amsterdam 1965 (= Berlin 1877).

[Parmenides] Die Fragmente der Vorsokratiker. Griechisch und Deutsch von H. Diels. Herausgegeben von W. Kranz, 3 Bde., Hildesheim ⁶1951-1952 (= DK).

Platonis Opera, rec. brevique adnotatione critica instruxit J. Burnet, 5 Bde., Oxford 1900-1907 u.ö.

Plotini Opera, edd. P. Henry, H.-R. Schwyzer, 3 Bde., Oxford 1964/1977/1982.

Procli Diadochi in primum Euclidis elementorum librum commentarii, ed. G. Friedlein, Leipzig 1873.

Schopenhauer, Arthur: Die Welt als Wille und Vorstellung, 2 Bde. hg. v. L. Lütkehaus, Zürich 1999.

Sextus Empiricus: Adversus mathematicos, ed. J. Mau, H. Mutschmann, Sexti Empirici opera, Bd. 2 & 3, Leipzig 1914 & 1961.

[ders.] in: H. Arnim (Hg.), Stoicorum veterum fragmenta II, Stuttgart 1903.

Simplicii in Aristotelis physicorum libros octo commentaria, 2 Bde., ed. H. Diels, Commentaria in Aristotelem Graeca IX & X, Berlin 1882 & 1895.

Spinoza, Baruch: Opera quotquot reperta sunt, ed. J. van Vloten, J.P.N. Land, La Haye 1895ff.

Syriani in metaphysica commentaria, ed. W. Kroll, Commentaria in Aristotelem Graeca VI.1, Berlin 1902.

Themistii in Aristotelis physica paraphrasis, ed. H. Schenkl, Commentaria in Aristotelem Graeca V.2, Berlin 1900.

Themistius: Commentaire sur le traite de l'ame d'Aristote, traduction de Guillaume de Moerbecke, ed. par G. Verbecke (Corpus Latinum commentariorum in Aristotelem Graecorum I), Louvain/Paris 1957.

Theon v. Smyrna: Eorum quae in mathematicis ad Platonis lectionem utilia sunt, ed. J. Dupuis, Brüssel 1966 (= Paris 1892).

Thomas v. Aquin: Editio Leonina: Sancti Thomae Aquinatis doctoris angelici Opera omnia iussu Leonis XIII. P.M. edita, cura et studio fratrum praedicatorum, Rom 1882ff.

ders.: Von der Wahrheit – De veritate, ausgew., übers. u. ed. v. A. Zimmermann, Hamburg 1986 (Philosophische Bibliothek 384).

ders.: In duodecim libros metaphysicorum Aristotelis expositio, ed. M.-R. Cathala, R. M. Spiazzi, Turin 1964.

2. Sekundärliteratur

Abel, G.: Stoizismus und frühe Neuzeit, Berlin 1978.

Albrecht, M.: ‚Skepsis, Skeptizismus', in: Ritter, J./Gründer, K. (Hgg.): Historisches Wörterbuch der Philosophie, Bd. 9, Basel 1995, Sp. 950-974.

Ariew, R.: Descartes and Scholasticism. The intellectual Background to Descartes' Thought, in: Cottingham, J. (Hg.): The Cambridge Companion to Descartes, Cambridge/New York 1992, 58-90.

Arndt, H.W.: Methodo scientifica petractatum. Mos geometricus und Kalkülbegriff in der philosophischen Theoriebildung des 17. und 18. Jahrhunderts, Berlin/New York 1971.

Ayer, A.J.: Cogito ergo sum, Analysis 14, 1953/4, 17-33.

Bader, F.: Die Ursprünge der Transzendentalphilosophie bei Descartes, Bonn 1979.

Beck, J.L.: The Method of Descartes, Oxford 1952.

Beck, J.L.: The Metaphysics of Descartes, Oxford 1965.

Becker, O.: Zum platonischen Hypothesisbegriff, Archiv für Begriffsgeschichte 4, 1959, 210-212.

Beierwaltes, W.: Proklos' Grundzüge seiner Metaphysik, Frankfurt a.M. 1965.

Beierwaltes, W.: Augustins Interpretation von Sapientia 11,21, in: Revue d' Études Augustiniennes et Patristiques 15, 1969, 51ff.

Beierwaltes, W.: Platonismus und Idealismus, Frankfurt a.M. ²2004.

Beierwaltes, W.: Das Problem der Erkenntnis bei Proklos, in: Fond. Hardt XXI, Genf 1975, 154-191.

Bernard, W.: Philoponus and Self-Awareness, in: Sorabji, R. (Hg.): Philoponus and the Rejection of Aristotelian Science, London 1987, 154-163.

Bernard, W.: Rezeptivität und Spontaneität der Wahrnehmung bei Aristoteles. Versuch einer Bestimmung der spontanen Erkenntnisleistung der Wahrnehmung bei Aristoteles in Abgrenzung gegen die rezeptive Auslegung der Sinnlichkeit bei Descartes und Kant, Baden-Baden 1988.

Blanchet, L.: Les antécédents historiques de ‚Je pense donc je suis', Paris 1920, Neudruck Paris 1985.

Blond, J.M. le: De naturis simplicibus apud Cartesium, in: Acta secundi congressus thomist. intern., Turin/Rom 1937, 535-542.

Bluck, R.S.: Plato's Phaedo. Translation with introduction, notes and appendices, London 1955.

Bluck, R.S.: The Parmenides and the „Third Man", Classical Quarterly N.S. 6, 1956, v.a. 29-30.

Bluck, R.S.: Forms as Standards, Phronesis 2, 1957, 115-127.

Blumenberg, H.: Die Legitimität der Neuzeit, Frankfurt a.M. 1966.

Booz, P.: Der Baumeister der Gotik, Berlin 1957.

Brentlinger, J.: Incomplete Predicates and the Two-world Theory of the Phaedo, Phronesis 17, 1972, 116-151.

Brentlinger, J.: Particulars in Plato's Middle Dialogues, Archiv für Geschichte der Philosophie 54, 1972, 116-151.

Bröcker, W.: Rezension zu: Robinson, R.: Plato's Earlier Dialectic, Oxford ²1953, Gnomon 30, 1958, 510-519.

Brunschvig, L.: Platon et Descartes, Tijdschrift voor wijsbegierde 1929, 113-126.

Burnyeat, M. (Hg.): The Sceptical Tradition, Berkeley/Los Angeles/London 1983.

Cassirer, E.: Das Erkenntnisproblem in der Philosophie und Wissenschaft der neueren Zeit, Bd. 1, Berlin 1922.

Cherniss, H.: The Relation of the Timaeus to Plato's Later Dialogues, American Journal of Philology 78, 1957, 255-266 (= Allen, R.E.: Studies in Plato's Metaphysics, New York 1965, 339-78).

Clausen, M.: Maxima in sensibus veritas? Die platonischen und stoischen Grundlagen der Erkenntniskritik in Ciceros Lucullus, Frankfurt a.M. 2008.

Cohn, J.: Die Dialektik der Gewissheit in Descartes' Entwurf der Sapientia universalis, Diss. Hamburg 1933.

Cornford, F.M.: Mathematics and Dialectic in the ‚Republic' VI-VII, in: Allen, R.E. (Hg.): Studies in Plato's Metaphysics, New York 1965, 61-95.

Cottingham, J.: A New Start? Cartesian Metaphysics and the Emergence of Modern Philosophy, in: Sorell, T. (Hg.): The Rise of Modern Philosophy, Oxford 1993, 145-166.

Cross, R.C./Woozley, A.P.: Plato's Republic. A Philosophical Commentary, London/Basingstoke 1964, 152-165.

Curley, E.M.: Descartes Against the Skeptics, Cambridge (Mass). 1978.

Czackes, L.: Analyse des wohltemperierten Klaviers, Form und Aufbau der Fugen bei Bach, Wien 1956.

Danto, A.: The Representational Character of Ideas and the Problem of the External World, in: Hooker, M. (Hg.): Descartes. Critical and Interpretive Essays, Baltimore/London 1978, 287-297.

Doney, W.: Eternal Truths and the Cartesian Circle. A Collection of Studies, New York/London 1987.

Ebert, Th.: Sokrates über seinen Umgang mit Hypotheseis (Phaidon 100a), Hermes 129, 2001, 467-473.

Engelen, E. M.: Descartes, Leipzig 2005.

Engfer, H.J./Essler, W.K.: Artikel ‚Analyse', in: Krings, H.: Handbuch Philosophischer Grundbegriffe Bd. 1, München 1973, Sp. 65f.

Erler, M.: Platon, in: Flashar, H. (Hg.): Die Philosophie der Antike, Bd.2/2., Basel 2007.

Finance, J. de: Cogito cartésien et réflexio thomiste, Archives des philosophie 16,2, 1946, 1-185.

Fine, G.: Kowledge and Belief in Republic V, Archiv für Geschichte der Philosophie 60, 1978, 121-139.

Frede, M.: Prädikation und Existenzaussage, Göttingen 1967 (Hypomnemata 18).

Frede, M.: Stoics and Skeptics on Clear and Distinct Impressions, in: ders.: Essays in Ancient Philosophy, Oxford 1987, 151-176.

Fritz, K. v.: Die Archai in der griechischen Mathematik, Archiv für Begriffsgeschichte 1, 1955, 13-103.

Gadamer, H.G.: Kant und die philosophische Hermeneutik, Kant-Studien 66, 1975, 395-403.

Gaiser, K.: Platons ungeschriebene Lehre, Stuttgart ²1968 (= PUL).

Gaiser, K.: Platons Menon und die Akademie, in: Wippern, J.: Das Problem der ungeschriebenen Lehre Platons, Darmstadt 1972, 329-393 (= Archiv für Geschichte der Philosophie 46, 1964, 241-292).

Gaiser, K.: Platone come scrittore filosofico, Neapel 1982.

Gaiser, K.: Platons Zusammenschau der mathematischen Wissenschaften, Antike und Abendland 32, 1986, 89-124.

Gardeil, H.-D.: La perception expérimentale de l'ame par elle-même d'après Saint Thomas, Bibliothèque Thomiste Vol. III, Mélanges Thomistes, Kain 1923, 221-236.

Geach, P.T.: The Third Man Again, Philosophical Review 45, 1956, 72-82 (= Allen, R.E.: Studies in Plato's Metaphysics, 265-277).

Gewirth, S.A.: Clearness an Distinctness in Descartes, in: ders.: Descartes. A Collection of Critical Essays, London/Basingstoke, 1967, 250-277.

Gilen, L.: Über die Beziehung Descartes' zur zeitgenössischen Scholastik, Scholastik 32, 1957, 41-66.

Gilbert, N.W.: Renaissance Concepts of Method, New York/London 1960.

Gilson, E.: Études sur le rôle de la pensée médiévale dans la formation du système cartésien, Vrin 1951.

Goldschmidt, V.: Le paradigme platonicien et le Regulae des Descartes, Revue philosophique de la France et de l'étranger 141, 1951, 199-210.

Gosling, J.: Republic, Book V: τὰ πολλὰ καλά etc., Phronesis 5, 1960, 116-128.

Gouhier, H.: Cartésianisme et augustinisme au XVII siècle, Paris 1978.

Graeser, A.: Platons Auffassung von Wissen und Meinung in Politeia V, Philosophisches Jahrbuch 98, 1991, 365-388.

Grauss, G.: Platon und der logische Eleatismus, Berlin 1966.

Gueroult, M.: La vérité de la science et la vérité de la chose dans les preuves de l'existence de Dieux, in: Descartes. Cahiers de Royaumont, Philosophie 2, Paris 1937, 108-120.

Gueroult, M.: Descartes selon l'ordre des Raisons, 2 Bde., Paris 1953.

Gueroult, M.: (Hg.): Nouvelles réflexions sur le preuve ontologique des Descartes, Vrin 1955.

Gulley, N.: Greek Geometrical Analysis, Phronesis 3, 1958, 1-14.

Gundert, H.: Dialog und Dialektik. Zur Struktur des platonischen Dialogs, Amsterdam 1971, passim (= Studium Generale 21, 1968, 295-379, 387-499).

Gundert, H.: Perspektivische Täuschung bei Platon und die Prinzipienlehre, in: ders.: Platonstudien, Amsterdam 1977, 160-177 (= Zetesis, Festschrift E. de Strycker, Antwerpen/Utrecht 1973, 80-97).

Hackforth, R.: Plato's Phaedo, Cambridge 1955.

Hadot, I.: Arts libéraux et philosophie dans la pensée antique, Paris 1984.

Hamelin, R.: Le système de Descartes, Paris 1911.

Happ, H.: Hyle. Studien zum aristotelischen Materie-Begriff, Berlin 1971.

Hayen, A.: La présence a soi de la pensée chez Descartes et Saint Thomas d'Aquin, in: Congrès Descartes. Travaux du IXe Congrès International de Philosophie, Paris 1937, 144-152.

Heath, T.: A History of Greek Mathematics, vol. I, Oxford 1921.

Heisenberg, W.: Der Teil und das Ganze, München 1969.

Heimsoeth, H.: Die Methode der Erkenntnis bei Descartes und Leibniz, I. Hälfte, Gießen 1912.

Hittinka, J.: Cogito, ergo sum. Inference or Performance?, Philosophical Review 71, 1962, 3-32.

Hochstätter, E.: Studien zur Metaphysik und Erkenntnislehre Wilhelms von Ockham, Berlin/Leipzig 1927.

Hoenen S.J., P.: La théorie du jugement d'après St. Thomas d'Aquin, Analecta Gregoriana Vol. XXXIX, Rom 1953.

Hofmann-Riedinger, M.: Das Rästel des ‚Cogito ergo sum', Studia Philosophica 55, 1996, 115-135.

Hölscher, U.: Der Sinn von Sein in der älteren griechischen Philosophie, Sitzungsberichte der Heidelberger Akad. der Wiss., Phil. hist. Kl. 1976, 3.

Honnefelder, L.: Ens inquantum ens. Der Begriff des Seienden als solchen als Gegenstand der Metaphysik nach der Lehre des Johannes Duns Scotus, Münster 1979.

Honnefelder, L.: Scientia transcendens. Die formale Bestimmung der Seiendheit und Realität in der Metaphysik des Mittelalters und der Neuzeit (Duns Scotus – Suárez – Wolff – Kant – Peirce), Hamburg 1990.

Horn, C.: Platons epistêmê-doxa-Unterscheidung und die Ideentheorie, in: Höffe, O. (Hg.): Platon, Politeia, Berlin 1997, 291-312.

Horn, C., Müller, J., Soder, J.: Platon-Handbuch. Leben – Werk – Wirkung, Stuttgart/Weimar 2009.

Hösle, V.: Wahrheit und Geschichte. Studien zur Struktur der Philosophiegeschichte unter paradigamtischer Analyse der Entwicklung von Parmenides bis Platon, Stuttgart-Bad Cannstatt 1984.

Hüttemann, A.: Die Meditationen als Abhandlung über die Sinneswahrnehmung, in: Kemmerling, A. und Schütt, H.-P.: Descartes nachgedacht, Frankfurt a.M. 1996, 24-50.

Ivanka, A. v.: Cartesianismus, Aristotelismus et Platonismus, in: Acta sec. congressus Thomistici internationalis, Turin-Rom 1937.

Ivanka, A. v.: Die Stellung des Cartesianismus in der Geschichte der Philosophie, Cartesio 1937.

Kahn, C.H.: The Verb „be" in Ancient Greek, Dordrecht/Boston 1973.

Kahn, C.H.: A Return to the Theory of the Verb „be" and the Concept of Being, Ancient Philosophy 24, 2004, 381-405.

Kamlah, W.: Der Anfang der Vernunft bei Descartes – autobiographisch und historisch, Archiv für Geschichte der Philosophie 43, 1961, 70-84.

Karamanolis, G.E.: Plato and Aristotle in Agreement? Platonists on Aristotle from Antiochus to Porphyry, Oxford 2006.

Kenny, A.: The Cartesian Circle and the Eternal Truths, Journal of Philosophy 67, 1970, 685-700.

Klein, J.: Die griechische Logistik und die Entstehung der Algebra, Quellen und Studien zur Geschichte der Mathematik, Astronomie und Physik, Abtg. B, Berlin 1936, I 18-105, II 122-235. englische Übersetzung: Greek Mathematical Thought and the Origin of Algebra, Cambridge (u.a.) 1968.

Koyré, A.: Descartes und die Scholastik, Darmstadt 1971 (= Bonn 1893).

Krämer, H.J.: Arete bei Platon und Aristoteles, Heidelberg 1959.

Krämer, H.J.: Die platonische Akademie und das Problem einer systematischen Interpretation der Philosophie Platons, Kant-Studien 55, 1964, 69-101.

Krämer, H.J.: Über den Zusammenhang von Prinzipienlehre und Dialektik bei Platon. Zur Definition des Dialektikers Politeia 534b-c, in: Wippern, J. (Hg.): Das Problem der ungeschriebenen Lehre Platons, Darmstadt 1972, 394-448 (= Philologus 110, 1966, 35-70).

Krämer, H.J.: Die grundsätzlichen Frage der indirekten Platonüberlieferung, in: Gadamer, H.G. u.a. (Hg.): Idee und Zahl. Studien zur platonischen Philosophie (Abhandlungen der Heidelberger Akademie der Wissenschaften, Philosophisch-Historische Klasse, 1968,2), 106-150.

Krämer, H.J.: Zum neuen Platon-Bild, Deutsche Vierteljahresschrift für Literaturwissenschaft und Geistesgeschichte 55, 1981, 1-18.

Krämer, H.J.: Platone e i fondamenti della metafisica, Mailand 1982.

Krieger, G.: Subjekt und Metaphysik. Die Metaphysik des Johannes Buridan, Münster 2003.

Krieger, G.: Transzendental oder kohärentisch? Buridans Widerlegung des Skeptizismus, in: Acta Mediaevalia 22, 2009, 301-332.

Krüger, G.: Die Herkunft des philosophischen Selbstbewusstseins, in: ders.: Freiheit und Weltverwaltung, Freiburg/München 1958, 22 (= Logos 22, 1933, 37).

Loeb, L.E.: The Cartesian circle, in: Cottingham, J. (Hg.): The Cambridge Companion of Descartes, Cambridge/New York 1992, 200-235.

Long, A.A./Sedley, D.N.: Die hellenistischen Philosophen. Texte und Kommentare, übers. v. K. Hülser, Stuttgart/Weimar 2000.

Mahnke, D.: Der Aufbau des philosophischen Wissens nach René Descartes, München/Salzburg 1967.

Maier, A.: Das Problem der Evidenz in der Philosophie des 14. Jahrhunderts, in: dies.: Ausgehendes Mittelalter II, Rom 1967, 367-418 (= Scholastik 38, 1963, 183-225).

Marion, J.-L.: Cartesian Metaphysics and the Role of the Simple Natures, in: Cottingham, J. (Hg.): The Cambridge Companion of Descartes, Cambridge/New York 1992, 115-139.

Marten, R.: Platons Theorie der Idee, Freiburg/München 1975.

Matthews, G.B.: Thought's Ego in Augustine and Descartes, Ithaka/London 1992.

Meier, M.: Descartes und die Renaissance, Münster 1914.

Menn, S.: Descartes and Augustine, Cambridge ²2002.

Merlan, P.: From Platonism to Neoplatonism, Den Haag ²1960.

Moravcsik, I.M.E.: The „Third man" Argument and Plato's Theory of Forms, Phronesis 3, 1963, 50-62.

Natorp, P.: Platons Ideenlehre, Leipzig 1903.

Natorp, P.: Descartes' Erkenntnistheorie, Eine Studie zur Vorgeschichte des Kritizismus, Hildesheim 1978 (= Marburg 1882).

Neymeyr, B., Schmidt, J., Zimmermann, B. (Hgg.): Stoizismus in der europäischen Philosophie, Literatur, Kunst und Politik, 2 Bde., Berlin/New York, 2008.

Niebel, W.F., Horn, A., Schnädelbach, H. (Hgg.): Descartes im Diskurs der Neuzeit, Frankfurt a.M. 2000.

Oehler, K.: Die Lehre vom noetischen und dianoetischen Denken bei Platon und Aristoteles. Ein Beitrag zur Erforschung des Bewusstseinsproblems in der Antike, München ²1985.

Oehler, K.: Subjektivität und Selbstbewusstsein in der Antike, Würzburg 1997.

Oeing-Hanhoff, L.: Der Mensch in der Philosophie Descartes', in: Rombach, H. (Hg.): Die Frage nach dem Menschen, Festschrift Max Müller, Freiburg/München 1966, 375-409.

Oeing-Hanhoff, L.: Descartes' Lehre von der Freiheit, Philosophisches Jahrbuch 78, 1971, 1-16.

Oeing-Hanhoff, L: Artikel ‚Analyse/Synthese', in: Ritter, J./Gründer, K. (Hgg.): Historisches Wörterbuch der Philosophie, Bd. 1, Basel 1971, Sp. 234f.

Oksenberg Rorty, A. (Hg.): Essays on Descartes' Meditations, Berkeley/Los Angeles/London 1986.

Owen, G.E.L.: Aristotle on the Snares of Ontology, in: Bambrough, R.: New Essays on Plato andAristotle, London 1965.

Panofsky, E.: Gothic Architecture and Scholasticism, Latrobe Pennsylvania 1951.

Patzig, G.: Platons Ideenlehre, kritisch betrachtet, Antike und Abendland 16, 1970, 113-126.

Perler, D.: Repräsentation bei Descartes, Frankfurt a.M. 1996.

Perler, D.: René Descartes, München 2006.

Peukert, K.W.: Der Wille und die Selbstbewegung des Geistes in Descartes' Meditationen, Zeitschrift für philosophische Forschung 19, 1965, 87-109, 224-247.

Pietsch, Ch.: Prinzipienfindung bei Aristoteles. Methoden und erkenntnistheoretische Grundlagen, Suttgart 1992.

Plass, P.: Socrates' Method of Hypothesis in the Phaedo, Phronesis 5, 1960, 103-115.

Popkin, R.H.: The History of Scepticism from Erasmus to Spinoza, Berkeley 1979.

Prauss, G.: Platon und der logische Eleatismus, Berlin 1966.

Radke, G.: Platons Ideenlehre, in: Gniffke F., Herold, N. (Hgg.): Klassische Fragen der Philosophiegeschichte I: Antike bis Renaissance, Münster 2002, 17-64.

Radke, G.: Die Theorie der Zahl im Platonismus. Ein systematisches Lehrbuch, Tübingen/Basel 2003.

Ricken, F.: Antike Skeptiker, München 1994.

Risse, W.: Zur Vorgeschichte der cartesischen Methodenlehre, Archiv für Geschichte der Philosophie 45, 1963, 70-84.

Risse, W.: Die Logik der Neuzeit, Bd. 1, Stuttgart-Bad Cannstatt 1964.

Robinson, R.: Plato's Earlier Dialectic, Oxford ²1953.

Robinson, R.: Plato's Separation of Reason from Desire, Phronesis 16, 1971, 38-48.

Röd, W.: Descartes' erste Philosophie, Kant-Studien, Ergänzungsheft 103, Bonn 1971, 25-29.

Röd, W.: Die Philosophie der Neuzeit 1. Von Francis Bacon bis Spinoza, München 1978.

Ross, D.: Plato's theory of Ideas, Oxford 1951.

Rotta, P.: Le Platonisme de Descartes, Cartesio nel terzo centenario del ‚Discorso del metodo', Mailand 1937.

Saunders, J.L.: The Philosophy of Renaissance Stoicism, New York 1955.

Sayre, K.M.: Plato's Analytic Method, Chicago/London 1969.

Schaerer, R.: La dialectique platonicienne dans ses rapports avec le syllogisme et la methode cartésienne, Review of Theology and philosophy 36, 1948, 24-40.

Scheibe, E.: Über Relativbegriffe in der Philosophie Platons, Phronesis 12, 1967, 28-49.

Schmitt, A.: Die Bedeutung der Sophistischen Logik für die mittlere Dialektik Platons, Würzburg 1973.

Schmitt, A.: Zur Erkenntnistheorie bei Platon und Descartes, Antike und Abendland 35, 1989, 54-82.

Schmitt, A.: Autocoscienza moderna e interpretazione dell' antichità. La loro reciproca interdipendenza illustrata sull' esempio della fondazine critica della conoscenza in Platone e Cartesio, Neapel 1993.

Schmitt, A.: Sokratisches Fragen im Platonischen Dialog, in: Pestalozzi, K. (Hg.): Der fragende Sokrates, Stuttgart/Leipzig 1999, 30-49 (Colloquium Rauricum, Bd. 6).

Schmitt, A.: Das Universalienproblem bei Aristoteles und seinen spätantiken Kommentatoren, in: Khoury, R.G. (Hg.): Averroes (1126-1198) oder der Triumph des Rationalismus, Heidelberg 2002, 59-86.

Schmitt, A.: Symmetrie und Schönheit. Plotins Kritik an hellenistischen Proportionslehren und ihre unterschiedliche Wirkungsgeschichte in Mittelalter und Früher Neuzeit, in: Olejniczak Lobsien, V. u. Olk, C. (Hgg.), Neuplatonismus und Ästhetik. Zur Transformationsgeschichte des Schönen, Berlin/New York 2007, 59-84.

Schmitt, A.: Die Moderne und Platon. Zwei Grundformen europäischer Rationalität, Stuttgart/Weimar ²2008.

Schmitt, A.: Parmenides und der Ursprung der Philosophie, in: Angehrn, E. (Hg.): Die Frage nach dem Ursprung, München/Leipzig 2008, 109-139.

Schmitz, M: Euklids Geometrie und ihre mathematiktheoretische Grundlegung in der neuplatonischen Philosophie des Proklos, Würzburg 1997.

Schmitz, M.: Analysis – Eine Heuristik wissenschaftlicher Erkenntnis, Freiburg/München 2010.

Scholz, H.: Die Axiomatik der Alten, Blätter für deutsche Philosophie 4, 1930, 258-278.

Scholz, H.: Über das Cogito, ergo sum, Kant-Studien 36, 1931, 126-147.

Scholz, H.: Augustinus und Descartes, Blätter für deutsche Philosophie 5, 1932, 405-423.

Schütt, H.-P.: Descartes und die moderne Philosophie. Notizen zu einer epochalen Vaterschaft, in: Figal, G. und Sieferle, R.P. (Hgg.): Selbstverständnisse der Moderne, Stuttgart 1991.

Schütt, H.-P.: Die Adoption des ‚Vaters der modernen Philosophie'. Studien zu einem Gemeinplatz der Ideengeschichte, Frankfurt a.M. 1998.

Sellars, W.: Vlastos and the Third Man, Philosophical Review 64, 1955, 405-437.

Spruit, L.: Species intelligibilis: from Perception to Knowledge, Vol. I: Classical and Medieveal Discussions, Leiden 1994; Vol. II: Renaissance Controversies, Later Scholasticism, and the Elimination of the Intelligible Species in Modern Philosophy, Leiden 1995.

Stahl, H.P.: Ansätze zur Satzlogik bei Platon, Hermes 88, 1960, 409-451.

Striker, G.: Sceptical Strategies, in: Schofield, M. Burnyeat, M., Barnes, J.: Doubt and Dogmatism, Oxford 1980, 54-83.

Struve, W.: Über das „ergo" in Descartes' „ego cogito, ergo sum" und „sum, ergo deus est", Lexis 2, 1951, 244-248.

Thiel, R.: Aristoteles' Kategorienschrift in ihrer antiken Kommentierung, Tübingen 2004.

Trouillard, J.: Sagesse platonique et sagesse cartésienne, in: La Science et la Sagesse, Actes du 5ᵉ Congrès des SPLF, Paris 1950, 227-229.

Tugendhat, E.: Die Seinsfrage und ihre sprachliche Grundlage, Philosophische Rundschau 24, 1977, 161-176.

Veitch, J.: The Method, Meditations, and Selections from the Principles of Descartes, with a New Introductory Essay, Historical and Critical, Edinburgh 1884.

Vendler, Z.: Descartes on Sensation, in: Moyal, G. (Hg.): René Descartes. Critical Assessments III, London/New York 1991, 249-259.

Vlastos, G.: The Third Man Argument in the „Parmenides", Philosophical Review 63, 1954, 319-349 (= Allen, R.E.: Studies in Plato's Metaphysics, New York 1965, 231-264).

Vlastos, G.: Postscript to the Third Man: A Reply to Mr. Geach, Philosophical Review 65, 1956, 83-94 (= Allen, R.E.: Studies in Plato's Metaphysics, New York 1965, 279-291).

Vlastos, G.: Degrees of Reality in Plato, in: Bambrough, R. (Hg.): New Essays on Plato and Aristotle, London 1965, 1-20.

Vlastos, G.: „Self-Predication" in Plato's Later Period, Philosophical Review 78, 1969, 74-78.

Vlastos, G.: A Note on „Pauline Predications" in Plato, Phronesis 19, 1974, 95-101.

Vuillemin, J.: Mathématique et métaphysique chez Descartes, Paris 1960.

Waldon, I.E.C.: The Nicomachean Ethics of Aristotle, London 1923.

Weizsäcker, C.F. v.: Einheit der Natur. Studien, München ^{5}1979.

Williams, B.: Descartes. Das Vorhaben der reinen philosophischen Untersuchung, Königstein i.T. 1981.

Wilson, M.D.: Descartes on the Origin of Sensation, Philosophical Topics 19, 1991, 293-323.

Zahn, L.: Artikel ‚Reflexion', in: Ritter, J./Gründer, K. (Hgg.): Historisches Wörterbuch der Philosophie, Bd. 8, Basel 1992, Sp. 396-405.